R. Bandler · J. Grinder
Metasprache und Psychotherapie
Die Struktur der Magie I

Reihe
Innovative Psychotherapie und Humanwissenschaften
Band 11
Herausgegeben von
Hilarion Petzold

R. Bandler · J. Grinder

Metasprache und Psychotherapie

Die Struktur der Magie I

Junfermann-Verlag · Paderborn
1987

2. überarbeitete Auflage 1984
4. Auflage 1987
Amerikanische Ausgabe: The Structure of Magic, Volume I by Richard Bandler and John Grinder.
Original English Language edition.

Box 11457, Palo Alto, CA 94306, U.S.A.
Übersetzung aus dem Amerikanischen: A. und E. Guerin.
Redaktion: Christoph J. Schmidt
Einband-Gestaltung: H. Petzold, B. Neumann

Gesamtherstellung: Junfermann Druck & Service, Paderborn

CIP-Kurztitelaufnahme der Deutschen Bibliothek
Bandler, Richard:
Metasprache und Psychotherapie / R. Bandler;
J. Grinder. [Übers. aus d. Amerik.: A. u. E. Guerin].
Paderborn: Junfermann, 1980.
(Die Struktur der Magie / R. Bandler; J. Grinder; 1)
(Reihe: Innovative Psychotherapie und Humanwissenschaften; Bd. 11).
ISBN 3-87387-186-6
NE: Grinder, John:; 2. GT

ISBN 3-87387-186-6
ISSN 0720-2385

Vorwort zur 2. Auflage

Da die 1. Auflage dieses Buches bedauerlicherweise zahlreiche Fehler enthielt, hat sich der Verlag entschlossen, eine überarbeitete 2. Auflage herauszubringen. In dieser Neuausgabe sind nicht nur Druckfehler berichtigt, sondern auch Schwächen der Übersetzung ausgeglichen sowie einige Begriffe verändert worden. Insbesondere sei darauf hingewiesen, daß der zentrale Begriff „*modeling*", der in der 1. Auflage mit „Gestaltung" wiedergegeben war, jetzt mit „Modellbildung" übersetzt ist (es geht um das „Modell der Welt", das jeder Mensch aufgrund seiner Lebensgeschichte bildet und durch das seine Wahrnehmungen und Handlungen geprägt werden).

Linguistische Begriffe wurden den deutschen Gepflogenheiten angepaßt. Auf den Seiten 59 und 60 waren zwei Diagramme vertauscht. S. 129 fehlte ein Abschnitt, so daß sich hier gegenüber der 1. Auflage die Seitenaufteilung bis zur S. 136 verändert hat.

Christoph J. Schmidt
Lektorat

Widmung

Wir widmen dieses Buch
Virginia Satir

in Dankbarkeit dafür, daß sie uns
ihre Intuitionen über Menschen vermittelt hat.

Diese Intuitionen sind Grundlage
des nun folgenden Buches.

Danke Virginia.
Wir lieben Dich.

Danksagung

Wir möchten all jenen danken, die geholfen haben,
dieses Buch fertigzustellen:
Jim Anderson und Kristofer Bakke,
ohne die dieses Buch doppelt so viel Zeit
in Anspruch genommen hätte,
und den Herstellern von Folgers Kaffee,
ohne deren vorzügliches Erzeugnis wir die langen Nächte
nicht durchgehalten hätten.

INHALTSVERZEICHNIS

Vorwort

Mensch! Was kann einer schon dazu sagen, wenn seine Tätigkeit von vier scharfen Augen in den Köpfen von zwei fähigen Humanwissenschaftlern betrachtet wird? Dieses Buch ist das Ergebnis der Anstrengungen zweier fesselnder, begabter junger Männer, die daran interessiert sind herauszufinden, wie sich Veränderung vollzieht, und diesen Prozeß zu dokumentieren. Es scheint, daß sie eine Beschreibung der vorhersagbaren Elemente gefunden haben, die in der Transaktion zwischen zwei Menschen eine Veränderung geschehen lassen. Wenn man diese Elemente kennt, kann man sie bewußt anwenden und hat damit brauchbare Methoden, Veränderungen hervorzurufen.

Oft sage ich Leuten, daß ich ein Recht darauf habe, langsam, aber lernwillig zu sein. Das bedeutet für mich als Therapeut, daß ich nur einen Gedanken habe, nämlich Menschen, die zu mir mit Schmerzen kommen, zu helfen, in ihrem Leben etwas zu ändern. Die Art, wie ich meinen Körper, meine Stimme, meine Augen, meine Hände sowie Worte gebrauche und wie ich mit Worten umgehe, ist mein einziges Werkzeug. Da es mein Ziel ist, jedem Veränderung zu ermöglichen, stellt jeder eine neue Herausforderung dar.

Zurückschauend sehe ich, daß ich mir zwar bewußt war, daß Änderungen stattfanden, aber ich war mir der spezifischen Elemente nicht bewußt, die die Transaktion bestimmten und die Veränderung ermöglichten. Jahrelang fragte ich mich, wie es wäre, wenn ich mir selbst gegenüberstünde, mich selbst arbeiten sähe, um den Veränderungsprozeß von der anderen Seite zu betrachten. Die Autoren verbrachten Stunden damit, sich Videofilme anzusehen und Tonbänder anzuhören, und sie fanden, daß sich Muster herauskristallisierten, die sie dokumentieren konnten. Ich tue etwas, ich fühle es, ich sehe es, mein Bauch reagiert darauf — das ist subjektive Erfahrung. Wenn ich das mit anderen tue, spüren ihre Augen, Ohren und ihr Körper diese Dinge. *Richard Bandler* und *John Grinder* haben den Veränderungsprozeß über eine Zeitspanne betrachtet und daraus die Muster des *Wie* dieses Prozesses destilliert. Was sie daraus lernten, bezieht sich hauptsächlich, in komplexer Weise, auf die Mathematik, Physik, Neurologie und Linguistik.

Es würde mir schwerfallen, dieses Vorwort zu schreiben, ohne daß mein eigenes Gefühl des Erstaunens, der Verwunderung und der Erregung mit hineinfließt. Ich bin seit langem Trainerin für Familientherapie, ebenso Kliniker und Theoretiker. Das heißt, ich habe gesehen, wie sich Veränderung in vielen Familien vollzieht, und ich habe viele Familientherapeuten ausgebildet. Ich habe eine Theorie darüber, *wie* ich Veränderung bewirke. Das Wissen über diesen Prozeß ist jetzt beachtlich erweitert worden durch *Richard Bandler* und *John Grinder*, die in einer konkreten, meßbaren Weise über die Zutaten des *Was*, welches das *Wie* ermöglicht, reden können.

Virginia M. Satir

Einführung

Es ist eine seltene Freude, eine Einführung für dieses Buch zu schreiben, weil *John Grinder* und *Richard Bandler* etwas Ähnliches gemacht haben wie das, was meine Kollegen und ich vor 15 Jahren versucht haben.

Die Aufgabe war einfach zu definieren: die Anfangsgründe einer angemessenen theoretischen Grundlage für die Beschreibung menschlicher Interaktion zu schaffen.

Die Schwierigkeit lag im Wort „angemessen" und in der Tatsache, daß das, was beschrieben werden sollte, nicht nur die Ereignisfolgen erfolgreicher Kommunikation enthielt, sondern auch die Muster von Mißverständnissen und des Pathogenen.

Die Verhaltenswissenschaften und besonders die Psychiatrie haben immer die Theorie vermieden, und es ist leicht, zahlreiche Manöver aufzulisten, durch die Theorie vermieden werden kann: Die Historiker (und einige Anthropologen) wählten die unmögliche Aufgabe, keine Theorie zu bilden, sondern weitere Daten aus dem, was bekannt war, zu sammeln — eine Aufgabe für Detektive und Gerichtshöfe; die Soziologen stutzten die komplexen Abwandlungen der bekannten Fakten zu einer solchen perfekten Einfachheit zurecht, so daß einzelne Goldstückchen gezählt werden konnten; Ökonomen glaubten an die transitive Präferenz, während Psychologen alle möglichen internalen Erklärungseinheiten (Ich, Angst, Aggression, Instinkt, Konflikt etc.) annahmen in einer Art, die an mittelalterliche Psycho-Theologie erinnert.

Psychiater pfuschten in all diesen Erklärungsmethoden herum: sie suchten nach Berichten aus der Kindheit, um gegenwärtiges Verhalten zu erklären, indem sie neue Daten aus dem, was bekannt war, schufen. Sie versuchten, statistische Stichproben über die Morbidität zu schaffen. Sie suhlten sich in internalen und mythischen Entitäten, in Es's und Archetypen. Vor allen Dingen entlehnten sie Konzepte aus der Physik und Mechanik (Energie, Spannung und Ähnliches), um Wissenschaftlichkeit zu schaffen.

Aber da waren eine paar Ansätze, von denen man ausgehen konnte: die „Logischen Typen" von *Russel* und *Whitehead*, die „Spieltheorie" von *v. Neumann*, die Begriffe der vergleichbaren Form (von den Biologen „Homologie" genannt), die Konzepte der „Ebenen" aus der Linguistik, die Analyse schizophrener Syllogismen von *v. Domarus*, den Begriff der „Diskontinuität" aus der Genetik sowie den verwandten Begriff der „binären Information". Man fing an, Muster und Redundanz zu definieren. Und vor allem gab es die Vorstellung der Homöostase und Selbstregulation aus der Kybernetik.

Aus diesen zerstreuten Teilen entstanden eine hierarchische Klassifikation der Typen von Botschaften und folglich der Lerntypen, die Grundlage einer Theorie der Schizophrenie und damit ein sehr verfrühter Versuch, die Arten, wie Menschen und Tiere ihre Botschaften kodieren (digital, analog, ikonographisch, kinetisch, verbal etc.), zu klassifizieren.

Vielleicht war unser größtes Hemmnis zu jener Zeit die Schwierigkeit, welche Fachleute anscheinend erlebten, wenn sie zu verstehen versuchten, was wir taten. Einige versuchten sogar, die „Doppelbindungen" (double binds) in aufgezeichneten Gesprächen zu zählen. Ich verwahre irgendwo in meinen Akten einen Brief von einer Stipendienstelle, die mich darauf hinweist, daß meine Arbeit klinischer sein sollte, experimenteller und vor allem quantitativer.

Grinder und *Bandler* haben sich den Problemen gestellt, denen wir damals gegenüberstanden, und diese Bücher sind das Ergebnis. Sie haben Instrumente, die wir nicht hatten — oder von denen wir nicht wußten, wie wir sie benutzen sollten. Ihnen ist es gelungen, die Linguistik zur Basis einer Theorie und gleichzeitig zu einem Therapiewerkzeug zu machen. Dies gibt ihnen eine doppelte Kontrolle über psychiatrische Phänomene, und sie haben etwas gemacht, das wir dummerweise übersehen haben, wie mir heute klar ist.

Wir wußten bereits, daß die meisten Prämissen individueller Psychologie unbrauchbar waren, und wir wußten, daß wir die Kommunikationsmodi klassifizieren sollten. Aber es kam uns nicht in den Sinn, nach den Auswirkungen dieser Modi auf interpersonale Beziehungen zu fragen. In diesem ersten Band ist es *Grinder* und *Bandler* gelungen, die Syntax explizit zu machen, wie Menschen Veränderung vermeiden, und somit, wie man ihnen helfen sollte, sich zu ändern. Hier richten sie ihr Augenmerk auf verbale Kommunikation. Im zweiten Band entwickeln sie ein allgemeines Modell der Kommunikation und Veränderung, welches andere Kommunikationsmodi einbezieht, die Menschen verwenden, um ihr Erleben zu repräsentieren und zu kommunizieren. Was passiert, wenn Botschaften im digitalen Modus einem analogen Denker an den Kopf geworfen werden? Oder wenn visuelle Darstellungen einem auditiven Klienten angeboten werden?

Wir sahen nicht, daß diese verschiedenen Kodierungsarten (visuell, auditiv etc.) so weit voneinander entfernt und so gegensätzlich sind, sogar in der neurophysiologischen Repräsentation, daß kein Material in dem einen Modus jemals vom selben logischen Typus sein kann wie ein Material in irgendeinem anderen Modus.

Diese Entdeckung scheint offensichtlich, wenn die Argumentation von der Linguistik ausgeht, wie in diesem ersten Band, anstatt von kulturellen Unterschieden und der Psychose auszugehen, wie wir es taten.

In der Tat ist aber vieles, was 1955 schwer auszudrücken war, 1975 wesentlich leichter auszudrücken.

Möge es gehört werden!

Gregory Bateson

Kresge College
University of California, Santa Cruz

Einleitung

Durch alle Zeiten hat die Macht und das Wunder der Zauberkünstler in Lied und Erzählung einen Niederschlag gefunden. Die Existenz von Hexern, Hexen, Zauberern, Schamanen und Gurus ist dem Durchschnittsmenschen schon immer fesselnd und ehrfurchtserregend gewesen. Diese Machtvollen, die in einen Mantel des Geheimnisses gehüllt waren, stellten einen eklatanten Widerspruch dar zu den alltäglichen Formen, mit der Welt umzugehen. Die von ihnen gesponnenen Zaubereien und Beschwörungen waren überaus gefürchtet und wurden gleichzeitig wegen der Hilfe, die sie boten, ständig in Anspruch genommen. Immer wenn diese Machtvollen ihre Wunder öffentlich darstellten, zerstörten sie die Realitätsauffassung der jeweiligen Zeit und des jeweiligen Ortes und stellten sich dar, als seien sie im Besitz von etwas, das nie lernbar sei. In der heutigen Zeit werden meist jene dynamischen Psychotherapeuten vom Mantel des Zauberers umhüllt, deren Fertigkeiten denen anderer Therapeuten bei weitem überlegen sind und deren Arbeit zu beoabachten uns so sehr erstaunt, daß wir von stärksten Emotionen, Unglauben und äußerster Verwirrung ergriffen werden. So wie das Wissen der Zauberer in allen Zeiten gehütet und von einem Weisen dem anderen weitergegeben wurde, wobei zwar einzelne Elemente verloren gingen und neue hinzukamen, die Grundstruktur jedoch erhalten blieb, so hat auch die Magie dieser therapeutischen Hexer ihre Struktur.

Der Prinz und der Zauberer

Es war einmal ein junger Prinz, der glaubte an alles, mit Ausnahme von drei Dingen. Er glaubte nicht an Prinzessinnen, er glaubte nicht an Inseln, er glaubte nicht an Gott. Sein Vater, der König, sagte ihm, daß es solche Dinge nicht gäbe. Da es im Reich seines Vaters weder Prinzessinnen noch Inseln und auch keine Spur von Gott gab, glaubte der Prinz seinem Vater.

Aber eines Tages lief der Prinz vom Palast fort und kam in das Nachbarland. Zu seinem Erstaunen sah er vor jeder Küste Inseln und auf diesen Inseln fremde, beunruhigende Wesen, die er nicht zu benennen wagte. Als er nach einem Schiff Ausschau hielt, kam ihm am Strand ein Mann in voller Abendgala entgegen.

„Sind das echte Inseln?" fragte der junge Prinz.

„Natürlich sind das echte Inseln", sagte der Herr in Abendgala.

„Und jene fremden und beunruhigenden Wesen?"

„Das sind echte und leibhaftige Prinzessinnen."

„Dann muß es auch Gott geben!", rief der Prinz.

„Ich bin Gott", antwortete der Herr in Abendgala mit einer Verbeugung.

Der junge Prinz kehrte, so schnell er konnte, wieder nach Hause zurück.

„Du bist also zurückgekehrt", sagte sein Vater, der König.

„Ich habe Inseln gesehen, ich habe Prinzessinnen gesehen, ich habe Gott gesehen", sagte der Prinz vorwurfsvoll.

Der König war ungerührt.

„Weder gibt es wirkliche Inseln noch wirklche Prinzessinnen noch einen wirklichen Gott."

„Ich habe sie gesehen!"

„Sag mir, wie Gott gekleidet war."

„Gott trug volle Abendgala."

„Waren die Ärmel seines Fracks hochgeschlagen?"

Der Prinz entsann sich, daß sie es gewesen waren. Der König lächelte.

„Das ist die Kleidung eines Magiers. Du bist getäuscht worden."

Darauf kehrte der Prinz ins Nachbarland zurück und ging an den selben Strand, wo er abermals auf den Herrn in Abendgala traf.

„Mein Vater, der König, hat mir gesagt, wer Sie sind", sagte der Prinz empört. „Sie haben mich letztes Mal getäuscht, diesmal aber nicht. Jetzt weiß ich, daß das keine echten Inseln und echten Prinzessinnen sind, denn Sie sind ein Magier."

Der Herr am Strand lächelte.

„Du hast dich getäuscht, mein Junge. In deines Vaters Reich gibt es viele Inseln und viele Prinzessinnen. Du bist aber unter deines Vaters Bann, so daß du sie nicht sehen kannst."

Nachdenklich kehrte der Prinz heim. Als er seinem Vater begegnete, sah er seinem Vater ins Gesicht.

„Vater, stimmt es, daß du kein echter König bist, sondern nur ein Magier?"

Der König lächelte und schlug seine Ärmel zurück.

„Ja, mein Sohn, ich bin nur ein Magier."

„Dann war der Herr am anderen Strand Gott."

„Der Herr am anderen Strand war ein anderer Magier."

„Ich muß die Wahrheit wissen, die Wahrheit jenseits der Magie."

„Es gibt keine Wahrheit jenseits der Magie."

Der Prinz war von Trauer erfüllt. Er sagte: „Ich werde mich umbringen."

Durch einen Zauber ließ der König den Tod erscheinen. Der Tod stand in der Tür und winkte dem Prinzen. Der Prinz erschauerte. Er erinnerte sich der schönen aber unwirklichen Inseln und der unwirklichen aber schönen Prinzessinnen.

„Also gut", sagte er, „ich kann es ertragen."

„Du siehst mein Sohn", sagte der König, „auch du beginnst, ein Magier zu sein."

Nachgedruckt aus *The Magus*
von *John Fowles,*
Dell Publishing Co., Inc, S. 499-500.

Dem Leser zur Warnung

Die zentrale Aufgabe der Psychologie, ob der experimentellen oder der angewandten, ist das Verstehen menschlichen Verhaltens. Menschliches Verhalten ist überaus komplex. Die Aussage, daß unser Verhalten komplex sei, verneint aber nicht, daß es eine Struktur besitzt. Im allgemeinen hat die moderne Psychologie versucht, menschliches Verhalten durch Aufteilung in einzelne Forschungsbereiche zu verstehen, z. B. in die der Wahrnehmung, des Lernens, des Sprachverhaltens, der motorischen Fertigkeiten. In dem Maße, wie unser Verständnis dieser Bereiche wächst, entdecken wir auch die Struktur des beschriebenen menschlichen Verhaltens und stellen dabei fest, daß menschliches Verhalten regelgeleitet ist.

Die Aussage, daß menschliches Verhalten regelgeleitet sei, bedeutet aber nicht, daß wir es im Sinne einfacher Reiz-Reaktionsbegriffe verstehen können. Beim Studium menschlicher Sprachen z. B. liegen die für die Beschreibung dieses Verhaltens erforderlichen Regeln jenseits der Möglichkeiten der S-R-Theorien (*Chomsky* 1957). Zum ausreichenden Verständnis dieses Buches ist es sinnvoll, zwischen regelgeleitetem Verhalten und determiniertem Verhalten zu unterscheiden.

Um beim Beispiel menschlicher Sprachen zu bleiben: die Zahl möglicher Sätze in jeder menschlichen Sprache (z. B. Englisch, Spanisch etc.) ist unbegrenzt. Mit anderen Worten, die Zahl verbaler Beschreibungen menschlicher Erfahrungen ist grenzenlos. Gleichzeitig ist die Zahl der Formen (Syntax), in denen diese unendliche Menge der Bedeutungen dargestellt ist, sehr eingeschränkt, strukturiert und daher durch eine Reihe von Regeln beschreibbar. Diese Sequenz von Worten ist ein Satz. Er hat eine Struktur, wie man zeigen kann, wenn man die Wortfolge umkehrt:

Satz ein ist Worten von Sequenz diese.

Ähnlicherweise gibt es in anderen Typen komplexen menschlichen Verhaltens eine unbegrenzte Zahl unterscheidbarer Handlungen. Die Form dieser Handlungen wird Struktur besitzen und wird daher durch eine Reihe von Regeln zu beschreiben sein. Die Aussage, daß menschliches Verhalten durch eine Reihe von Regeln beschreibbar ist, soll nicht bedeuten, daß unser Verhalten determiniert oder vorhersagbar sei.

Die differenzierteste Untersuchung menschlichen, regelgeleiteten Verhaltens ist die Untersuchung menschlicher Sprachsysteme. Insbesondere hat eine Gruppe von Linguisten, die als Transformationsgrammatiker bekannt sind, eine Reihe von Regeln entwickelt, die die Formen beschreiben, mit denen wir unsere Erfahrungen sprachlich repräsentieren und kommunizieren. Obwohl die Transformationsgrammatik eine junge Disziplin ist (1955 begründet), hat sie schon einen tiefgreifenden Einfluß auf die Experimentalpsychologie, besonders auf die moderne Lerntheorie ausgeübt. Ihr Einfluß auf die Angewandte Psychologie steht noch aus. Dieses Buch beabsichtigt, die Einsichten der Transformationsgrammatik jenen zugänglich und anwendbar zu machen, die mit komplexem menschlichem Verhalten arbeiten.

Zusätzlich zu dem obigen Hintergrund wollen wir Ihnen zu Anfang dieses Buches drei weitere Informationen geben:

1. was das Buch enthält;
2. wie das Buch zu gebrauchen ist;
3. welchen Gewinn Sie aus diesem Buch erwarten können.

1. Was das Buch enthält

Dieses Buch beabsichtigt, Ihnen ein explizites Rüstzeug zu liefern, das Ihnen helfen soll, ein effektiverer Therapeut zu werden. Kapitel 1 zeigt auf, daß wir nicht direkt auf die Welt, in der wir leben, einwirken, sondern daß wir uns Modelle oder Karten dieser Welt schaffen und diese Karten dazu verwenden, unser Verhalten zu steuern. Weiterhin wird festgestellt, daß eine effektive Therapie eine gewisse Änderung in der Art, wie ein Klient sein Erleben repräsentiert, implizieren muß.

Kapitel 2 zeigt Ihnen die Struktur der einen spezifischen Art, wie Menschen ihre Erfahrungen repräsentieren — der menschlichen Sprachsysteme. Kapitel 3 weist einen Weg, wie die Struktur der Sprachsysteme als Rüstzeug für therapeutisches Handeln benutzt werden kann. Dieses Rüstzeug ist mit jeder uns bekannten Therapieform zu vereinbaren. Kapitel 4 zeigt Schritt für Schritt, wie dieses Rüstzeug erlernt und angewandt werden kann. Kapitel 5 setzt sich aus zwei kommentierten Protokollen zusammen, die die Anwendung dieser Techniken in der Therapie aufzeigen. Kapitel 6 verbindet dieses Rüstzeug mit einigen bekannten nonverbalen Techniken aus bereits bestehenden Psychotherapieformen.

2. Wie das Buch zu gebrauchen ist

Dieses Buch ist kein Roman, und wir empfehlen Ihnen, es nicht wie einen Roman zu lesen. Dieses Buch ist ein Lehrbuch, um Ihnen ein Rüstzeug nahezulegen, das Ihre Effektivität als Therapeut verbessert. Wie jedes Lehrbuch sollte es gelesen und nochmals gelesen werden.

Um mit diesem Lernprozeß zu beginnen, ist ein gründliches Verständnis der Kapitel 1, 2 und 3 erforderlich. Je genauer Sie diese Kapitel verstehen, desto effektiver werden Sie natürlich die spezifischen, in Kapitel 4 dargestellten Techniken anwenden können.

Wenn Sie Kapitel 4 erreichen, sollten Sie das Tempo verlangsamen. Dieses Kapitel besteht aus einigen schrittweise vorzunehmenden Anleitungen, sich in der Anwendung der Techniken zu üben. Da dieser erste Band sich hauptsächlich mit verbalen Techniken auseinandersetzt, bestehen die meisten Techniken aus Fragen, die sich auf die *Form* der Kommunikation des Klienten innerhalb der Therapie beziehen. Alle in Kapitel 4 dargestellten Techniken sollten für sich studiert werden, damit Sie eine optimale Fertigkeit erlangen, Ihre Effektivität als Therapeut zu verbessern. Zu jeder dieser Techniken gibt es mindestens eine schrittweise Übung. Um diese Fertigkeiten zu erwerben, müssen Sie sie üben — *verwenden Sie die Übungsbeispiele.*

Kapitel 5 ist *kein* Beispiel dafür, was wir als durchschlagende Therapie betrachten. Kapitel 5 soll Ihnen zeigen, wie die verschiedenen Techniken in Kombination miteinander funktionieren. Lesen Sie das Protokoll mit den Kommentaren, achten Sie dabei auf die Wahlmöglichkeiten, die dem Therapeuten zur Verfügung stehen, und auf den Fluß des sprachlichen Austauschs zwischen Therapeut und Klient. Vielleicht möchten Sie auch den Kommentar zudecken und jede Aussage des Klienten nacheinander prüfen, um festzustellen, ob Sie alle Wahlmöglichkeiten herausfinden können, die sich Ihnen als Therapeut bei diesen Aussagen anbieten.

Lesen Sie Kapitel 6 sorgfältig: Sie sollen daraus lernen, die Techniken aus Kapitel 4 anzuwenden, damit Sie erkennen, wann einige eher bekannte nonverbale Techniken geeignet sind. Falls einige nonverbale Techniken, die in diesem Kapitel dargestellt werden, Ihnen bereits geläufig sind, benutzen Sie sie als Bezugspunkt, um andere Techniken aufzunehmen, die Ihnen in Ihrer Therapie als brauchbar erscheinen. Wenn keine Ihrer spezifischen Techniken dargestellt wird, dann achten Sie darauf, welche Technik aus Kapitel 4 Sie in der Therapie gerade anwenden, wenn Sie einen geeigneten Ansatzpunkt für den Einsatz Ihrer eigenen spezifischen Techniken bemerken. Dies wird den Prozeß der Integration der in diesem Lehrbuch dargestellten Mittel mit Ihrem eigenen Therapiestil in Gang setzen.

3. Welchen Gewinn Sie aus diesem Buch erwarten können

Der Gebrauch des Buches, wie wir ihn vorschlagen, wird Sie zu einem effektiveren Therapeuten machen. Das wird besonders bewirkt werden durch:

1. Erlernen bestimmter Fragetechniken, die verbalen Mitteilungen des Klienten aufzugreifen;
2. Erlernen, wie die Anwendung bestimmter nonverbaler Techniken durch verbale Hinweise angezeigt sein kann.

Die umfassende Auswirkung dieses Wissens wird sein, Ihnen eine klare, explizite Strategie für Ihre therapeutische Arbeit zu liefern.

Kapitel 1

Die Struktur der Wahl

„... Operationen, welche einen fast geheimnisvollen Charakter an sich tragend, auf eine mehr oder weniger paradoxe Weise dem gewöhnlichen Verfahren widersprechen, Methoden, welche dem nicht in den Mechanismus eingeweihten, nicht so fertig geübten Zuschauer, den Eindruck des Magischen machend, Schwierigkeiten, welche das bezügliche Material der betreffenden Tätigkeit in den Weg wirft, indirekt zu umgehen wissen."

H. Vaihinger, Die Philosophie des Als Ob, S. 17

Aus den Rängen der modernen Psychotherapie sind einige charismatische Superstars aufgetaucht. Diese Menschen vollführen anscheinend die Aufgabe der Klinischen Psychologie mit der Leichtigkeit und dem Zauber therapeutischer Magier. Sie greifen hinein in das Leiden, den Schmerz und das Totsein anderer und verwandeln ihre Hoffnungslosigkeit in Freude, Leben und neue Hoffnung. Obwohl die Ansätze, mit denen sie dieser Aufgabe begegnen, als so vielfältig und unterschiedlich wie Tag und Nacht erscheinen, ist ihnen scheinbar etwas einzigartig Wunderbares und Machtvolles gemein. *Sheldon Kopp* beschrieb seine Erfahrung mit einem solchen Menschen in seinem Buch *Guru* (S. 146):

„*Perls* hatte ein enorm starkes persönliches Auftreten, geistige Unabhängigkeit, eine Bereitschaft, das Risiko auf sich zu nehmen, überall dorthin zu gehen, wo seine intuitiven Gefühle ihn hinführten, und eine tiefe Fähigkeit, eng in Berührung mit jedem zu kommen, der für die Arbeit mit ihm offen war ... Es ist nicht ungewöhnlich, sich tränenaufgelöst oder erschöpft oder voller Freude zu erleben, nachdem man gesehen hat, wie ein anderer durch ein solches Erlebnis geführt worden ist. Sein Einfühlungsvermögen war so brillant, seine Techniken so durchschlagend, daß Perls manchmal nur Minuten brauchte, um den Menschen auf dem „hot seat" zu erreichen. Du warst vielleicht irgendein festgefahrener, rigider, längst gestorbener Typ, der Hilfe suchte und doch Angst hatte, daß sie kommen und Dinge ändern könnte. Er setzte dich auf den „hot seat" und zauberte. Wenn du bereit warst zu arbeiten, dann schien es fast so, als könne er herübergreifen, den Reißverschluß deiner Fassade packen und so schnell aufziehen, daß deine gequälte Seele herausfiel und auf den Boden zwischen euch beiden zu liegen kam."

Perls war nicht und ist sicherlich nicht der einzige Therapeut, der sich durch solche magische Kraft auszeichnet. *Virginia Satir* und andere, die wir kennen, scheinen diese magische Fähigkeit zu besitzen. Dieses Können zu leugnen oder einfach als *Talent, Intuition* oder *Genie* zu etikettieren, heißt, sein eigenes Potential als Menschenhelfer einzuschränken. Dadurch versäumt man die Möglichkeit zu lernen, jenen Menschen, die zu uns kommen, eine Erfahrung zu bieten, mit der sie ihr Leben ändern können, um sich der Fülle des Lebens zu erfreuen. Unser Anliegen in diesem Buch ist nicht, das Magische unseres Erlebens dieser therapeutischen Hexenmeister in Frage zu stellen, sondern vielmehr aufzuzeigen, daß die Magie, die sie vollbringen — wie andere komplexe menschliche Tätigkeiten wie Malen, Musikkomposition oder einen Mann auf den Mond schicken —, Struktur besitzt und daher, sofern angemessene Möglichkeiten gegeben sind, lernbar ist. Auch wollen wir nicht behaupten, daß die Lektüre eines Buches gewährleisten kann, daß Sie diese dynamischen Fähigkeiten erlangen. Insbesondere wollen wir nicht die Behauptung aufstellen, daß wir den „richtigen" oder durchschlagendsten Zugang zur Psychotherapie entdeckt hätten[1]). Wir wollen Ihnen lediglich spezifische Mittel anbieten, welche uns in den Handlungen dieser Therapeuten implizit enthalten zu sein scheinen, so daß Sie den niemals endenden Prozeß der Verbesserung, Bereicherung und Vergrößerung der Fertigkeiten, die Sie als Menschenhelfer anbieten, beginnen beziehungsweise fortsetzen können.

Da diese Mittel nicht auf einer bereits bestehenden psychologischen Theorie oder einem therapeutischen Ansatz beruhen, möchten wir einen einfachen Überblick geben, von welchen menschlichen Prozessen wir dieses Rüstzeug abgeleitet haben. Wir nennen diesen Prozeß *Modellbildung* (*modeling*).

„Durch eine trübe Brille"

„Wo die logische Funktion mit ihrer Tätigkeit eingreift, da verändert sie das Gegebene, und entfernt es von der Wirklichkeit. Wir können nicht einmal die elementaren Prozesse der Seele schildern, ohne auf Schritt und Tritt diesem — sollen wir sagen störenden oder nachhelfenden Faktor ? — zu begegnen. Sobald die Empfindung in den Kreis der Psyche eingetreten ist, wird sie in den Wirbel der logischen Prozesse hineingezogen. Die Seele verändert selbständig das

Gegebene und Dargebotene. Bei dieser Veränderung ist zweierlei zu unterscheiden: 1) die Formen an und für sich, in denen diese Veränderung geschieht; 2) die durch diese Veränderung aus dem ursprünglichen Material geschaffenen Produkte.

Die organisierende Tätigkeit der logischen Funktion reißt alle Empfindungen in ihren Prozeß hinein und baut so ihre eigene innere Welt auf, welche sich von der Wirklichkeit immer mehr entfernt, und doch an gewissen Spitzen wieder mit ihr so eng zusammenhängt, daß ein Übergang von der einen in die andere stets stattfindet, und daß der Mensch gar nicht merkt, daß er gleichsam doppelt handelt — in seiner inneren Welt (die er freilich objektiviert als die sinnliche Anschauungswelt) und in einer ganz anderen Welt, in der äußeren." *H. Vaihinger,* Die Philosophie des Als Ob, S. 290-291

Einige Menschen in der Kulturgeschichte haben die Feststellung gemacht: daß es einen unüberwindlichen Unterschied gibt zwischen der Welt und unserer Erfahrung von ihr. Wir als menschliche Wesen wirken nicht direkt auf die Welt ein. Jeder von uns schafft sich eine Repräsentation der Welt, in der wir leben — d. h. wir schaffen eine Landkarte oder ein Modell, welches wir für die Gestaltung unseres Verhaltens verwenden. Unsere Repräsentation der Welt bestimmt weitgehend, wie unsere Erfahrung von der Welt sein wird, wie wir die Welt wahrnehmen werden, welche Wahlmöglichkeiten wir für unser Leben in der Welt sehen werden.

„Man muß hierbei sich daran erinnern, daß die ganze Vorstellungswelt in ihrer Gesamtheit nicht die Bestimmung hat, ein Abbild der Wirklichkeit zu sein — es ist dies eine ganz unmögliche Aufgabe — sondern ein Instrument, um sich leichter in derselben zu orientieren." *H. Vaihinger,* Die Philosophie des Als Ob, S. 22.

Keine zwei Menschen haben genau gleiche Erfahrungen. Das Modell, das wir schaffen, um uns in der Welt zu orientieren, beruht z. T. auf unseren Erfahrungen. Jeder von uns kann also ein anderes Modell der Welt, an der wir teilhaben, schaffen und kommt so dazu, in einer etwas unterschiedlichen Realität zu leben.

„... wichtige Charakteristika von Karten sollten festgestellt werden. Eine Landkarte ist nicht das Gebiet, das sie darstellt, sondern hat, wenn sie genau ist, eine dem Gebiet ähnliche Struktur, worin ihre Brauchbarkeit begründet ist ..."

A. Korzybski, Science & Sanity, vierte Auflage 1958, S. 58-60

Wir möchten hier zwei Punkte festhalten. Erstens besteht ein notwendiger Unterschied zwischen der Welt und jedem spezifischen Modell bzw. der Repräsentation der Welt. Zweitens, die Modelle der Welt, die jeder von uns schafft, werden selber unterschiedlich sein. Dies kann in verschiedener Weise demonstriert werden. Für unsere Belange haben wir eine Dreiteilung[2] vorgenommen: neurologische Einschränkungen, soziale Einschränkungen und individuelle Einschränkungen.

Erfahrung und Wahrnehmung als aktiver Prozeß: Neurologische Einschränkungen

Betrachten wir die menschlichen rezeptorischen Systeme: Sehen, Hören, Tasten, Schmecken, Riechen. Es gibt physikalische Phänomene, die außerhalb der Grenzen dieser fünf allgemein anerkannten sensorischen Kanäle liegen. So können z. B. Schallwellen unter 20 Schwingungen in der Sekunde bzw. über 20.000 Schwingungen in der Sekunde von Menschen nicht erkannt werden. Diese physikalischen Phänomene sind aber ihrer Struktur nach die gleichen wie die physikalischen Wellen, welche zwischen diesen Grenzwerten liegen: die physikalischen Wellen, welche wir *Schall* nennen. Im visuellen System des Menschen können wir nur Wellenformen zwischen 380 und 680 Nanometer erkennen. Wellenformen über oder unter dieser Größenordnung sind durch das menschliche Auge nicht wahrnehmbar. Wieder nehmen wir nur einen Teil eines kontinuierlichen physikalischen Phänomens wahr, wie das durch unsere genetisch bedingten neurologischen Einschränkungen determiniert wird.

Der Körper des Menschen empfindet Berührung, Kontakt auf der Hautoberfläche. Der Tastsinn liefert ein ausgezeichnetes Beispiel für den tiefgreifenden Einfluß, den unser eigenes neurologisches System auf unsere Erfahrung haben kann. In einer Reihe von Experimenten (*Boring* 1957, S. 110-111) stellte *Weber* vor über einem Jahrhundert fest, daß genau dieselbe Situation der realen Welt von einem Menschen als zwei grundlegend verschiedene taktile Eindrücke erfahren wird. In seinen Experimenten fand *Weber*, daß unsere Fähigkeit, die Berührung an zwei Punkten unserer Hauptoberfläche wahrzunehmen, drastisch variierte, und zwar in Abhängigkeit davon, wo auf dem Körper die zwei Punkte lokalisiert waren. Der kleinste Abstand zwischen zwei Punkten, die am kleinen Finger als getrennte Punkte wahrgenommen werden, muß bis auf das 30-fache vergrößert werden, um die zwei Punkte zu unterscheiden, wenn sie auf den Oberarm gesetzt werden. So werden sehr oft identische Reizsituationen aus der realen Welt als zwei gänzlich verschiedene Erfahrungen wahrgenommen, lediglich als Funktion unseres Nervensystems. Wenn wir am kleinen Finger berührt werden, erfahren wir dies als Berührung an zwei Stellen und am Oberarm als eine Berührung an einer Stelle. Die physikalische Welt bleibt konstant, und unsere Erfahrung von ihr schwankt drastisch als Funktion unseres Nervensystems.

Ähnliche Unterschiede zwischen der Welt und unserer Erfahrung von ihr können für andere Sinne demonstriert werden *(Boring* 1957). Die Grenzen unserer Wahrnehmung werden von Wissenschaftlern klar erkannt, die Experimente mit der physikalischen Welt durchführen und dabei Maschinen entwickeln, um diese Grenzen auszudehnen. Diese Instrumente erfassen Phänomene, die außerhalb der Reichweite unserer Sinne oder außerhalb unserer Unterscheidungsfähigkeit liegen, und stellen sie dar als Signale, die innerhalb unseres Sinnesbereichs liegen — Signale wie Fotografien, Druckmesser, Thermometer, Oszillographen, Geigerzähler und Alphawellendetektoren. Somit ist eine Art, in der sich unsere Modelle der Welt zwangsläufig von der Welt selbst unterscheiden werden, darin zu sehen, daß unser Nervensystem ganze Teile der realen Welt systematisch verzerrt und ausmerzt. Dies hat sowohl den Effekt, daß der Umfang der möglichen menschlichen Erfahrung verringert wird, als auch, daß Unterschiede zwischen dem, was tatsächlich in der Welt vorgeht, und unserer Erfahrung davon entstehen. Unser Nervensystem, das ursprünglich genetisch determiniert ist, stellt also die erste Gruppe von Filtern dar, durch die sich unsere Repräsentation der Welt (die Landkarte) von der Welt selbst (dem Gebiet) unterscheidet.

Die sozial verschriebene „trübe Brille“: Soziale Einschränkungen

„... Es ist anzunehmen, daß die Funktionen des Gehirns und Nervensystems und der Sinnesorgane hauptsächlich eliminativ und nicht produktiv sind. Jeder Mensch ist in jedem Augenblick fähig, sich all dessen zu erinnern, was ihm je geschehen ist, und alles wahrzunehmen, was irgendwo im Weltall geschieht. Es ist die Aufgabe des Gehirns und des Nervensystems, uns davor zu schützen, von dieser Menge größtenteils unnützen und belanglosen Wissens überwältigt und verwirrt zu werden, indem sie das meiste dessen, was wir sonst in jedem Augenblick gewahr werden oder uns erinnern würden, ausschließen und nur die sehr kleine und besondere Auswahl übriglassen, die voraussichtlich praktisch nützlich sein wird.

Gemäß einer solchen Theorie ist potentiell jeder von uns Freier Geist ... Damit ein biologisches Überleben möglich werde, muß der Freie Geist durch das Reduktionsventil des Gehirns und Nervensystems durchgeschleust werden. Was am andern Ende hervorkommt, ist ein spärliches Rinnsal der Art von Bewußtsein, die uns hilft, auf der Oberfläche dieses speziellen Planeten am Leben zu bleiben. Um die Inhalte des so eingeschränkten Bewußtseins zu formulieren und auszudrücken, hat der Mensch die Symbolsysteme und implizierten Philosophien, die wir Sprachen nennen, erfunden und endlos ausgestaltet. Jeder Mensch ist zugleich Nutznießer und Opfer der sprachlichen Tradition, in die er hineingeboren wurde — Nutznießer insofern, als die Sprache Zugang zu den angesammelten Dokumenten der Erfahrung anderer Menschen gewährt; Opfer insofern, als sie ihn in dem Glauben, dieses reduzierte Bewußtsein sei das einzige Bewußtsein, bestärkt und seinen Wirklichkeitssinn verwirrt, so daß er nur allzu bereit ist, seine Begriffe für Tatsachen, seine Worte für wirkliche Dinge zu halten."

Aldous Huxley, The Doors of Perception, New York: Harper & Row, 1954 S. 22-23; dt.: Die Pforten der Wahrnehmung, Piper, München 1970, S. 16 f.

Eine zweite Art, in der sich unsere Erfahrung der Welt von der Welt selbst unterscheidet, ist durch soziale Einschränkungen oder Filter (Augengläser) gegeben — wir bezeichnen diese als sozial-genetische Faktoren[3]. Mit Sozialgenetik bzeichnen wir alle Kategorien oder Filter, denen wir als Mitglied eines sozialen Systems ausgesetzt sind: unsere Sprache, unsere allgemein anerkannten Arten der Wahrnehmung und alle sozial vereinbarten Fiktionen.

Der vielleicht am meisten anerkannte sozial-genetische Filter ist unser Sprachsystem. Innerhalb eines bestimmten Sprachsystems steht z. B. unser Erfahrungsreichtum mit der Anzahl der Unterscheidungen in irgendeinem Bereich unserer Wahrnehmung in Zusammenhang[4]. Im Maidu, einer amerikanischen Indianersprache Nordkaliforniens, stehen nur drei Worte[5] zur Beschreibung des Farbspektrums zur Verfügung. Sie unterteilen das Spektrum wie folgt (die nächsten Entsprechungen in Klammern):

lak	tit	tulak
(rot)	(grün-blau)	(gelb-orange-braun)

Während der Mensch fähig ist, 7.500 Farbunterscheidungen im sichtbaren Farbspektrum zu treffen (*Boring* 1957), gruppieren die Menschen, deren Muttersprache Maidu ist, ihre Erfahrung gewöhnlich in den drei Kategorien, die durch ihre Sprache geliefert werden. Diese drei Maidu-Farbbezeichnungen decken den gleichen Bereich der Sinneswahrnehmungen der realen Welt ab, wie die acht (spezifischen) Farbbezeichnungen der englischen Sprache. Das Wesentliche ist hier, daß ein Mensch, der Maidu spricht, charakteristischerweise nur drei Kategorien der Farbempfindung kennt, während z. B. der Englischsprachige mehr Kategorien besitzt und damit mehr unterschiedliche Wahrnehmungen gewohnt ist. Während also Englischsprachige ihre Erfahrung zweier Objekte als unterschiedlich beschreiben werden (etwa ein gelbes Buch und ein orangenes Buch), werden Maidu Sprechende ihre Erfahrung der identischen Situation der realen Welt bezeichnenderweise als gleich beschreiben (zwei tulak Bücher).

Im Gegensatz zu unseren neurologisch-genetischen Einschränkungen sind jene, die durch die sozial-genetischen Filter eingeführt werden, leicht zu überwinden. Dies wird am deutlichsten durch die Tatsache demonstriert, daß wir fähig sind, mehr als eine Sprache zu sprechen — daß heißt, wir können mehr als eine Gruppe sozial-linguistischer Kategorien oder Filter zur Organisation unserer Erfahrung verwenden, die uns als unsere Repräsentation der Welt dienen können[6)]. Nehmen wir zum Beispiel den einfachen Satz: *das Buch ist blau. Blau* ist der Name, den wir in unserer Muttersprache zu benützen gelernt haben, um unsere Erfahrung eines bestimmten Teils des Kontinuums des sichtbaren Lichts zu beschreiben. Durch die Struktur unserer Sprache irregeführt, gelangen wir zur Ansicht, daß *blau* eine Eigenschaft des Objektes sei, welches wir als Buch bezeichnen, statt es als einen Namen anzusehen, den wir unserer Empfindung gegeben haben.

„In der Wahrnehmung ist immer wiedergekehrt die Empfindungsverknüpfung des „*Süßen*" und „*Weißen*", es ist der beliebte Bestand des „*Zuckers*". Die Psyche wendet also auf diese Verknüpfung die Kategorie des Dinges mit seiner Eigenschaft an: „*Der Zucker ist süß.*" Hier erscheint aber noch als Ding das „*Weiße*". „*Süß*" ist die Eigenschaft. Die Seele bemerkt aber die Empfindung „*weiß*" auch sonst: letztere löst sich ab als eine Eigenschaft in anderen Fällen, also wird auch in diesem Fall weiß eine Eigenschaft sein. Nun läßt sich aber doch nicht mehr die Kategorie des Dinges mit Eigenschaft darauf anwenden, wenn „*süß*" und „*weiß*" Eigenschaften sein sollen und sinnlich weiter keine Empfindung gegeben ist. Hier kommt die Sprache zu Hilfe, und indem sie den Namen „*Zucker*" für die Gesamtwahrnehmung gibt, ist es ermöglicht, die einzelnen Empfindungen als Eigenschaften anzusetzen ... Wer autorisiert das Denken dazu, etwa zuerst *„weiß"* als Ding, *„süß"* als Eigenschaft anzusetzen? Wer gab ihm das Recht, weiterhin sogar beides als Eigenschaften anzusetzen und ein Ding hinzuzudenken als ihren Träger? Weder in den Empfindungen selbst lag dazu das Recht, noch in dem, was wir jetzt als Wirklichkeit betrachten ... Gegeben sind dem Bewußtsein nur Empfindungen; indem es ein Ding hinzudenkt, dem diese Empfindungen als Eigenschaften angehören sollen, begeht das Denken einen kolossalen Irrtum! Es hypostasiert die Empfindung, die doch nur ein Prozeß ist, zu einer seienden Eigenschaft; es schreibt diese *„Eigenschaft"* einem *„Dinge"* zu, das entweder nur in dem Komplex der Empfindungen selbst besteht oder gar von dem Denken noch zu dem Empfundenen hinzugedacht wird ... Wo ist denn das *„Süß"*, das dem Zucker zugeschrieben wird? Es besteht ja nur in dem Empfindungsakte... Indem das Denken dies tut, verändert es nicht nur die unmittelbare Empfindung, es entfernt sich auch immer mehr von der Wirklichkeit, es verstrickt sich immer mehr in seinen eigenen Formen. Vermittelst seiner *„Einbildungskraft"*, um diesen unwissenschaftlichen Ausdruck zu gebrauchen, hat es sich ein Ding ersonnen, welches eine Eigenschaft haben soll. Jenes Ding ist eine Fiktion; jene Eigenschaft ist als solche eine Fiktion; das ganze Verhältnis ist eine Fiktion." *H. Vaihinger,* Die Philosophie des Als Ob, S. 300-304.

Die Kategorien der Erfahrung, die wir mit anderen Mitgliedern der sozialen Situation, in der wir leben, teilen, z. B. die gemeinsame Sprache, stellen eine zweite Form dar, in der sich unsere Modelle der Welt von Welt selbst unterscheiden.

Beachten Sie, daß im Falle der neurologischen Einschränkungen unter Normalbedingungen die neurologischen Filter für alle Menschen dieselben sind — dies ist die gemeinsame Grundlage der Erfahrung, die wir als Mitglieder der Spezies teilen. Die sozial-genetischen Filter sind für alle Mitglieder einer sozial-sprachlichen Gemeinschaft dieselben, aber es gibt eine große Anzahl verschiedener, sozial-sprachlicher Gemeinschaften. So beginnt die zweite Gruppe von Filtern, uns als Menschen voneinander zu unterscheiden. Unsere Erfahrungen fangen an, sich grundlegender zu unterscheiden, und bedingen drastischere Unterschiede der Repräsentationen der Welt. Die dritte Art der Einschränkungen, die individuellen Einschränkungen, sind die Grundlage für die weitreichendsten Unterschiede zwischen uns Menschen.

Die individuell verschriebene „trübe Brille“: Individuelle Einschränkungen

Eine dritte Art, in der sich unsere Erfahrung der Welt von der Welt selbst unterscheiden kann, ergibt sich aus jenen Filtern, die wir als individuelle Einschränkungen bezeichnen. Mit individuellen Einschränkungen meinen wir all diejenigen Repräsentationen, die wir als Menschen schaffen und die auf unserer einzigartigen persönlichen Geschichte beruhen. Jeder Mensch hat einen Erfahrungsschatz, der seine persönliche Geschichte darstellt und so einmalig ist wie seine Fingerabdrücke. So wie jeder Mensch ganz bestimmte Fingerabdrücke hat, so hat auch jeder Mensch einzigartige Erfahrungen des Heranwachsens und Lebens, und keine zwei Lebensgeschichten werden jemals identisch sein. Obwohl sie auch Ähnlichkeiten haben mögen, sind zumindest einige Aspekte verschieden und bei jedem Menschen einmalig. Die Modelle oder Karten, die wir im Laufe des Lebens schaffen, basieren auf unseren individuellen Erfahrungen, und da einige Aspekte unserer Erfahrungen für uns als Individuen einzigartig sein werden, werden einige Teile unseres Modells der Welt für jeden von uns einzigartig sein. Diese individuellen Arten, wie jeder von uns seine Welt repräsentiert, werden unsere ureigenen Interessen, Gewohnheiten, Vorlieben, Abneigungen und Verhaltensregeln konstituieren. Diese Unterschiede unserer Erfahrungen werden gewährleisten, daß jeder von uns ein Modell der Welt hat, das sich in irgendeiner Weise vom Modell der Welt jedes anderen unterscheidet.

Zum Beispiel könnten zwei eineiige Zwillinge zusammen im selben Haus aufwachsen, mit denselben Eltern und fast identischen Erfahrungen, aber jeder könnte bei dem Erleben, wie die Eltern aufeinander und auf die übrige Familie eingehen, seine Erfahrungen unterschiedlich modellieren. Dic eine Schwester würde vielleicht sagen: meine Eltern hatten sich nie sehr lieb, sie stritten ständig, und meine Zwillingsschwester war der Liebling — während die andere vielleicht sagen würde: meine Eltern mochten sich wirklich, sie besprachen alles ausgiebig und bevorzugten eigentlich meine Zwillingsschwester. So werden selbst im Grenzfall eineiiger Zwillinge ihre Erfahrungen als Menschen Unterschiede hervorrufen, wie sie ihre eigenen Modelle oder Wahrnehmungen der Welt schaffen. In Fällen, in denen sich unsere Diskussionen auf nichtverwandte Personen beziehen, werden die Unterschiede in den persönlichen Modellen größer und umfassender sein.

Diese dritte Gruppe von Filtern, die individuellen Einschränkungen, bilden die Grundlage für die tiefen Unterschiede zwischen uns Menschen und wie wir Modelle der Welt schaffen. Diese Unterschiede in unseren Modellen können entweder unsere sozial vorgegebenen Verordnungen so verändern, daß unsere Erfahrung bereichert wird und sich uns mehr Wahlmöglichkeiten bieten, oder sie können unsere Erfahrung verkümmern lassen, so daß unsere Fähigkeit, effektiv zu handeln, eingeschränkt wird.

Modelle und Therapie

Wenn Menschen zu uns in die Therapie kommen, machen wir gewöhnlich die Erfahrung, daß sie mit Schmerzen kommen, daß sie sich gelähmt fühlen und daß sie keine Alternativen und Handlungsfreiheit in ihrem Leben erfahren. Wir haben herausgefunden, daß nicht die Welt zu eingeschränkt wäre oder daß es keine Alternativen gäbe, sondern daß diese Menschen sich dagegen sperren, jene Alternativen und Möglichkeiten, die ihnen offenstehen, wahrzunehmen, da sie in ihren Modellen der Welt nicht vorhanden sind.

Fast jeder Mensch unserer Kultur macht in seinem Lebenszyklus mehrere Zeiten der Veränderung und des Übergangs durch, die er bewältigen muß. Verschiedene Formen der Psychotherapie haben Kategorien für diese Übergangskrisenpunkte entwickelt. Erstaunlicherweise sind einige Menschen fähig, diese Perioden der Veränderung mit geringen Schwierigkeiten durchzustehen, indem sie diese Perioden als Zeiten intensiver Energie und Kreativität erleben. Andere, die mit derselben Herausforderung konfrontiert werden, erleben diese Perioden als Zeiten des Schreckens und des Schmerzes — Perioden, die ertragen werden müssen, während es im wesentlichen nur um's Überleben geht. Der Unterschied zwischen diesen beiden Gruppen scheint uns vor allem darin zu liegen, daß die Menschen, die kreativ reagieren und effektiv mit diesem Streß umgehen, über ein vielseitiges Repräsentationssystem bzw. Modell ihrer Situation verfügen, in dem sie eine große Bandbreite von Wahlmöglichkeiten für ihre Handlungsweisen sehen. Die anderen erleben sich im Besitz weniger Möglichkeiten, von denen sie keine anzieht — das „Ewige Verlierer"-Spiel. So stellt sich uns die Frage: Wie ist es möglich, daß verschiedene Menschen, die derselben Welt gegenüberstehen, so unterschiedliche Erfahrungen machen? Nach unserem Verständnis beruht dieser Unterschied hauptsächlich auf einer unterschiedlichen Vielseitigkeit ihrer Modelle. Somit lautet die Frage jetzt: Wie ist es möglich, daß Menschen ein eingeschränktes Modell aufrechterhalten, das ihnen angesichts einer mehrwertigen, vielseitigen und komplexen Welt Schmerz bereitet?

Um zu einem Verständnis zu gelangen, wieso manche Menschen sich weiterhin Schmerz und Angst zufügen, hat es sich als wichtig erwiesen zu erkennen, daß sie nicht schlecht, verrückt oder krank sind. Tatsächlich treffen sie die jeweils beste Wahl aus den Möglichkeiten, die ihnen bewußt sind, das heißt, die beste Wahl, die in ihrem spezifischen Modell möglich ist. Mit anderen Worten, menschliches Verhalten, wie sonderbar es zunächst auch erscheinen mag, ergibt einen Sinn, wenn es im Kontext der in ihrem Modell möglichen Wahlen gesehen wird.[7)] Die Schwierigkeit besteht nicht darin, daß sie die falsche Wahl treffen, sondern darin, daß ihnen nicht genügend Wahlmöglichkeiten zur Verfügung stehen — sie haben kein vielseitig orientiertes Bild der Welt. Wir begegnen dem durchgängigen Paradoxon menschlichen Daseins, daß die Prozesse, die uns Überleben, Wachstum, Wandel und die Erfahrung der Freude ermöglichen, uns gleichzeitig ermöglichen, ein eingeschränktes Modell der Welt aufrechtzuerhalten: unsere Fähigkeit, Symbole zu gebrauchen, das heißt, Modelle zu schaffen. Die Prozesse, die uns erlauben, die außergewöhnlichsten und einzigartigsten menschlichen Aktivitäten zu vollbringen, sind also dieselben Prozesse, die unser weiteres Wachstum blockieren, wenn wir den Fehler begehen, das Modell mit der Realität zu verwechseln. Wir können drei allgemeine Mechanismen unterscheiden, mittels derer wir dies tun: Generalisierung, Tilgung, Verzerrung.[8)]

Generalisierung (generalization) ist der Prozeß, durch den Elemente oder Teile eines persönlichen Modells von der ursprünglichen Erfahrung abgelöst werden, um dann die gesamte Kategorie, von der diese Erfahrung ein Beispiel darstellt, zu verkörpern. Unsere Fähigkeit zu generalisieren ist wesentlich, um mit der Welt fertigwerden zu können. Zum Beispiel ist es für uns nützlich, von der Erfahrung einer Verbrennung beim Berühren eines heißen Ofens generalisieren zu können, um zu einer Regel zu gelangen, daß heiße Öfen nicht berührt werden sollen. Aber diese Erfahrung dahingehend zu generalisieren, daß Öfen gefährlich sind, und folglich sich zu weigern, mit einem im gleichen Zimmer zu sein, heißt, unsere Bewegungsfähigkeit in der Welt unnötig einzuschränken.

Nehmen wir an, daß ein Kind die ersten paar Male, wenn es einen Schaukelstuhl vor sich hat, sich an die Rückenlehne lehnt und umfällt. Es würde vielleicht für sich die Regel aufstellen, daß Schaukelstühle unsicher sind, und sich weigern, jemals wieder einen auszuprobieren. Wenn das Modell der Welt dieses Kindes Schaukelstühle und Stühle allgemein zusammenwirft, dann trifft auf alle Stühle die Regel zu: Stütze dich nicht auf die Rückenlehne! Ein anderes Kind, das ein Modell entwickelt, welches Schaukelstühle von anderen Stuhlarten unterscheidet, hat mehr Wahlmöglichkeiten für sein Verhalten. Aus seiner Erfahrung entwickelt es seine neue Regel oder Generalisierung, die es nur auf den Gebrauch von Schaukelstühlen bezieht (stütze dich nicht auf die Rückenlehne!), und es hat daher ein vielseitigeres Modell und eine größere Auswahl.

Derselbe Prozeß der Generalisierung kann dazu führen, daß ein Mensch eine Regel aufstellt wie „zeige deine Gefühle nicht." Im Rahmen eines Kriegsgefangenenlagers kann diese Regel einen hohen Überlebenswert besitzen und einer Person ermöglichen, die Situation des Bestraftwerdens zu vermeiden. Gebraucht aber diese Person dieselbe Regel in einer Ehe, so schränkt sie ihre Möglichkeiten der Nähe durch Ausschluß von Äußerungen, die in dieser Beziehung wichtig sind, ein. Dies kann dazu führen, daß sie Gefühle der Einsamkeit und Beziehungslosigkeit hat — und schließlich meint, keine Wahl zu haben, denn die Möglichkeit, Gefühle auszudrücken, kommt in ihrem Modell nicht vor.

Hier geht es darum, daß dieselbe Regel brauchbar oder nicht sein wird, was vom Kontext abhängig ist — das heißt, daß es keine richtigen Generalisierungen gibt, daß jedes Modell innerhalb seines Kontextes beurteilt werden muß. Weiterhin gibt uns dies einen Schlüssel zum Verständnis von menschlichem Verhalten, das uns seltsam oder unangebracht erscheint — dann nämlich, wenn wir das Verhalten eines Menschen in dem Zusammenhang, in dem es entstanden ist, sehen können.

Ein zweiter Mechanismus, den wir verwenden können, um entweder effektiv mit Dingen umzugehen oder uns selbst lahmzulegen, ist die *Tilgung (deletion)*. Tilgung ist ein Prozeß, durch den wir unsere Aufmerksamkeit selektiv bestimmten Dimensionen unserer Erfahrungen zuwenden und andere ausschließen. Nehmen wir als Beispiel die Fähigkeit des Menschen, in einem Raum voller sprechender Menschen alle anderen Geräusche auszuschließen oder auszufiltern, um der Stimme einer bestimmten Person zuzuhören. Man kann auch denselben Prozeß verwenden, um sich daran zu hindern, Botschaften der Zuneigung von anderen Menschen, die einem wichtig sind, aufzunehmen. Zum Beispiel klagte uns ein Mann, der überzeugt war, nicht liebenswert zu sein, daß ihm seine Frau nie Liebesbotschaften vermittelte. Als wir das Haus dieses Mannes besuchten, bemerkten wir, daß seine Frau durchaus Aussagen der Zuneigung machte. Da aber diese Botschaften mit der Generalisierung, die der Mann in Bezug auf seinen Selbstwert getroffen hatte, kollidierten, überhörte er im wahrsten Sinne des Wortes seine Frau. Dies wurde verifiziert, als wir die Aufmerksamkeit des

Mannes auf einige dieser Aussagen lenkten und er aussagte, daß er seine Frau nicht einmal gehört hatte, als sie diese Dinge sagte.

Tilgung reduziert die Welt auf Ausmaße, mit denen wir meinen umgehen zu können. Die Reduktion kann im einen Kontext nützlich sein, im anderen kann sie eine Quelle des Schmerzes darstellen.

Der dritte Prozeß der Modellbildung ist die *Verzerrung (distortion).* Verzerrung ist der Prozeß, der uns ermöglicht, in unserer Erfahrung sensorischer Einzelheiten eine Umgestaltung vorzunehmen. Die Phantasie zum Beispiel ermöglicht, daß wir uns auf Erfahrungen vorbereiten können, bevor sie erfolgen. Man verzerrt die gegenwärtige Realität, wenn man eine Ansprache übt, die man zu einem späteren Zeitpunkt vortragen will. Eben dieser Prozeß hat all jene künstlerischen Schöpfungen ermöglicht, die wir Menschen hervorgebracht haben. Ein Himmel, wie er in einem Gemälde von van Gogh dargestellt wird, ist nur in dem Rahmen möglich, in dem van Gogh seine Wahrnehmung des Raum-Zeit-Gefüges, in dem er sich im Augenblick der Schöpfung befand, zu verzerren vermochte. In ähnlicher Weise beziehen sich alle großen Romane, alle revolutionären Erkenntnisse der Wissenschaften auf die Fähigkeit, gegenwärtige Realität zu verzerren und falsch darzustellen. Unter Verwendung derselben Technik kann man die Vielfältigkeit seiner Erfahrung einschränken. Als zum Beispiel unserem oben genannten Freund (der die Generalisierung gemacht hatte, daß er nicht liebenswert sei) die Aussagen der Zuneigung seiner Frau aufgezeigt wurden, verzerrte er sie sofort. Genauer gesagt, er wandte sich jedes Mal, wenn er eine Botschaft der Zuneigung hörte, die er vorher getilgt hatte, uns zu, lächelte und sagte: „Sie sagt das nur, weil sie etwas will." Auf diese Art konnte der Mann vermeiden, daß seine Erfahrung dem Modell der Welt, das er geschaffen hatte, widersprach, und so verhinderte er, daß seine Repräsentation vielseitiger wurde, und sperrte sich gegen eine intimere und befriedigendere Beziehung zu seiner Frau.

Ein Mensch, der irgendwann in seinem Leben abgelehnt worden ist, macht die Generalisierung, daß er nicht liebenswert sei. Da sein Modell diese Generalisierung enthält, tilgt er entweder Aussagen der Zuneigung oder deutet diese Aussagen als unaufrichtig um. Da er keine Zuneigungsbotschaften anderer wahrnimmt, kann er die Generalisierung aufrechterhalten, daß er nicht liebenswert sei. Diese Beschreibung ist ein Beispiel für die klassische positive Feedback-Schleife: die *self-fulfilling prophecy* oder Vorwärtsregelung *(Pribram* 1957). Die Generalisierungen oder Erwartungen eines Menschen filtern und verzerren seine Erfahrug, um sie mit diesen Erwartungen konsistent zu machen. Da er keine Erfahrungen macht, die seine Generalisierungen hinterfragen, werden seine Erwartungen bestätigt, und der Kreislauf geht weiter. Auf diese Art halten Menschen ihre eingeschränkten Modelle der Welt aufrecht.

Betrachten wir die klassische psychologische Anordnung oder das Erwartungsexperiment von *Postman* und *Bruner:*

„... In einem psychologischen Experiment, das verdient, weit außerhalb des Faches bekannt zu werden, baten *Bruner* und *Postman* Versuchspersonen, bei kurzer und kontrollierter Darbietung Spielkartenserien zu identifizieren. Viele der Karten waren normal, aber einige wiesen Anomalien auf, etwa eine rote Pik Sechs und eine schwarze Herz Vier. Jeder experimentelle Durchgang beinhaltete je Versuchsperson die Darbietung einer einzelnen Karte in einer Reihe allmählich zunehmender Darbietungszeiten. Nach jeder Darbietung wurde die Versuchsperson gefragt, was sie gesehen habe, und der Durchgang wurde bei zwei aufeinanderfolgenden, korrekten Identifikationen beendet.

Selbst bei kürzesten Darbietungszeiten identifizierten viele Versuchspersonen die meisten Spielkarten, und nach einer kleinen Zeitverlängerung identifizierten alle Versuchspersonen alle Karten. Bei den normalen Karten waren diese Identifikationen meist korrekt, aber die abgeänderten Karten wurden fast immer ohne offentsichtliches Zögern oder Erstaunen als normal identifiziert. Die schwarze Herz Vier zum Beispiel wurde entweder als Herz- oder Pik Vier identifiziert. Ohne jegliches Bewußtsein von Schwierigkeiten wurde sie sofort in eine der durch Vorerfahrung bestimmten Konzeptkategorien eingeordnet. Man möchte nicht einmal sagen, daß die Versuchspersonen etwas anderes als das Identifizierte gesehen hätten. Bei einer weiteren Verlängerung der Darbietungszeit der abgeänderten Karten begannen aber die Versuchspersonen, zu zögern und eine Wahrnehmung der Anomalie zu zeigen. Wurde zum Beispiel die rote Pik Sechs gezeigt, sagen manche: „Das ist die Pik Sechs, aber da stimmt etwas nicht — das Schwarze hat einen roten Rand." Weitere Verlängerung der Darbietungszeit bewirkte noch mehr Zögern und Verwirrung, bis schließlich, manchmal ganz plötzlich, die meisten Versuchspersonen ohne Zögern die richtige Identifikation erbrachten. Darüberhinaus hatten sie, nachdem sie dies bei zwei oder drei der abgeänderten Karten gemacht hatten, bei den anderen wenig weitere Schwierigkeiten. Einige Versuchspersonen waren aber nie in der Lage, die notwendige Anpassung ihrer Kategorien vorzunehmen. Selbst beim Vierzigfachen der durchschnittlichen Darbietungszeit, die zum Erkennen normaler Karten notwendig war, wurden mehr als zehn Prozent der abgeänderten Karten nicht korrekt identifiziert. Und die Versuchspersonen, die dabei versagten, erleben oft akutes Unbehagen. Einer rief aus: „Ich kann die Farbe nicht erkennen, was es auch ist. Diesmal sah es nicht mal wie eine Karte aus. Ich weiß jetzt nicht, welche Farbe sie jetzt hat oder ob es Pik oder Herz ist. Ich bin mir nicht einmal mehr sicher, wie Pik aussieht. Mein Gott!" Im nächsten Teil werden wir hin und wieder auch Wissenschaftler sehen, die sich auf diese Weise verhalten.

Als Methapher oder weil es die Natur des Geistes widerspiegelt, bietet dieses psychologische Experiment wunderbar einfache und stichhaltige Schemata für den Prozeß wissenschaftlicher Erkenntnis. In der Wissenschaft, wie in dem Spielkartenexperiment, entwickeln sich Neuerungen nur mit Schwierigkeit, mit Widerstand belastet, gegen einen durch Erwartungen bestimmten Hintergrund. Anfangs wird nur das Erwartete und Übliche erlebt, selbst unter Bedingungen, unter denen später Anomalien gesehen werden."

Die Generalisierung der Personen in dem Experiment war, daß das mögliche Farb/Formen-Paar dasselbe sein würde, welches sie immer erlebten: schwarz mit Kreuz und Pik, rot mit Herz und Karo. Sie unterstützten ihre Generalisierung durch Verzerrung der Form- oder Farbdimension der abgeänderten Karten. Das Wesentliche ist, daß selbst bei dieser einfachen Aufgabe der Mechanismus der Generalisierung und der unterstützende Prozeß der Verzerrung die Personen daran hinderte, das korrekt zu identifizieren, was zu sehen möglich war. Die Identifizierung komisch aussehender Spielkarten, die auf einem Schirm aufleuchten, hilft uns wenig weiter. Aber das Experiment ist insofern brauchbar, als es einfach genug ist, dieselben Mechanismen aufzuzeigen, die uns das Potential vermitteln, alles, was uns Menschen passiert, zu bereichern oder einzuschränken — ob wir Auto fahren, ob wir Nähe in einer Beziehung suchen und erreichen, oder was immer wir sonst in allen Lebensbereichen erfahren mögen.

Na und?

Die therapeutischen „Hexenmeister", von denen wir oben sprachen, kommen von verschiedenen psychotherapeutischen Ausrichtungen und verwenden Techniken, die sich drastisch zu unterscheiden scheinen. Sie beschreiben die Wunder, die sie vollbringen, mit so unterschiedlichen Terminologien, daß ihre Wahrnehmung dessen, was sie tun, scheinbar nichts gemeinsam hat. Viele Male haben wir diese Menschen bei der Arbeit mit jemandem beobachtet und Kommentare von Zuschauern gehört, die andeuteten, daß diese Hexenmeister der Therapie phantastische, intuitive Sprünge vollziehen, die ihre Arbeit unbegreiflich machen. Doch während ihre Techniken sich unterscheiden, haben sie eines gemeinsam: Sie schaffen Veränderungen in den Modellen der Klienten, die ihren Klienten mehr Verhaltensmöglichkeiten erlauben. Dabei sehen wir, daß jeder dieser Hexenmeister eine Landkarte bzw. ein Modell hat, um das Modell der Welt seiner Klienten zu ändern — das heißt, ein Meta-Modell, welches ihm erlaubt, das Modell der Klienten in einer Weise auszudehnen und zu bereichern, die das Leben der Klienten reichhaltiger und lebenswerter macht.

Unsere Absicht in diesem Buch ist es, Ihnen ein explizites Meta-Modell darzustellen, das heißt, ein Meta-Modell, das lernbar ist. Wir wollen dieses Meta-Modell jedem zugänglich machen, der seine Fähigkeiten, die er als Menschhelfer hat, erweitern und bereichern möchte. Da eine der wichtigsten Möglichkeiten, wie Therapeuten zu einem Wissen und Verständnis ihrer Patienten gelangen können, die Sprache ist und da die Sprache auch eine der grundlegenden Möglichkeiten ist, menschliche Erfahrung abzubilden und zu gestalten, haben wir den Schwerpunkt unserer Arbeit auf die Sprache der Therapie gelegt. Glücklicherweise ist ein explizites Modell der Sprachstruktur unabhängig vom Kontext der Psychologie und Therapie von Transformationsgrammatikern entwickelt worden. Dem Therapiegebrauch angepaßt, bietet es uns ein explizites Meta-Modell zur Bereicherung und Erweiterung unserer therapeutischen Fähigkeiten und bietet uns ein wertvolles Rüstzeug, um unsere Effektivität und somit die magische Qualität unserer eigenen therapeutischen Arbeit zu steigern.

Wenn Sie den Sprachaustausch in der therapeutischen Begegnung besser verstehen wollen oder die Effektivität und magische Qualität Ihrer therapeutischen Arbeit steigern wollen, bietet Ihnen *Die Struktur der Magie* einen gangbaren Weg. Magie ist in der Sprache, die wir reden, versteckt. Die Netze, die Sie spinnen und entwirren können, stehen Ihnen zur Verfügung, wenn Sie nur auf das achten, was Sie schon besitzen (Sprache), und auf die Struktur der Beschwörungen zum Wachstum, die wir im weiteren Verlauf des Buches darlegen.

Anmerkungen

1. In der Tat wollen wir im Laufe dieses Buches darlegen, daß solche Aussagen wie *richtiger Zugang* oder *durchschlagendster Zugang* unvollständig sind. Die Fragen, die einem in den Sinn kommen, um an das Material gelangen zu können, damit diese Aussagen vervollständigt werden können, sind: *Zugang wozu? Richtig für wen? Durchschlagend*

im Vergleich wozu? Durchschlagend für welchen Zweck? Wir haben auch ein Glossar erstellt. Wir schlagen Ihnen vor, es zu benutzen, wenn Sie einem neuen oder Ihnen nicht geläufigen Begriff begegnen.

2. Wir möchten darauf aufmerksam machen, daß wir diese Dreiteilung (der Art, in der sich das von jedem von uns geschaffene Modell der Welt zwangsläufig von der Welt selbst unterscheiden wird) für unsere Belange der Erörterung menschlicher Modellbildung brauchbar finden. Wir wollen damit nicht behaupten, daß diese drei Kategorien von Unterschieden die einzigen oder die richtigen wären, noch daß sie ein erschöpfendes Verständnis der Modellbildungsprozesse erlauben würden. Weiterhin behaupten wir nicht, daß diese drei Kategorien in allen Fällen sinnvoll voneinander unterschieden werden könnten. Vielmehr finden wir sie im Zusammenhang der hier dargestellten Prinzipien der Modellbildung sinnvoll, um die Prozesse der Modellbildung selbst zu verstehen.

3. Wir verwenden diese unübliche Terminologie (*Sozialgenetik)*, um den Leser daran zu erinnern, daß soziale Einschränkungen des Verhaltens der Mitglieder einer Gesellschaft einen ebenso tiefgreifenden Effekt auf die Wahrnehmungsformung ausüben wie neurologische Einschränkungen, und daß neurologische Einschränkungen, die ursprünglich genetisch determiniert sind, genauso der Hinterfragung und Veränderung unterworfen werden wie Einschränkungen, die ursprünglich sozial determiniert sind. Zum Beispiel zeigen die dramatischen Erfolge von Wissenschaftlern in Bezug auf willentliche Kontrolle über Teile des sogenannten autonomen Nervensystems (z. B. Alpha-Wellen) bei Menschen und anderen Spezies, daß neurologische Einschränkungen anfechtbar sind.

4. Dies ist nur eine der offensichtlicheren Arten, in der Sprachen die üblichen Wahrnehmungsmuster der Angehörigen der Sprachgemeinschaft formen (*Grinder* und *Elgin* 1972, S. 6-7, und die Schriften von *Benjamin Whorf* und *Edward Sapir).* Eine kommentierte Bibliographie findet sich auch am Ende dieses Buches.

5. Tatsächlich hat von einem rein linguistischen Standpunkt die Maidu-Sprache nur zwei Worte, um das Farbspektrum zu beschreiben, *lak* und *tit.* Das dritte Wort in unserem Text ist zusammengesetzt und hat zwei Bestandteile oder Morpheme:

tu — Urin, und *lak* — rot

Wir sind allerdings hier nicht an den Ergebnissen einer linguistischen Analyse interessiert, sondern an den üblichen Wahrnehmungsmustern einheimischer Maidu. *William Shipley* (University of California, Santa Cruz) stellte uns die Maidu-Information zur Verfügung.

6. Diejenigen unter Ihnen, die mehr als eine Sprache fließend sprechen, werden feststellen können, wie ihre Wahrnehmung der Welt und Ihrer selbst wechselt, wenn sie von einer Sprache in die andere wechseln.

7. Dies ist von Leuten wie *Gregory Bateson* und *R. D. Laing* bei ihrer Arbeit über die schizophrene Familie klar erkannt worden. Leser von *Sherlock Holmes* werden hier auch eines seiner Prinzipien erkennen.

8. Wiederum möchten wir feststellen, daß unsere Kategorien in Bezug auf die Realitätsstruktur nicht verbindlich sind — wir fanden diese Kategorien nützlich, um unser eigenes Denken und Handeln zu gliedern, sowohl bei der Darstellung dieses Materials als auch in unseren Therapien, das heißt, bei der Entwicklung unseres Therapiemodells. Wir nehmen an, daß die meisten Leser, wenn sie über die übliche Bedeutung der Begriffe nachdenken, Generalisierung und Tilgung als Sonderfälle der Verzerrung ansehen werden.

Kapitel 2

Die Struktur der Sprache

Einer der Unterschiede zwischen Menschen und anderen Lebewesen liegt in der Schaffung und im Gebrauch der Sprache. Die Bedeutung der Sprache im Hinblick auf das Verständnis der Geschichte und der gegenwärtigen Situation des Menschengeschlechts kann nicht überschätzt werden. Wie es *Edward Sapir* ausdrückte:

> „Die Gabe des Sprechens und eine wohlgeordnete Sprache sind für alle bekannten Gruppen von Menschen charakteristisch. Kein Stamm ist jemals entdeckt worden, der ohne Sprache wäre, und alle Behauptungen des Gegenteils können als reine Folklore abgetan werden. Es scheint nicht die geringste Berechtigung für die Behauptung zu geben, die manchmal aufgestellt wird, daß es bestimmte Menschen gäbe, deren Vokabular so eingeschränkt sei, daß sie nicht ohne den zusätzlichen Gebrauch von Gesten auskommen können, so daß eine sinnvolle Verständigung zwischen Mitgliedern einer solchen Gruppe im Dunkeln unmöglich würde. In Wahrheit ist Sprache geradezu ideal für die Ausdrucksmöglichkeit und für die Kommunikation zwischen allen bekannten Menschen. Man kann getrost annehmen, daß von allen Aspekten der Kultur die Sprache als erste eine hochperfektionierte Form erhielt und daß ihre unerläßliche Verbesserung eine Voraussetzung für die Entwicklung der Kultur als Ganzes darstellt."
>
> *Edward Sapir*, Culture, Language and Personality, hrsg. von *D. Mandelbaum*.

Alle Errungenschaften der Menschheit, positive und negative, sind mit dem Gebrauch von Sprache verknüpft gewesen. Wir Menschen gebrauchen unsere Sprache auf zwei Arten. Wir gebrauchen sie vor allem, um unsere Erfahrung zu repräsentieren — wir nennen dies Folgern, Denken, Phantasieren, Einstudieren. Wenn wir die Sprache als Repräsentationssystem gebrauchen, schaffen wir ein Modell unserer Erfahrung. Dieses Modell der Welt, das wir durch unseren repräsentierenden Gebrauch der Sprache schaffen, beruht auf unseren Wahrnehmungen der Welt. Unsere Wahrnehmungen sind auch teilweise bedingt durch unser Modell bzw. durch unsere Repräsentation in der Art, wie wir es in Kapitel 1 erörterten. Beachten Sie, daß, weil wir unsere Sprache als Repräsentationssystem gebrauchen, unsere sprachliche Repräsentation den drei Universalien menschlicher Modellbildung unterliegt: Generalisierung, Tilgung und Verzerrung.

Zweitens gebrauchen wir unsere Sprache, um unser Modell bzw. unsere Repräsentation der Welt einander mitzuteilen.[1] Wenn wir unsere Sprache zur Mitteilung gebrauchen, nennen wir es Reden, Diskutieren, Schreiben, Lehren, Singen. Wenn wir unsere Sprache für die Kommunikation gebrauchen, legen wir anderen unser Modell vor. Dieses Buch zum Beispiel zeigt ein Teilmodell unserer Erfahrungen in der Therapie.

Wenn Menschen kommunizieren — wenn wir reden, diskutieren, schreiben —, sind wir uns normalerweise des Prozesses der Wortwahl für die Darstellung unserer Erfahrung nicht bewußt. Wir sind uns fast nie dessen bewußt, in welcher Weise wir die Worte, die wir aussuchen, ordnen und strukturieren. Sprache füllt unsere Welt so aus, daß wir uns durch sie hindurchbewegen, wie ein Fisch durchs Wasser schwimmt. Obwohl wir uns der Art, in der wir unsere Kommunikation formen, kaum oder gar nicht bewußt sind, ist unsere Aktivität — der Prozeß des Sprachgebrauchs — stark strukturiert. Wenn Sie zum Beispiel irgendeinen Satz in diesem Buch auswählen und die Wortreihenfolge in diesem Satz umdrehen, oder die Worte mit 1, 2, 3 numerieren und die ungeradzahligen Worte nach rechts neben die benachbarten geradzahligen Worte setzen, ergibt sich eine unsinnige Wortfolge. Durch die Zerstörung der Satzstruktur ergibt sich kein Sinn mehr; es wird kein Modell irgendeiner Erfahrung mehr dargestellt. Nehmen wir diesen letzten Satz als Demonstrationsbeispiel.

Ursprüngliche Fassung:
Durch die Zerstörung der Satzstruktur ergibt sich kein Sinn mehr; es wird kein Modell irgendeiner Erfahrung mehr dargestellt.

Nach Umkehrung der Wortreihenfolge:[2]
**Dargestellt mehr Erfahrung irgendeiner Modell kein wird es; mehr Sinn kein sich ergibt Satzstruktur der Zerstörung die durch.*

Nach Rechtsverschiebung der ungeradzahligen Worte:
**Die durch der Zerstörung ergibt Satzstruktur kein sich mehr Sinn; wird es Modell kein Erfahrung irgendeiner dargestellt mehr.*

Die Aussage, daß unsere Kommunikation, unsere Sprache ein System sei, bedeutet, daß sie Struktur hat, daß es eine Reihe von Regeln gibt, die angeben, welche Wortreihenfolge sinnvoll ist und ein Modell unserer Erfahrung ergeben kann. Mit anderen Worten, wenn wir eine Repräsentation erstellen oder wenn wir kommunizieren, ist unser Verhalten regelgeleitet. Obwohl wir uns normalerweise nicht der Struktur im Repräsentations- und Kommunikationsprozeß bewußt sind, kann diese Struktur, die Struktur der Sprache, im Sinne geordneter Muster verstanden werden.

Glücklicherweise gibt es eine Gruppe von Akademikern, die die Entdeckung und explizite Darlegung dieser Muster zum Gegenstand ihrer Disziplin gemacht haben — der Transformationsgrammatik. Die Transformationsgrammatiker haben in der Tat das vollständigste und differenzierteste, explizite Modell menschlichen regelgeleiteten Verhaltens entwickelt. Die Vorstellung vom regelgeleiteten Verhalten des Menschen ist der Schlüssel zum Verständnis des menschlichen Sprachgebrauchs.

> „Wir können ziemlich sicher sein, daß ein Kind irgendein System von Regeln besitzt, wenn seine Produktion (von Sätzen und Wortfolgen — JTG) regelmäßig ist, wenn es diese Regelmäßigkeit auf neue Gegebenheiten ausdehnt und wenn es Abweichungen von der Regelmäßigkeit in der eigenen Sprache und in der Sprache anderer erkennen kann. Dies meinen im allgemeinen die Psycholinguisten, wenn sie vom Lernen oder Formen oder vom Besitz linguistischer Regeln beim Kind sprechen. Beachten sie, daß ich den stringentesten Test für die Existenz von Regeln ausgelassen habe, nämlich: Kann das Individuum die explizite Regel nennen? ... Die explizite Darlegung von Regeln ist für unsere Belange irrelevant und ist eine ganz andere Fähigkeit als die, die wir hier betrachten. Wie *Susan Ervin-Tripp* es formulierte:
>
> > Um als Spracheinheimischer zu gelten ... muß man ... Regeln lernen ... Das heißt natürlich, daß man lernen muß, sich so zu verhalten, *als ob man die Regeln kennen würde.*"
>
> *Slobin*, 1967, S. X.

> „Vom Standpunkt des wissenschaftlichen Beobachters bedeutet dies, daß es möglich ist, das Verhalten des Sprechenden durch Regeln zu beschreiben. Eine solche Beschreibung sollte aber nicht dahingehend verstanden werden, sie impliziere, daß die vom Wissenschaftler erstellten Regeln tatsächlich im Individuum existierende Entitäten in einem spezifischen psychologischen oder physiologischen Sinn wären."
>
> *Slobin*, Psycholinguistics, Scott, Foreman & Co., 1971, S. 55.

Das Ziel des Linguisten ist es, eine Grammatik zu entwickeln — einen Satz von Regeln, der angibt, was die wohlgeformten Muster einer Sprache sind. Diese Disziplin beruht auf der brillanten Arbeit von *No-*

am Chomsky, der zunächst eine Methodologie und formale Modelle für natürliche Sprache entwickelte.[3] Als Ergebnis der Arbeit von *Chomsky* und anderen Transformationalisten ist es möglich geworden, ein formales Modell zu entwickeln, um die regelmäßigen Muster in der Art, wie wir unser Erfahrungsmodell kommunizieren, beschreiben zu können. Wir gebrauchen Sprache, um unsere Erfahrung zu repräsentieren und zu kommunizieren — Sprache ist ein Modell unserer Welt. Die Transformationsgrammatiker haben ein formales Modell unserer Sprache entwickelt, ein Modell unseres Modells unserer Welt, oder einfacher, ein Meta-Modell.

Das Meta-Modell der Sprache

Sprache dient als Repräsentationssystem für unsere Erfahrungen. Die uns als Menschen möglichen Erfahrungen sind überaus vielseitig und komplex. Wenn die Sprache ihre Funktion als Repräsentationssystem adäquat erfüllen soll, muß sie selbst vielseitige und komplexe Ausdrucksweisen bieten, um unsere möglichen Erfahrungen darstellen zu können. Transformationsgrammatiker haben erkannt, daß die Untersuchung natürlicher Sprachsysteme dadurch anzugehen, indem sie diese vielseitigen und komplexen Ausdrucksweisen direkt untersuchen, ihre Aufgabe unüberwindbar machen würde. Sie haben es vorgezogen, nicht die Ausdrucksweisen selbst, sondern die Regeln zur Bildung dieser Ausdrucksweisen (Syntax) zu untersuchen. Transformationsgrammatiker machen die vereinfachte Annahme, daß die Regeln zur Bildung dieser vielseitigen Ausdrucksweisen unabhängig vom Inhalt untersucht werden können.[4] Zum Beispiel machen Menschen, deren Muttersprache Deutsch ist, durchgängig eine Unterscheidung zwischen:

(1) *Farblose grüne Gedanken schlafen wütend.*

(2) **Wütend schlafen Gedanken grüne farblose.*

Obwohl der ersten Wortgruppe etwas Eigenartiges anhaftet, erkennt man, daß sie auf irgendeine Weise wohlgeformt, d. h. grammatikalisch richtig ist, im Gegensatz zur zweiten Wortgruppe. Wir wollen hier demonstrieren, daß man durchgängige Intuitionen über die eigene Sprache hat. Mit durchgängigen Intuitionen meinen wir, daß, wenn jemandem dieselbe Wortgruppierung heute und in einem Jahr gezeigt wird, er die gleichen Entscheidungen darüber treffen wird, ob sie in seiner Sprache wohlgeformte Sätze darstellen. Weiterhin werden die verschiedenen Angehörigen einer Sprachgemeinschaft dieselben Entscheidungen treffen, ob eine Wortgruppe einen Satz darstellt oder nicht. Diese Fähigkeiten sind ein klassisches Beispiel menschlichen regelgeleiteten Verhaltens. Obwohl wir uns dessen nicht bewußt sind, *wie* wir in der Lage sind, uns konsistent zu verhalten, tun wir es trotzdem.

Transformationsgrammatiker haben ein Modell geschaffen, das dieses regelgeleitete Verhalten repräsentiert — jene durchgängigen Intuitionen über Sätze. Das formale Modell der Linguistik bietet beispielsweise eine Antwort darauf, ob eine bestimmte Wortgruppierung ein Satz ist oder nicht. Das Transformationsmodell repräsentiert auch andere Arten sprachlicher Intuitionen. Da das Modell eine Beschreibung regelgeleiteten menschlichen Verhaltens ist, stellen wir die Richtigkeit der Regeln des Modells dadurch fest, daß wir sie mit unseren Intuitionen vergleichen — Intuitionen, die jedem in seiner Muttersprache zugänglich sind.

Einige Universalien des menschlichen Sprachprozesses

In Kapitel 1 besprachen wir die drei Hauptprozesse menschlicher Modellbildung: Generalisierung, Tilgung und Verzerrung — drei Arten, in denen das Modell, das wir erstellen, vom Modellierten abweichen wird. Diese Prozesse lassen sich natürlich vollkommen auf den Fall der sprachlichen Repräsentation anwenden. Von dieser Warte aus gesehen, stellt ein großer Anteil der Arbeit von Transformationslinguisten die Entdeckung und explizite Darlegung dar, wie diese drei Universalien der Repräsentation im Fall des menschlichen Sprachsystems realisiert werden. Unsere Fähigkeit und Erfahrung im Gebrauch unseres Sprachsystems zur Repräsentation und Kommunikation ist so umfassend, daß wir in der Lage sind, den Prozeß selbst zu reflektieren in dem Maß, wie wir durchgängige Intuitionen über diesen Prozeß haben. Zweck des Transformationsmodells der Sprache ist die Darstellung der Muster in den Intuitionen von unserem Sprachsystem. Diese Intuitionen sind jedem in seiner Muttersprache zugänglich. Die drei Hauptkategorien sprachlicher Intuitionen, die wir als für unsere Belange relevant ausgewählt haben, sind: Wohlgeformtheit, Konstituentenstruktur und logisch-semantische Relationen.

I. Wohlgeformtheit: Die durchgängigen Entscheidungen, die wir darüber fällen, ob Sprachgruppierungen Sätze unserer Muttersprache darstellen oder nicht. Betrachten Sie folgende drei Wortgruppierungen:

(3) *Selbst der Präsident hat Bandwürmer.*
(4) *Selbst der Präsident hat grüne Gedanken.*
(5) *Selbst der Präsident haben Bandwürmer.*

Die erste wird als wohlgeformt erkannt; das heißt, sie vermittelt einem eine Bedeutung, und man erkennt sie als syntaktisch wohlgeformt. (4) ist semantisch fehlgeformt; das heißt, sie vermittelt keine Bedeutung, die man als möglich erkennt. (5) ist syntaktisch fehlgeformt, obwohl wir ihr vielleicht einen Sinn zuschreiben können.

II. Konstituentenstruktur: Die durchgängigen Entscheidungen, die wir darüber fällen, was als Einheit oder Konstituente innerhalb eines Satzes unserer Sprache zusammengehört. Zum Beispiel im Satz

(6) *Der Guru von Ben Lomond dachte, Rosemary sei am Steuer.*

gehören die Worte *Der* und *Guru* auf irgendeine Weise als Einheit zusammen, im Gegensatz zu *Guru* und *von.* Diese untergeordneten Konstituenten werden zu größeren Einheiten zusammengefaßt; zum Beispiel gehören *Der Guru* und *von Ben Lomond* auf irgendeine Weise zusammenen, im Gegensatz zu *von Ben Lomond* und *sei.*

III. *Logisch-Semantische Relationen:* Die durchgängigen Entscheidungen, die wir über die in den Sätzen unserer Sprache widergespiegelten logischen Relationen füllen.

1. *Vollständigkeit:* Jeder, der in seiner Muttersprache mit einem Verb konfrontiert wird, kann bestimmen, wieviele und welche Art von Dingen mittels dieses Verbs verbunden beziehungsweise zueinander ins Verhältnis gesetzt werden. Zum Beispiel impliziert das Verb „küssen" einen Küssenden und einen geküßten Menschen oder Gegenstand. Das Verb „schlagen" inpliziert einen schlagenden Menschen oder Gegenstand, einen geschlagenen Menschen oder Gegenstand und ein zum Schlagen verwendetes Instrument.

2. *Mehrdeutigkeit:* Man kann in seiner Muttersprache erkennen, daß einzelne Sätze wie

   (7) *Die Untersuchung von FBI-Agenten kann gefährlich sein.*
   bzw.
   (8) *Maxine zog Maxens Hemd aus.*

   zwei unterschiedliche Bedeutungen vermitteln. Satz (7) kann bedeutungsmäßig verstanden werden als:

(9) *Die von FBI-Agenten durchgeführte Untersuchung kann gefährlich sein.*

oder

(10) *Es kann gefährlich sein, FBI-Agenten zu untersuchen.*

In Satz (8) ist unklar, ob Maxine selbst Maxens Hemd anhatte und es auszog, oder ob sie das Hemd dem Max auszog.

3. *Synonymität:* Man kann in seiner Muttersprache erkennen, daß beide folgenden Sätze dieselbe Bedeutung haben beziehungsweise dieselbe Botschaft vermitteln.

   (11) *Sandy schaute nach der Telefonnummer.*

   (12) *Sandy schaute die Telefonnummer nach.*

4. *Bezugsindizes:* Man kann in seiner Muttersprache entscheiden, ob ein Wort oder eine Wortgruppierung einen bestimmten Gegenstand seiner Erfahrung aussondert wie *mein Auto* oder ob eine ganze Objektklasse bezeichnet wird: *Autos.* Darüberhinaus fällt man darüber durchgängige Entscheidungen, ob sich zwei (oder mehrere) Worte auf dasselbe Objekt oder dieselbe Klasse beziehen; zum Beispiel die Worte *Jackson* und *sich* im Satz

   (13) *Jackson änderte sich.*

5. *Präsuppositionen:* Man kann in seiner Muttersprache festlegen, welche Erfahrung der Sprecher gemacht hat, um einen Satz zu sagen. Wenn ich zum Beispiel den Satz sage

   (14) *Meine Katze rannte weg.*

   sind Sie zur Annahme berechtigt, daß in meiner Erfahrung der Welt wahr ist:

   (15) *Ich habe eine Katze.*

Diese drei allgemeinen Kategorien von Intuitionen, die Menschen über ihre Sprache haben, werden im Transformationsmodell explizit dargelegt.

Das Transformationsmodell

Wir wollen beschreiben, wie die durchgängigen Intuitionen, die wir bezüglich unserer Sprache identifiziert haben, dargestellt werden im Meta-Modell — dem Modell der Transformationsgrammatik.

Linguisten, die dieses Modell verwenden, arbeiten daraufhin, diese Intuitionen, die jedem in seiner Muttersprache zur Verfügung stehen, in einer expliziten Weise darzustellen. Jeder hat zwei Arten durchgängiger Intuitionen über die Sätze seiner Sprache: Man kann feststellen, wie die kleineren Einheiten, etwa Worte, zusammenpassen, um einen Satz zu bilden (Intuitionen zur Konstituentenstruktur), und ebenso, was eine vollständige Darstellung des Satzes sein würde (die Vollständigkeit der logischen Repräsentation). Wird einem zum Beispiel der Satz dargeboten:

(16) *Die Frau kaufte ein Auto.*

kann man die Worte zu Konstituenten oder größeren Einheiten zusammenfassen, wie etwa:

/Die Frau/ und /kaufte/ und /ein Auto/

Dann wird man diese Einheiten zusammenfassen

/Die Frau/ und /kaufte ein Auto/

Linguisten stellen diese Intuitionen über das, was in einem Satz zusammengehört, dadurch dar, daß sie die Worte, die eine Konstituente bilden (wie etwa *die* und *Frau*), in einen sogenannten Strukturbaum einsetzen, der folgendermaßen aussieht:

Die Regel lautet, daß die Worte, die man zu einer einzigen Konstituente zusammenfaßt, mit demselben Punkt oder Knoten des Strukturbaums verbunden werden. Der Strukturbaum für (16) ist:

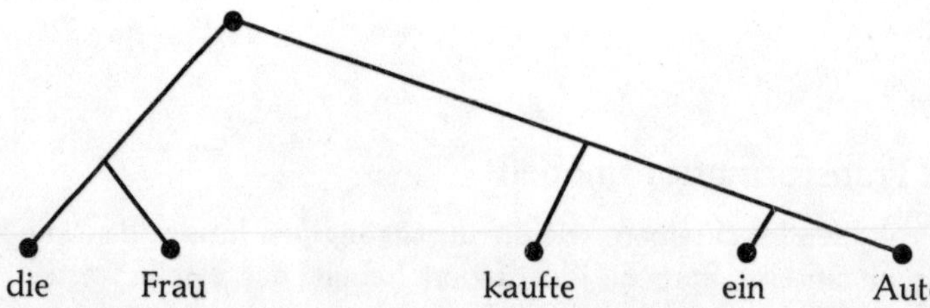

Dies wird als *Oberflächenstruktur* bezeichnet.

Die zweite Form der durchgängigen Intuitionen über Sätze wie (16) ist die, wie eine vollständige Repräsentation ihrer Bedeutung oder logischen semantischen Relation aussehen würde. Eine Form, diese Repräsentation darzustellen, ist folgende:

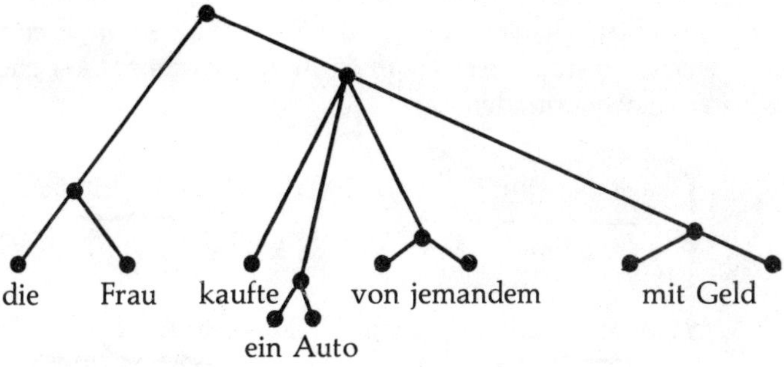

Dies wird als *Tiefenstruktur* bezeichnet.

Wir zeigen hier, wie innerhalb des Transformationsmodells jeder Satz auf zwei Strukturebenen analysiert wird, die den beiden durchgängigen Intuitionsarten entsprechen: Oberflächenstruktur, wo die Intuitionen über die Konstituentenstruktur in einem Strukturbaum dargestellt werden; Tiefenstruktur, die die Intuitionen über eine vollständige Darstellung der logisch-semantischen Relationen darstellt. Da das Modell für jeden Satz zwei Repräsentationen aufstellt (Oberflächenstruktur und Tiefenstruktur), haben die Linguisten die Aufgabe, explizit anzugeben, wie diese zwei Ebenen miteinander verbunden sind. Die Form, in der sie diese Beziehung darstellen, ist ein Prozeß bzw. eine Ableitung, eine Serie von Transformationen.

Was sind Transformationen?

Eine Transformation ist eine explizite Darlegung einer bestimmten Bauart, die man in den Sätzen seiner Sprache erkennt. Vergleichen Sie zum Beispiel die zwei Sätze:

(17) *Die Frau kaufte das Auto.*

(18) *Das Auto wurde von der Frau gekauft.*

Man erkennt, daß, obwohl die Oberflächenstrukturen verschieden sind, die vermittelten Botschaften oder Tiefenstrukturen beider Sätze gleich sind. Der Prozeß, durch den diese zwei Sätze von ihrer gemeinsamen Tiefenstruktur abgeleitet werden, wird als „Ableitung" bezeichnet. Eine Ableitung ist eine Serie von Transformationen, welche die Tiefenstruktur und die Oberflächenstruktur verbindet. Die Ableitung einer dieser beiden Oberflächenstrukturen beinhaltet die Transformation, die als Passivtransformation bezeichnet wird. Wenn Sie die Sätze (17) und (18) untersuchen, werden Sie feststellen, daß die Wortreihenfolge verschieden ist. Genauer gesagt, die Wortgruppen *die Frau* und *das Auto* werden transponiert. Transformationsgrammatiker stellen dieses Muster folgendermaßen dar:

Passiv-trans-formation:	Substantivgruppe^1 (die Frau)	Verb Substantivgruppe^2 (kaufte das Auto)
↓	Substantivgruppe^2 (das Auto)	Sein + Substantivgruppe^1 + Verb (wurde von der Frau gekauft)

bedeutet:

Wobei das Zeichen ↓ bedeutet: „kann transformiert werden zu".

Beachten Sie, daß die Darlegung dieses Musters nicht auf die Sätze (17) und (18) beschränkt, sondern allgemeiner Natur ist:

(19) a. *Susan verfolgte Sam.*
b. *Sam wurde von Susan verfolgt.*

(20) a. *Der Bandwurm fraß den Präsidenten.*
b. *Der Präsident wurde von dem Bandwurm gefressen.*

(21) a. *Die Biene berührte die Blume.*
b. *Die Blume wurde von der Biene berührt.*

Dies ist ein einfaches Beispiel dafür, wie zwei Oberflächenstrukturen gebildet werden, deren Ableitungen sich nur durch eine Transformation unterscheiden — die Passivtransformation, die in der Ableitung der b-Form, aber nicht in der a-Form angewendet wird. Ableitungen können viel komplexerer Art sein; zum Beispiel:

(22) a. *Timothy nahm an, daß Rosemary das Raumschiff steuerte.*
b. *Es wurde von Timothy angenommen, daß das Raumschiff von Rosemary gesteuert wurde.*

All diese Satzpaare zeigen, daß die Tiefenstruktur von der ihr entsprechenden Oberflächenstruktur dadurch abweichen kann, daß die Elemente oder Worte in einer anderen Reihenfolge erscheinen. Beachten Sie, daß in jedem Satzpaar die Bedeutung konstant zu sein scheint, obwohl die Wortreihenfolge verschieden ist. Für jedes Satzpaar gleicher Bedeutung, aber unterschiedlicher Wortfolge gibt der Linguist eine Transformation an, die das genaue Muster spezifiziert, in welcher Art die Wortreihenfolge sich unterscheiden darf.

So wird die Intuition bezüglich der Synonymität dadurch dargestellt, daß die Transformationen, welche die zwei oder mehreren synonymen oder gleichbedeutenden Oberflächenstrukturen zueinander in Beziehung setzen, dargelegt werden. Für jeden Satz von zwei oder mehreren Oberflächenstrukturen, die synonym sind, legt der Transformationslinguist die formale Bauart dar: die Transformation. Die Synonymität wird intuitiv dadurch überprüft, daß versucht wird, sich vorzustellen, ob es in unserer oder irgendeiner konsistenten Welt möglich wäre, daß eine der Oberflächenstrukturen, die auf Synonymität überprüft wird, wahr (falsch) und die andere Oberflächenstruktur nicht wahr (nicht falsch) sein könnte. Wenn sie beide immer den gleichen Wert (beide wahr oder beide falsch) haben, sind sie synonym. Dies wird als Paraphrasierungstest bezeichnet. Eine Reihe von Transformationen, die die Wortfolge ändern, sind von Linguisten identifiziert worden. Die folgenden Paare zeigen einige dieser Muster:

(23) a. *Ich möchte Borsch.*
b. *Borsch möchte ich.*

(24) a. *Es ist leicht, Barry zu erschrecken.*
b. *Barry ist leicht zu erschrecken.*

(25) a. *Georg gab Martha einen Apfel*
b. *Georg gab einen Apfel der Martha.*

(26) a. *Die Watergate 500 stolperten fort.*
b. *Fort stolperten die Watergate 500.*

(27) a. *Das Schreiben dieses Satzes ist leicht.*
b. *Es ist leicht, diesen Satz zu schreiben.*

Jede dieser Transformationen spezifiziert eine Art, in der Wortfolgen sich unterscheiden können, und werden als Gruppe Permutationstransformationen genannt.

Permutationstransformationen sind eine der zwei Hauptklassen von Transformationen; die andere wird Tilgungstransformation genannt. Zum Beispiel:

(28) a. *Ilene besprach mit jemandem eine ganze Menge.*
b. *Ilene besprach eine ganze Menge.*

In der b-Form von (28) wurde eine der Substantivgruppen (mit jemandem) getilgt oder entfernt. Die allgemeine Transformation, welche dieses Muster darlegt, heißt Unbestimmte Substantivgruppentilgung.

Unbestim. Sub.
grupp. Tilgung: X Verb Substantivgruppe Y

Ilene besprach mit jemandem eine g. Menge

X Verb Ø Y

Ilene besprach eine ganze Menge

Wobei X und Y Decksymbole oder Variablen für alle Worte in dieser Position sind.

Wieder gibt es eine ganze Reihe von Tilgungstransformationen, welche Linguisten gefunden haben:

(29) a. *Fluffo ging zum Geschäft, und Tab ging auch zum Geschäft.*
b. *Fluffo ging zum Geschäft, und Tab ging auch.*

(30) a. *Tripod aß etwas.*
b. *Tripod aß.*

(31) a. *Natural schlug mit etwas auf die Wand ein.*
b. *Natural schlug auf die Wand ein.*

In jedem dieser Paare beinhaltet die Ableitung eine Transformation, welche einen Teil der vollständigen logisch-semantischen Darstellung getilgt hat, welche in der Tiefenstruktur vorhanden ist. Wiederum scheint die Bedeutung gleichzubleiben, obwohl Elemente der Tiefenstruktur getilgt wurden.

Linguisten unterscheiden zwei Arten von Tilgungstransformationen: freie Tilgung unbestimmter Elemente und Identitätstilgung. Beachten Sie die Beispielpaare:

Ilene besprach mit jemandem eine ganze Menge.
Ilene besprach eine ganze Menge.
Tripod aß etwas.
Tripod aß.
Natural schlug mit etwas auf die Wand ein.
Natural schlug auf die Wand ein.

Das Element, das getilgt wurde, ist eine unbestimmte Wortgruppe (mit jemandem, etwas, mit etwas), während in dem Beispielpaar:

Fluffo ging zu dem Geschäft, und Tab ging auch zu dem Geschäft.
Fluffo ging zu dem Geschäft, und Tab ging auch.

eine bestimmte Gruppe (zu dem Geschäft) getilgt worden ist. Die allgemeine Regel lautet, daß unbestimmte Elemente aus jedem Satz getilgt werden dürfen. Es gibt spezielle Bedingungen, die erfüllt werden müssen, um ein bestimmtes Element tilgen zu dürfen. Beachten Sie zum Beispiel, daß das bestimmte Element *zu dem Geschäft*, das im letzten Satzpaar legitimerweise getilgt worden ist, in diesem Satz zwei Mal vorkommt, mit dem Ergebnis, daß nach erfolgter Tilgung (b-Teil) eine Kopie des Elements noch vorhanden ist und keine Information verloren ging.

So können Oberflächenstrukturen von ihren zugehörigen Tiefenstrukturen in zwei Hauptarten abweichen:

— *Die Worte können in einer anderen Folge erscheinen — Permutationstransformation.*
— *Teile der vollständigen logisch-semantischen Repräsentation können in der Oberflächenstruktur fehlen — Tilgungstransformation.*

Eine weitere Art, in der Repräsentationen in der Tiefenstruktur von der sie darstellenden Oberflächenstruktur abweichen können, ist der Prozeß der Nominalisierung. Im wesentlichen erfolgt die Nominalisierung, wenn die Transformation der Sprache ein in der Repräsentation der Tiefenstruktur erscheinendes Prozeßwort (ein Verb oder Prädikat) zu einem Ereigniswort (ein Substantiv oder Argument) in der Repräsentation der Oberflächenstruktur werden läßt. Vergleichen Sie etwa die a- und b-Form folgender Satzpaare:

(32) a. *Susan weiß, daß sie ihre Eltern fürchtet.*
b. *Susan weiß um die Furcht vor ihren Eltern.*

(33) a. *Jeffery erkennt, daß er seine Arbeit haßt.*
b. *Jeffery erkennt seinen Haß auf seine Arbeit.*

(34) a. *Debbie versteht, daß sie über ihr eigenes Leben entscheidet.*
b. *Debbie versteht ihre Entscheidung über ihr eigenes Leben.*

In der zweiten Form jedes dieser drei Paare erscheint als Substantiv oder Ereigniswort, was in der ersten Form als Verb oder Prozeßwort erscheint. Im Einzelnen:

fürchtet ⟶ Furcht
haßt ⟶ Haß
entscheidet ⟶ Entscheidung

Sowohl Tilgungs- als auch Permutationstransformationen können in diesen komplexen Transformationsprozeß eingehen. Wenn zum Beispiel Permutationstransformationen in die obigen Nominalisierungen eingegangen wären[5)], ergäbe das:

(32) c. *Susan weiß um die Furcht, die sie vor ihren Eltern hat.*
(33) c. *Jeffery erkennt den Haß, den er auf seine Arbeit hat.*
(34) c. *Debbie versteht die Entscheidung von ihr über ihr eigenes Leben.*

Wenn aber Tilgungstransformationen auf die obigen Nominalisierungen angewandt würden[5)], hätten wir folgende Oberflächenrepräsentationen:

(32) d. *Susan weiß um die Furcht.*
(33) d. *Jeffery erkennt den Haß.*
(34) d. *Debbie versteht die Entscheidung.*

Ob eine Nominalisierung mit oder ohne Tilgungs- oder Permutationstransformationen erfolgt, es bleibt die Wirkung, daß Repräsentationen der Tiefenstruktur eines Prozesses zu Oberflächenstrukturen eines Ereignisses umgewandelt werden.

Was in dieser Darstellung wichtig ist, sind nicht die technischen Details oder die von Linguisten entwickelte Terminologie, sondern vielmehr die Tatsache, daß die Intuitionen, die jedem von uns verfügbar sind, einer Darstellung zugeführt werden können. So wird der Prozeß der Repräsentation selbst repräsentiert. Die zwei wichtigsten Formen, in denen die von uns als wohlgeformt akzeptierten Sätze von ihrer vollständigen semantischen Repräsentation abweichen können, sind die Verzerrung (Permutationstransformation oder Nominalisierung) und die Entfernung von Material (Tilgungstransformation). Beispielsweise kann jeder, der Deutsch sprechen kann, durchgängig entscheiden, welche deutschen Wortgruppen wohlgeformte Sätze darstellen. Diese Information ist Ihnen allen zugänglich. Das Transformationsmodell stellt diese Information dar. So wird in dem Modell eine Wortgruppierung als wohlgeformt angesehen, wenn es eine Reihe von Transformationen gibt, die die vollständige Repräsentation der Tiefenstruktur in irgendeine Oberflächenstruktur überführt.

Bezugsindizes sind in einer für unsere Belange wichtigen Art im Transformationsmodell einbezogen. Tilgungstransformationen sind empfindlich gegenüber Bezugsindizes. Wie bereits erwähnt, können Worte oder Substantivgruppen legitimerweise nicht durch eine „Freie Tilgungstransformation" getilgt werden, wenn sie einen Bezugsindex tragen, der sie mit einer Person oder mit einem Ding verknüpft. Dies zeigt sich als Bedeutungswandel, wenn diese Bedingung nicht erfüllt wird und die Transformation angewandt wird. Beachten Sie die Unterschiede zwischen:

(35) a. *Kathleen lachte jemanden an.*
b. *Kathleen lachte.*

(36) a. *Kathleen lachte ihre Schwester an.*
b. *Kathleen lachte.*

Die b-Form von (35) wird als in etwa gleichbedeutend mit der a-Form verstanden, aber die b-Form von (36) vermittelt weniger Information und hat eine andere Bedeutung. Dieses Beispiel zeigt die allgemeine Bedingung, der eine Freie Tilgungstransformation entsprechen muß, um legitim zur Anwendung zu kommen — das zu tilgende Element darf keinen Bezugsindex tragen, das mit einem spezifischen Teil des Erfahrungsmodells des Sprechers in Beziehung steht. Das bedeutet letztendlich, daß zwangsläufig immer dann, wenn eine Freie Tilgungstransformation angewandt worden ist, das getilgte Element keinen Bezugsindex in der Repräsentation der Tiefenstruktur hatte; d. h., es handelte sich um ein Element, das keinen Bezug zu irgendeinem Erfahrungsinhalt des Sprechenden hatte.

Zusätzlich zu der Form, in der Bezugsindizes mit dem Satz von Tilgungstransformationen interagieren, haben wir vollständige Intuitionen über ihren allgemeinen Gebrauch. Speziell kann jeder von uns durchgängig unterscheiden zwischen Wörtern und Satzteilen wie: *diese Seite, der Eiffelturm, der Vietnamkrieg, ich, die Brooklyn Bridge, ...* die einen Bezugsindex haben, und solchen Wörtern und Satzteilen wie: *jemand, etwas, überall wo es Unruhen gibt, all die Menschen, die mich nicht kannten, es, ...* welche keinen Bezugsindex haben. Die erste Reihe von Wörtern und Satzteilen identifiziert einen spezifischen Teil des Erfahrungsmodells des Sprechenden, während die zweite Gruppe dies nicht tut. Die zweite Gruppe von Wörtern und Satzteilen ohne Bezugsindex ist eine der wichtigsten Formen, in der der Modellbildungsprozeß der Generalisierung in natürlichen Sprachsystemen vorkommt.

In neueren Forschungen auf dem Gebiet der Linguistik haben Transformationalisten angefangen, die Bedeutung von Präsuppositionen in natürlichen Sprachen zu untersuchen. Bestimmte Sätze implizieren, daß bestimmte andere Sätze wahr sein müssen, damit diese einen Sinn ergeben. Zum Beispiel, wenn Sie sagen hören:

(37) *Auf dem Tisch ist eine Katze.*

kann ich entscheiden, ob ich glauben will, ob eine Katze auf dem Tisch ist oder nicht, und in beiden Fällen kann ich aus dem, was Sie sagen, einen Sinn heraushören. Wenn ich Sie aber sagen höre:

(38) *Sam stellte fest, daß auf dem Tisch eine Katze ist.*

muß ich annehmen, daß tatsächlich eine Katze auf dem Tisch ist, um dem, was Sie sagen, einen Sinn beimessen zu können. Dieser Unterschied wird klarer, wenn ich das negative Element *nicht* in den Satz einführe.

(39) *Sam stellt nicht fest, daß auf dem Tisch eine Katze ist.*

Dies zeigt, daß, wenn man den Satz, der das Gegenteil bedeutet, ausspricht (der verneint, was der erste als wahr angibt), man immer noch annehmen muß, daß auf dem Tisch eine Katze ist, damit der Satz einen Sinn ergibt. Ein Satz, der wahr sein muß, damit ein anderer Satz einen Sinn ergibt, heißt Präsupposition des zweiten Satzes.

Überblick

Die für unsere Belange relevanten Teile des Transformationsmodells wurden dargelegt. Zusammen betrachtet stellen Sie eine Repräsentation des Prozesses dar, den man durchmacht, wenn man seine Erfahrung repräsentiert und diese Erfahrung kommuniziert. Wenn man seine Repräsentation, seine Erfahrung von der Welt, kommunizieren will, bildet man eine vollständige sprachliche Repräsentation seiner Erfahrung; sie heißt Tiefenstruktur. Während man zu reden beginnt, trifft man eine Reihe von Wahlen (Transformationen) zur Form, in der man seine Erfahrungen kommunizieren wird. Diese Wahlen sind im allgemeinen nicht bewußt.

> „Die Struktur eines Satzes kann betrachtet werden als Resultat einer Serie von syntaktischen Wahlen, die bei seiner Hervorbringung getroffen wurden. Der Sprecher kodiert eine Bedeutung, indem er aus einer begrenzten Menge bestimmte Merkmale auswählt, um einen Satz zu bilden."
>
> (*T. Winograd*, Understanding Natural Language, S. 16; in: *Cognitive Psychology* Vol. 3, no. 1, Jan. 1972)

Unser Verhalten bei diesen Wahlen ist aber regelmäßig und regelgeleitet. Der Prozeß, diese Reihe von Wahlen zu treffen (eine Ableitung), ergibt die Oberflächenstruktur — einen Satz oder eine Wortgruppe, die wir als wohlgeformte Wortgruppierung unserer Sprache erkennen. Diese Oberflächenstruktur selbst kann als Repräsentation der vollständigen sprachlichen Repräsentation (der Tiefenstruktur) angesehen werden. Die Transformationen ändern die Struktur der Tiefenstruktur (durch Tilgung oder Veränderung der Satzfolge), die semantische Bedeutung wird aber nicht verändert. Graphisch kann der Prozeß folgendermaßen dargestellt werden:

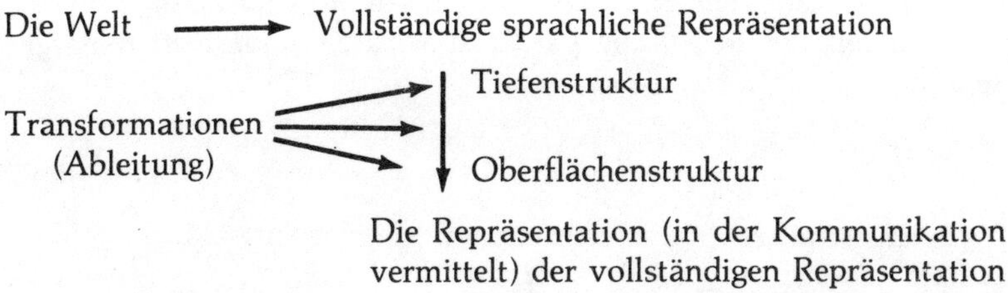

Das Modell dieses Prozesses ist ein Modell dessen, was wir tun, wenn wir unser Modell repräsentieren und kommunizieren; es ist also ein Modell eines Modells — ein Meta-Modell. Dieses Meta-Modell stellt unsere Intuitionen über unsere Erfahrung dar. Zum Beispiel wird unsere Intuition über Synonymität (wenn zwei oder mehrere Oberflächenstrukturen dieselbe semantische Bedeutung, das heißt dieselbe Tiefenstruktur haben) folgendermaßen dargestellt:

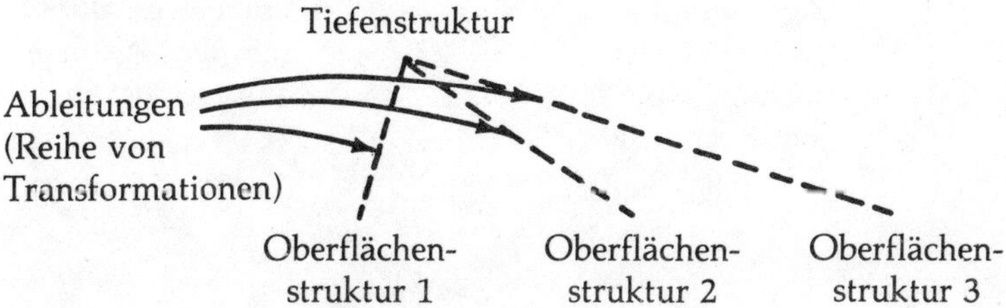

Anhand eines spezifischen Beispiels:

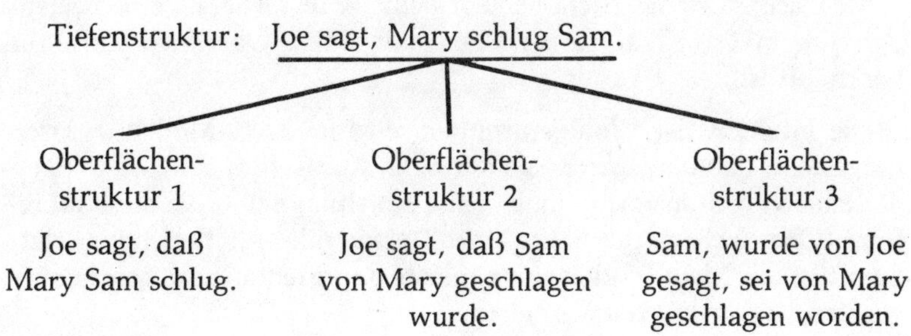

Synonymität im Meta-Modell heißt, daß eine Tiefenstruktur mit mehr als einer Oberflächenstruktur verknüpft ist.

Mehrdeutigkeit ist das Gegenteil. Mehrdeutigkeit ist die Intuition, die man benützt, wenn eine Oberflächenstruktur mehr als eine spezifische semantische Bedeutung hat, und wird folgendermaßen dargestellt:

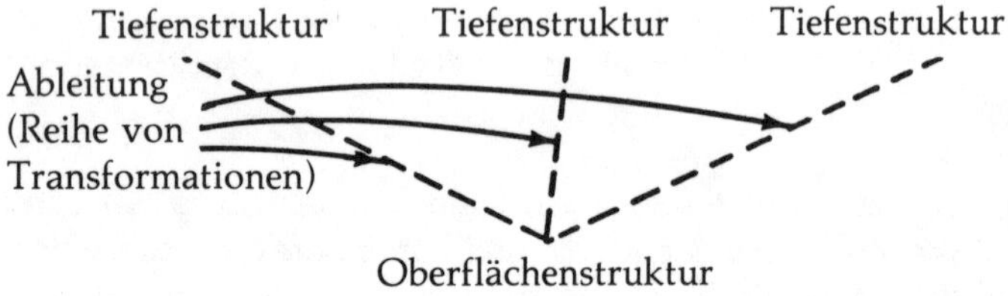

Als spezifisches Beispiel:

Tiefenstrukt.$_1$ Die von FBI-Agenten durchgeführte Untersuchung kann für jemanden gefährlich sein.

Tiefenstrukt.$_2$ Es kann für jemanden gefährlich sein, FBI-Agenten zu untersuchen.

Oberflächenstruktur: Die Untersuchung von FBI-Agenten kann gefährlich sein.

Mehrdeutigkeit im Meta-Modell heißt, daß mehr als eine Tiefenstruktur mittels Transformationen mit einer Oberflächenstruktur verknüpft ist.

Die Intuition der Wohlgeformtheit wird im Meta-Modell dadurch dargestellt, daß eine Wortfolge nur dann wohlgeformt ist, wenn es eine Reihe von Transformationen (eine Ableitung) gibt, die diese Wortfolge (Oberflächenstruktur) zu einer Tiefenstruktur in Beziehung setzt. Somit ist das Meta-Modell eine explizite Repräsentation unseres unbewußten, regelgeleiteten Verhaltens.

Zusammenfassung

Menschliche Sprache ist eine Form der Repräsentation der Welt. Die Transformationsgrammatik ist ein explizites Modell des Repräsentationsprozesses und der Kommunikation dieser Repräsentation der Welt. Die Mechanismen innerhalb der Transformationsgrammatik sind allen Menschen sowie der Form, in der wir unsere Erfahrung repräsentieren, gemeinsam. Die semantische Bedeutung, die diese Prozesse repräsentieren, ist existentiell, unendlich reichhaltig und vielfältig. Die Art, in der diese existentiellen Bedeutungen repräsentiert und kommuniziert werden, ist regelgeleitet. Die Transformationsgrammatik ist kein Modell für die existentiellen Bedeutungen, sondern dafür, wie sie in ihrer unendlichen Vielfalt geformt werden, also für die Regeln der Repräsentationen selbst.

Das Nervensystem, das für das Hervorbringen des Repräsentationssystems der Sprache verantwortlich ist, ist das gleiche Nervensystem, mit dem Menschen jedes andere Modell der Welt hervorbringen: Denken, Sehen, Bewegung etc. ... Die gleichen Strukturprinzipien wirken in jedem dieser Systeme. Somit bieten die formalen Prinzipien, die von Linguisten als Teil des als Sprache bezeichneten Repräsentationssystems identifiziert worden sind, einen expliziten Ansatz zum Verständnis jedes Systems menschlicher Modellbildung.

Anmerkungen

1. Dieser Gebrauch der Sprache zur Kommunikation ist eigentlich ein Sonderfall des Gebrauchs der Sprache zur Repräsentation. In dieser Denkweise stellt Kommunikation die Repräsentation unserer eigenen Repräsentation gegenüber anderen dar. Mit anderen Worten, wir gebrauchen die Sprache, um unsere Erfahrung zu repräsentieren — dies ist ein privater Vorgang. Sodann gebrauchen wir die Sprache, um unsere Repräsentation der Erfahrung zu repräsentieren — ein sozialer Vorgang.

2. Mit * werden in diesem Buch Wortfolgen identifiziert, die keine wohlgeformten Sätze darstellen.

3. Wir haben eine kommentierte Bibliographie in einer Auswahl für die, die das Transformationsmodell der Sprache näher untersuchen möchten, zusammengestellt.

4. Das gilt nicht für alle Linguisten, die sich selbst als Transformationalisten bezeichnen mögen. Die gegenwärtige Spaltung auf diesem Gebiet — Erweiterte Standard Theorie (*Extended Standard Theory*) und Generative Semantik (*Generative Semantics*) — ist für unsere Belange unwichtig, um Teile des Transformationsmodells für unser Meta-Modell der Therapie abzuwandeln. Neuere Arbeiten, insbesondere von Vertretern der Generativen Semantik, werden, so glauben wir, für die Erweiterung des von uns dargestellten Meta-Modells brauchbar sein. Siehe Quellen in der Bibliographie.

5. Streng genommen ist von einem rein linguistischen Standpunkt die Tilgung der im Text getilgten Elemente unzulässig, da sie Bezugsindizes tragen — der Vorgang ist aber für Klienten in der Therapie typisch.

Kapitel 3

Die Struktur der Magie

Eines der Rätsel im Bereich der Therapie ist, daß, obwohl die verschiedenen Therapierichtungen sehr unterschiedliche Formen haben, sie alle bis zu einem bestimmten Grad erfolgreich sind. Dieses Rätsel wird dann gelöst werden, wenn die den verschiedenen Psychotherapien gemeinsamen wirksamen Methoden durch ein einziges Begriffssystem beschrieben werden können und somit die Ähnlichkeiten explizit und dadurch von Therapeuten jeder Schule erlernbar gemacht werden.[1]

> „... diese Liste der Ähnlichkeiten (zwischen den verschiedenen Formen der Psychotherapie — RB/JG) ist kaum umfassend; es scheint genügend Anzeichen dafür zu geben, daß eine gründlichere Studie aller Psychotherapieformen hinsichtlich ihrer ähnlichen formalen Muster lohnend wäre. Eine strengere Wissenschaft wird dann erreicht werden, wenn die verschiedenen Methoden zur wirksamsten Strategie, die möglich ist, synthetisiert werden können, um einen Menschen dazu zu bringen, sich spontan anders zu verhalten."
>
> *J. Haley*, Strategics of Psychotherapy, 1967, S. 85.

Das eine Merkmal, das in allen Therapieformen auftaucht, wenn sie erfolgreich sind, ist, daß die Menschen in der Therapie sich in irgendeiner Weise ändern. Diese Änderung erhält von unterschiedlichen Therapieschulen unterschiedliche Namen, etwa: 1. In-Ordnung-Bringen (*fixing*), 2. Heilung (*cure*), 3. Wachstum (*growth*), 4. Erleuchtung (*enlightenment*), 5. Verhaltensmodifikation (*behaviour modification*) usw. Welcher Name dem Phänomen auch gegeben wird, irgendwie macht es die Erfahrung des Menschen vielseitiger und besser. Das ist nicht erstaunlich, denn jede Therapieform behauptet, den Menschen zu helfen, daß sie erfolgreicher in der Welt handeln können. Wenn sich Menschen ändern, ist ihre Erfahrung und ihr Modell der Welt anders. Ganz gleich, welche Technik sie anwenden, ermöglichen die verschiedenen Therapieformen es den Menschen, ihr Modell der Welt zu ändern, und manche erschaffen einen Teil des Modells neu.

Was wir hier bieten, ist keine neue Therapierichtung, sondern vielmehr eine Reihe spezifischer Techniken, die eine explizite Repräsentation dessen darstellen, was bereits in jeder Therapieform zum Teil vorhanden ist. Die einzigartigen Aspekte des von uns dargestellten Meta-Modells sind: erstens, daß es auf Intuitionen beruht, die bereits jedem in seiner Sprachgemeinschaft zugänglich sind, und zweitens, daß es ein explizites Modell darstellt, insofern es lernbar ist.

Das Meta-Modell

Das von uns vorgelegte Meta-Modell kann größtenteils auf das in der Transformationslinguistik entwickelte formale Modell zurückgeführt werden. Da das Transformationsmodell entwickelt wurde, um Fragen zu beantworten, die nicht unmittelbar mit der Art, wie sich Menschen ändern, verknüpft sind, sind nicht alle Teile gleich brauchbar, um ein Meta-Modell für die Therapie zu entwickeln. Wir haben also das Modell angepaßt, indem wir nur die für unsere Belange relevanten Teile auswählten und sie zu einem System zusammengestellt haben, das für den Kontext der Therapie angemessen ist.

In diesem Kapitel werden wir unser Meta-Modell für die Therapie darstellen. Es ist hier unsere Absicht, Ihnen ein allgemeines Bild von dem zu geben, was im Meta-Modell verfügbar ist und wie es funktioniert. In den zwei folgenden Kapiteln liefern wir Genaueres und zeigen Ihnen schrittweise, wie die Techniken des Meta-Modells anzuwenden sind. Für diese Kapitel möchten wir Ihnen nahelegen, die Erörterung durchzulesen und sich zunächst einen groben Überblick über unsere Vorstellungen zu verschaffen. In den folgenden Kapiteln werden wir sie präziser und detaillierter darstellen.

Tilgungen: Die fehlenden Teile des Modells

In den meisten Therapieformen (mit der möglichen Ausnahme einiger Körpertherapien) ist ein Teil dessen, was vor sich geht, eine Abfolge von verbalen Transaktionen zwischen „Klient“ und „Therapeut“. Ein gemeinsames Merkmal der therapeutischen Begegnung liegt darin, daß der Therapeut herauszufinden sucht, warum der Klient zur Therapie gekommen ist; was der Klient ändern will. In unseren Termini unternimmt der Therapeut den Versuch herauszufinden, welches Modell der Welt der Klient hat. Wenn Klienten ihre Modelle der Welt mitteilen, so tun sie dies in Oberflächenstrukturen. Diese Oberflächenstukturen werden Tilgungen enthalten, wie sie im letzten Kapitel beschrieben wurden. Die Art, in der der Klient Sprache gebraucht, um sein

Modell (seine Repräsentation) zu kommunizieren, unterliegt den universellen Prozessen menschlicher Modellbildung, wie etwa der Tilgung. Die Oberflächenstruktur selbst ist eine Repräsentation der vollständigen sprachlichen Repräsentation, von der sie abgeleitet ist — der Tiefenstruktur. In dem Fall, daß der sprachliche Prozeß der Tilgung erfolgt ist, wird in der resultierenden verbalen Beschreibung — in der Oberflächenstruktur — zwangsläufig für den Therapeuten ein Teil fehlen. Dieses Stück mag auch im bewußten Modell der Welt des Klienten nicht vorhanden sein. Wenn das Modell der Erfahrung des Klienten fehlende Teile hat, ist es verarmt. Verarmte Modelle implizieren, wie bereits gesagt, ein eingeschränktes Verhaltensrepertoire. Sobald die fehlenden Teile wiedergewonnen werden, beginnt der Wandlungsprozeß in diesem Menschen.

Für den Therapeuten ist der erste Schritt, entscheiden zu können, ob die Oberflächenstuktur des Klienten eine vollständige Repräsentation der vollen sprachlichen Repräsentation, von der sie abgeleitet ist — der Tiefenstruktur —, darstellt. Zu diesem Zeitpunkt haben Therapeuten entweder ein hochentwickeltes Einfühlungsvermögen, das auf ihrer Erfahrung beruht, oder sie können das explizite Meta-Modell verwenden, um die fehlenden Teile wiederzugewinnen. Im Meta-Modell kommen die Intuitionen, die jeder über seine Sprache hat, zum Tragen. Der Klient sagt:

Ich fürchte mich.

Der Therapeut überprüft nun seine (oder ihre) Intuitionen, um festzustellen, ob die Oberflächenstruktur des Klienten vollständig ist. Eine Art (wir werden diesen Prozeß im folgenden Kapitel detaillierter beschreiben), in der dies geschehen kann, ist, sich selbst zu fragen, ob man sich einen anderen, wohlgeformten Satz vorstellen kann, der dasselbe Prozeßwort *fürchten* und mehr Substantivargumente als die Oberflächenstruktur des Klienten mit demselben Verb *fürchten* beinhaltet. Wenn man sich eine solche Oberflächenstruktur vorstellen kann, ist die Oberflächenstruktur des Klienten unvollständig.

Der Therapeut sieht sich nun drei Möglichkeiten gegenüber[2)]. Er kann das verarmte Modell akzeptieren, er kann das fehlende Stück erfragen, oder er kann es erraten. Die erste Möglichkeit, das Akzeptieren des verarmten Modells, bietet die Schwierigkeit, den Therapieprozeß zu verlangsamen und schwerfällig zu machen, da sie die volle Verantwortung für die Wiedergewinnung der fehlenden Teile des Modells auf den Klienten überträgt, der von vornherein gekommen ist, um in diesem Prozeß Hilfe zu erhalten. Wir behaupten nicht, daß diese Änderung in diesem Prozeß unmöglich sei, sondern daß sie eine längere

Zeitspanne als nötig beansprucht. Die zweite Möglichkeit besteht darin, daß der Therapeut den sprachlich getilgten Teil erfragt:

K: Ich fürchte mich.

T: Wovor?

Entweder liefert der Klient das Material seines Modells, das sprachlich getilgt worden ist, und das Verständnis des Therapeuten über dieses Modell wird vollständiger, oder der in der verbalen Äußerung des Klienten fehlende Teil fehlt auch in seinem Modell. Klienten beginnen den Prozeß der Selbstentdeckung und des Wandels, sobald sie beginnen, an der Ausfüllung der fehlenden Teile zu arbeiten und sich aktiv am Prozeß der Selbstentdeckung (der Selbsterweiterung durch Erweiterung ihres Modells der Welt) zu beteiligen.

Therapeuten haben eine dritte Möglichkeit; sie können auf Grund langer Erfahrung eine Intuition darüber haben, was das fehlende Teil sein könnte. Sie können beschließen, das fehlende Teil zu interpretieren oder zu erraten. Wir bestreiten diese Möglichkeit nicht. Es besteht allerdings die Gefahr, daß jede Form der Interpretation oder des Erratens ungenau sein kann. Wir schließen einen Schutz für den Klienten in unserem Meta-Modell ein. Der Klient probiert die Interpretation oder den Vorschlag des Therapeuten dadurch aus, daß er einen Satz formuliert, der dieses Material beinhaltet und seine Intuition überprüft, um festzustellen, ob es paßt, einen Sinn ergibt, ob es eine genaue Repräsentation seines Modells der Welt ist. Zum Beispiel kann der Therapeut das starke Gefühl haben, daß sich der Klient vor seinem Vater fürchtet. Sein Gefühl beruht vielleicht auf vorhergehender Therapie oder auf seinem Wiedererkennen einer bestimmten Körperhaltung oder -bewegung, von denen er gesehen hat, daß der Klient sie bei anderen Gelegenheiten äußerte, als man auf seinen Vater zu sprechen kam. In diesem Fall könnte der Austausch folgendermaßen aussehen:

K: Ich fürchte mich.

T: Ich möchte, daß Sie versuchen, folgendes zu sagen und zu sehen, ob es auf Sie zutrifft: „Ich fürchte mich vor meinem Vater."

Er bittet hier den Klienten darum, die Oberflächenstruktur, die seinen Vorschlag oder seine Interpretation enthält, zu äußern und festzustellen, ob sie zur vollständigen Repräsentation des Klienten, zur Tiefenstruktur, paßt.[3] Wenn diese neue Tiefenstruktur, die die Intuitionen des Therapeuten über die Identität des getilgten Teils der ursprünglichen Oberflächenstruktur des Klienten enthält, zum Modell des Klienten paßt, wird dieser im allgemeinen ein bestimmtes Gefühl der Übereinstimmung oder des Wiedererkennens erfahren. Trifft dies nicht zu, so sind die Techniken des Meta-Modells als Richtlinien verfügbar, um das fehlende Material, das tatsächlich auf das Modell des Klienten paßt, wiederzugewinnen. Der Schutz für die Integrität des Klienten besteht darin, daß der Therapeut gegenüber den Intuitionen und Erfahrungen des Klienten einfühlsam ist und daß der Klient beurteilt, ob der Vorschlag des Therapeuten für sein Modell zutrifft, indem der den Satz sagt und prüft, ob er paßt.

Die Notwendigkeit, daß sich Therapeuten der Integrität ihrer Klienten bewußt sind, ist weithin anerkannt worden. *Polster* und *Polster* (1973, dt. 1975) bemerken:

> „Zwar besitzt man keinen präzisen Maßstab für die Grenzen der individuellen Fähigkeit, potentiell explosive Gefühle zu assimilieren oder auszudrücken, jedoch der gebührende Respekt vor der Selbstregulierung des Menschen schützt den Therapeuten davor, den Patienten zu Verhaltensweisen zu zwingen oder zu verführen, die er nicht größtenteils selbst eingeleitet hat."
>
> *Polster* und *Polster* 1975, S. 75.

Im allgemeinen ist die Effektivität einer bestimmten Therapieform mit ihrer Fähigkeit, „verdrängte" oder fehlende Teile des Modells des Klienten wiederzugewinnen, verbunden. Somit besteht der erste Schritt bei der Aneignung dieses Instrumentariums darin zu lernen, wie die im Modell fehlenden Teile identifiziert werden — genauer, wie die Tatsache, daß eine sprachliche Tilgung erfolgt ist, identifiziert wird. Die Teile, die in der Oberflächenstruktur fehlen, stellen das Material dar, das durch Tilgungstransformationen entfernt worden ist. Die Wiedergewinnung des fehlenden Materials beinhaltet eine Bewegung auf eine vollständigere Repräsentation — auf die Tiefenstruktur — hin.

Verzerrung: Prozeß ——► Ereignis

Eine Form, wie Menschen handlungsunfähig werden, besteht darin, einen fortlaufenden Prozeß zu einem Ereignis zu machen. Ereignisse sind Dinge, die an einem Punkt der Zeit passieren und abgeschlossen sind. Wenn sie einmal auftauchen, ist ihr Ausgang festgelegt, und nichts kann unternommen werden, um ihn zu ändern.[4] Diese Form, ihre Erfahrung darzustellen, wirkt verarmend in dem Sinn, daß Klienten die Kontrolle über fortlaufende Prozesse verlieren, wenn sie sie als Ereignisse repräsentieren. Linguisten haben den sprachlichen Mechanismus identifiziert, wie ein Prozeß in ein Ereignis umgewandelt wird:

Dieser heißt Nominalisierung und wurde im letzten Kapitel besprochen. Die Fähigkeit des Therapeuten, die verzerrten Teile des Modells des Klienten zu hinterfragen, die eine Repräsentation von Prozessen als Ereignisse beinhalten, verlangt, daß der Therapeut in der Lage ist, Nominalisierungen in der Oberflächenstruktur des Klienten zu erkennen. Dies kann er erreichen, indem er die Oberflächenstruktur des Klienten untersucht: Überprüfen Sie jedes Nicht-Verb im Satz und fragen Sie sich, ob Sie an ein Verb oder Adjektiv denken können, welches in Aussehen/Klang und Bedeutung eine große Ähnlichkeit dazu hat (wiederum wird ein genaueres Vorgehen in Kapitel 4 angegeben). Wenn zum Beispiel der Klient beginnt, irgendeinen fortlaufenden Prozeß in seinem Leben zu beschreiben (den fortlaufenden Prozeß seiner Entscheidung, zu vermeiden, jemanden wegen etwas zu konfrontieren), repräsentiert er vielleicht diesen Prozeß in seiner Oberflächenstruktur durch die Wortgruppe *meine Entscheidung:*

Ich bedauere wirklich meine Entscheidung.

Der Therapeut, der diese Äußerung auf Verzerrungen überprüft, wird das Substantiv *Entscheidung* als in Aussehen/Klang und Bedeutung dem Prozeßwort *entscheiden* ähnlich erkennen — also als Nominalisierung.

Die Aufgabe des Therapeuten ist, dem Klienten sehen zu helfen, daß das, was er in seinem Modell als abgeschlossenes, beendetes Ereignis repräsentiert, ein fortlaufender Prozeß ist, der durch ihn beeinflußt werden kann. Es gibt mehrere Wege, dies zu erreichen. Zum Beispiel kann der Therapeut fragen, wie sich der Klient hinsichtlich seiner Entscheidung fühlt. Wenn der Klient antwortet, daß er unzufrieden ist, fragt der Therapeut, was ihn daran hindert, seine Entscheidung zu überdenken. Der Klient antwortet, und der Therapeut fährt fort, die Techniken des Meta-Modells anzuwenden. Hierbei arbeitet der Therapeut daran, die Verbindung zwischen dem Ereignis und dem gegenwärtigen Prozeß wiederherzustellen.

Eine andere Frage, die der Therapeut stellen könnte, wäre:

Sie haben ihre Entscheidung gefällt, und Sie können sich nichts vorstellen, das Ihre Entscheidung ändern würde?

Wiederum antwortet der Klient mit einer Oberflächenstruktur, die der Therapeut entsprechend dem Meta-Modell als Anhaltspunkt für seinen nächsten Schritt benützen kann, Änderung beim Klienten hervorzurufen.

Die Wirkung der systematischen Anwendung dieser zwei Techniken:

a) Wiedergewinnung der durch Tilgungstransformationen aus der Tiefenstruktur entfernten Teile,

b) Rückverwandlung der Nominalisierungen zu den Prozeßworten, von denen sie abgeleitet wurden — zur Tiefenstruktur,

ergibt eine vollständigere Repräsentation des Modells des Klienten — die sprachliche Tiefenstruktur, von der die ursprünglichen verbalen Äußerungen beziehungsweise Oberflächenstrukturen des Klienten abgeleitet wurden. Durch diesen Vorgang wird der Klient aktiv dazu geführt, die fehlenden Teile zu ergänzen und die als Ereignisse dargestellten Dinge in Prozesse zurückzuverwandeln, und damit beginnt der Wandlungsprozeß.

Tiefenstrukturen sind vollständige sprachliche Repräsentationen der Erfahrung des Klienten. Sie können von der Erfahrung dieses Menschen in vielerlei Arten abweichen, die Ihnen bereits bekannt sind. Dies sind die drei Eigenschaften, die allen Prozessen menschlicher Modellbildung gemeinsam sind: Tilgung, Verzerrung und Generalisierung, mit denen Menschen alle Repräsentationen ihrer Erfahrung erstellen.

Die Intuitionen, die im Transformationsmodell der Sprache dargestellt werden, sind Sonderfälle dieser drei Prinzipien; zum Beispiel sind Sätze der Oberflächenstruktur, in denen kein Subjekt zum Ausdruck kommt, Beispiele für den Prozeß der Tilgung. Um sich von dem Modell des Klienten ein Bild zu machen, muß dieser fehlende Teil wieder hergestellt werden; der Ausdruck muß mit seiner Quelle (seiner vollständigen Repräsentation) verbunden werden. Im Falle einer Oberflächenstruktur ist der Ursprung und die vollständigste Repräsentation die Tiefenstruktur. Im Falle der Tiefenstruktur sind die Erfahrungen des Klienten der Ursprung der Repräsentation. Während die Tiefenstruktur die vollständigste sprachliche Repräsentation ist, entstammt sie einem vollständigeren, reichhaltigeren Ursprung: der Gesamtheit der Erfahrungen des Klienten.[5] Es überrascht nicht weiter, daß dieselben Prozesse menschlicher Modellbildung, die uns einen systematischen Weg geboten haben, um dem Klienten zu helfen, von einer verarmten Oberflächenstruktur zu einer vollständigen sprachlichen Repräsentation (der Tiefenstruktur) zu gelangen, einen systematischen Weg bieten, um die sprachliche Repräsentation dieser Person mit den vollständigen Erfahrungen, von denen die vollständige sprachliche Repräsentation abgeleitet ist, zu verbinden.

Tiefenstruktur und darüber hinaus

Wie wir bereits mehrfach angedeutet haben, sind Individuen, die sich in Therapie befinden und Hilfe zur Änderung erwarten, üblicherweise deshalb dort, weil sie das Gefühl haben, nicht genügend Wahlmöglichkeiten zu haben, sich nicht anders verhalten zu können, als sie es tun. Allerdings ergibt ihr Verhalten, wie eigenartig es uns auch vorkommen mag, in ihrem Modell der Welt einen Sinn.

Der Therapeut hat den Klienten dazu bringen können, die Tiefenstruktur — die vollständige sprachliche Repräsentation — wiederzugewinnen. Der nächste Schritt ist, diese Tiefenstruktur so zu hinterfragen, daß sie bereichert werden kann. Der Therapeut hat zu diesem Zeitpunkt mehrere Möglichkeiten. Das grundlegende Prinzip ist hier, daß Menschen in Schmerzen untergehen, nicht weil die Welt nicht vielfältig genug wäre, um ihnen die Befriedigung ihrer Bedürfnisse zu gewähren, sondern weil ihre Repräsentation der Welt verarmt ist. Entsprechend ist also die Strategie, die wir als Therapeuten anwenden, den Klienten in einer solchen Form mit der Welt in Verbindung zu bringen, die ihm reichhaltigere Wahlmöglichkeiten bietet. Da mit anderen Worten der Klient dadurch Leid erfährt, daß er eine verarmte Repräsentation der Welt geschaffen und vergessen hat, daß diese Repräsentation nicht die Welt ist, kann der Therapeut dem Klienten nur dann bei seiner Änderung helfen, wenn dieser zu einem in irgendeiner Weise mit seinem Modell inkonsistenten Verhalten gelangt und dadurch sein Modell bereichert. Es gibt mehrere Wege, dies zu erreichen, von denen viele genau beschrieben worden sind. Die Bedeutung klarer sensorischer Kanäle, die Aufdeckung von im Familiensystem gelernten Verhaltensmuster zur Streßbewältigung, die Kindheitstraumata, das Auferlegen therapeutischer Beziehungsfallen (*double binds*) sind alles Beispiele für die Schwerpunkte, die verschiedene Psychotherapieformen ausgewählt haben als ihre Art, das verarmte Modell des Klienten zu hinterfragen. Gleichgültig welche Therapieschule, welche Behandlungsart sie anwendet und wo ihr Schwerpunkt liegt, weist sie, wenn sie erfolgreich ist, charakteristischerweise zwei Eigenschaften auf:

1. Viel Kommunikation in Form von Sprache.[6)]
2. Eine Veränderung in der Repräsentation / im Modell der Welt des Klienten.

Was wir in unserem Meta-Modell bieten, hat zu diesen beiden Merkmalen erfolgreicher Therapie einen direkten Bezug. Sprache ist sowohl ein Repräsentationssystem als auch das Mittel oder der Prozeß der Kommunikation unserer Repräsentation der Welt. Die Prozesse, mit denen wir unsere Erfahrungen kommunizieren, sind dieselben Prozesse, mit denen wir unsere Erfahrungen schaffen. So betrachtet, entspricht die Wiedergewinnung der vollständigen Tiefenstruktur aus der Oberflächenstruktur dem Aufdecken des vollständigen sprachlichen Modells der Welt des Klienten; die Hinterfragung der Tiefenstruktur des Klienten ist zugleich eine Hinterfragung der vollständigen sprachlichen Repräsentation des Klienten. Dieselben Techniken werden auf beide angewandt.

Die Prozesse, durch die Menschen ihre Repräsentation der Welt einschränken, sind dieselben Prozesse, durch die sie den Ausdruck ihrer Repräsentation der Welt einschränken. Die Art, in der Menschen sich Leiden geschaffen haben, umfaßt diese Prozesse. Durch sie haben sie ein verarmtes Modell geschaffen. Unser Meta-Modell bietet einen spezifischen Weg, diese Prozesse zu hinterfragen, um ihr Modell zu bereichern. Erstens beschreibt das Meta-Modell den Prozeß des Übergangs von der Oberflächenstruktur zur Tiefenstruktur. Der Prozeß des Übergangs von einer Oberflächenstruktur mit einer Tilgung zur vollständigen Tiefenstruktur bietet dem Therapeuten nicht nur ein genaues Bild des Modells des Klienten, sondern der Klient kann sogar während dieses Prozesses sein Modell erweitern beim Versuch, die vom Therapeuten erfragte Tilgung wiederzugewinnen. Zweitens bietet es eine Vorgehensweise, um die Tiefenstruktur zu hinterfragen und sie wieder mit der Erfahrung des Menschen zu verbinden und so Veränderung zu ermöglichen.

Nachdem der Therapeut das sprachliche Weltmodell des Klienten wiedergewonnen hat, kann er nun eine oder mehrere Techniken der Behandlung auswählen, die er in diesem Kontext für brauchbar hält. Der Therapeut kann zum Beispiel entscheiden, eine therapeutische Beziehungsfalle aufzustellen (*Haley* 1973), eine dramatische Technik anzuwenden (*Perls* 1973), um den Veränderungsprozeß zu unterstützen, oder er kann weiterhin das Modell des Klienten durch rein verbale Arbeit hinterfragen. In jedem dieser Fälle ist Sprache enthalten. Die Effektivität und die Fähigkeit des Therapeuten sind eng mit der Vielfalt seines Meta-Modells verbunden — mit der Anzahl von Wahlmöglichkeiten, die ihm zur Verfügung stehen, und mit seiner Geschicklichkeit, diese Möglichkeiten zu kombinieren. Der Schwerpunkt dieser Arbeit wird auf den verbal/digitalen und nicht auf den nonverbal/analogen Techniken liegen, aus zwei Gründen:

1. Sprachliche Transaktionen stellen eine signifikante Kommunikationsform aller Therapiestile dar.
2. Wir haben ein Modell natürlicher Sprache entwickelt, das explizit ist.

Wir werden später darlegen, daß das Meta-Modell, das wir aus dem Modell der Transformationsgrammatik zu einem therapeutischen Meta-Modell entwickelt haben, auch auf nonverbale Kommunikationssysteme generalisiert werden kann.[7]

Tiefenstruktur hinterfragen

Daß der Therapeut die Tiefenstruktur hinterfragt, ist gleichbedeutend mit der Aufforderung an den Klienten, seine Kräfte zu mobilisieren, um sein sprachliches Modell mit seiner Erfahrungswelt zu verknüpfen. Mit anderen Worten, der Therapeut stellt die Annahmen des Klienten in Frage, daß sein sprachliches Modell die Realität sei.

Generalisierungen hinterfragen

Ein Element des Modells eines Klienten, das seine Erfahrungen in typischer Weise einschränken kann, ist das der Generalisierung. Dementsprechend wird die Tiefenstruktur, die den verarmten Teil des Modells repräsentiert, Worte und Satzteile enthalten, die keinen Bezugsindex haben, und Verben, die unvollständig spezifiziert sind.

Klarheit aus dem Chaos: Substantivargumente

Bei der Wiedergewinnung der fehlenden Teile der Tiefenstruktur des Klienten mag zwar das Modell der Erfahrung des Klienten vollständiger werden, es kann aber trotzdem unklar und unscharf bleiben.[8] Der Klient sagt:

K: Ich fürchte mich.
T: Wovor?
K: Vor Leuten.

An diesem Punkt hat der Therapeut entweder eine Reihe gut entwickelter Vorstellungen darüber, was als nächstes zu tun sei, oder er kann unser explizites Meta-Modell als Richtlinie verwenden. Eine eindeutige Art, um festzustellen, welche Teile der verbalen Äußerung (und des von ihr dargestellten Modells) unscharf sind, besteht in der Überprüfung, welche Substantivargumente keinen Bezugsindex haben. Der Therapeut hat wiederum drei prinzipielle Möglichkeiten: das unscharfe Modell anzunehmen, Fragen zu stellen, die zu einer Scharfeinstellung auffordern, oder zu raten, was das scharfeingestellte Modell sein könnte. Die Wahl des Therapeuten hat hier dieselben Konsequenzen wie sein Versuch, die fehlenden Teile des Modells wiederzugewinnen. Wenn der Therapeut sich entscheidet, den fehlenden Bezugsindex zu erfragen, sagt er nur:

Wer genau (macht Ihnen Angst)?

Hat andererseits der Therapeut eine Vorstellung über die Identität der Substantivgruppe, die keinen Bezugsindex hat, so mag er sich entscheiden, eine Vermutung anzustellen. In diesem Fall steht die gleiche Art, die Integrität des Klienten zu schützen, zur Verfügung, wenn der Therapeut Vermutungen anstellt.

K: Ich fürchte mich.
T: Wovor?
K: Vor Leuten.

Der Therapeut beschließt, eine Vermutung anzustellen, wer *genau* den Klienten ängstigt. Unter Verwendung der von uns nahegelegten Sicherung bittet der Therapeut den Klienten, die Oberflächenstruktur auszusprechen, die die Vermutung des Therapeuten beinhaltet.

T: Ich möchte, daß Sie versuchen, folgendes zu sagen und zu sehen, ob es auf Sie zutrifft: „Ich fürchte mich vor meinem Vater."

Der Klient sagt jetzt die Oberflächenstruktur, die die Vermutung oder Interpretation beinhaltet, und stellt fest, ob sie auf sein Modell zutrifft. In jedem Fall reagiert der Therapeut — er hinterfragt die Generalisierung des Klienten, indem er den Klienten auffordert, seine Generalisierung mit seiner speziellen Erfahrung zu verknüpfen — mit der Forderung nach einem Bezugsindex. Dies, die nächste Stufe in dem Prozeß des Therapeuten, das Modell des Klienten zu verstehen, ist das Hinterfragen der Substantivargumente, die keinen Bezugsindex haben.

Das Wort „Leute" benennt keine spezifische Person oder Gruppe von Personen im Modell des Klienten. Der Klient kann den in seiner verbalen Äußerung fehlenden und in seinem Modell verfügbaren Bezugsindex liefern, und das Verständnis des Therapeuten von seinem Modell wird schärfer, oder aber der Bezugsindex fehlt auch im Modell des Klienten. Wenn dieser Teil des Modells des Klienten auch unscharf ist, ermöglicht die Frage des Therapeuten dem Klienten, auf eine Klärung seines Modells hinzuarbeiten und sich in diesen Prozeß tiefer einzulassen.

Beachten Sie, daß der Klient eine Reihe von Antworten liefern kann wie „Leute, die mich hassen", „all die Leute, von denen ich dachte, sie seien meine Freunde", „jeden, den ich kenne", „einige in meiner Familie", die alle keinen Bezugsindex haben — sie sind intentionale, nicht extensionale Beschreibungen der Erfahrung dieser Person.[9] Sie stellen Generalisierungen dar, die noch nicht mit der Erfahrung des Klienten verknüpft sind. Der Therapeut fährt fort, diese Formulierungen zu hinterfragen, indem er fragt:

Wer genau?

bis er vom Klienten eine verbale Äußerung erhält, die einen Beziehungsindex hat. Endlich antwortet er Klient:

Ich fürchte mich vor meinem Vater.

Die Forderung des Therapeuten nach vollständigen Repräsentationen der Tiefenstruktur, die nur Worte und Satzteile mit Bezugsindices enthalten, ist eine Forderung an den Klienten, seine Generalisierungen wieder mit den Erfahrungen, von denen sie stammen, zu verknüpfen. Dann fragt sich der Therapeut, ob das Bild, das er vom Modell des Klienten hat, klar und scharf ist.

Klarheit aus dem Chaos — Verb / Prozeßworte

Beide Substantive der verbalen Äußerung: *Mein Vater ängstigt mich*, haben Bezugsindices (*mein Vater* und *mich*). Das Prozeßwort oder Verb der Äußerung liefert uns aber kein klares Bild, wie die Erfahrung genau ablief. Wir wissen, daß der Klient Angst hat und daß sein Vater ihn ängstigt, aber wie genau sein Vater ihn ängstigt, ist unvollständig repräsentiert — was *tut* er im einzelnen, das ihn ängstigt? Der Therapeut bittet den Klienten, sein Bild zu präzisieren durch die Frage:

Wie ängstigt Sie ihr Vater?

Wiederum ist dies eine Aufforderung des Therapeuten an den Klienten, seine Generalisierung mit der Erfahrung, von der sie abgeleitet wurde, zu verknüpfen. Die Antwort des Klienten auf diese Frage ist eine neue Oberflächenstruktur, die der Therapeut nun auf Vollständigkeit und Klarheit überprüft, indem er sich fragt, ob alle Teile der vollständigen Repräsentation der Tiefenstruktur in dieser Oberflächenstruktur widergespiegelt werden. Der Therapeut fährt solange fort, die vom Klienten erzeugten Oberflächenstrukturen zu untersuchen, wobei er die Tiefenstruktur wieder aufdeckt und sie auf Generalisierungen hinterfragt, die das Modell unscharf und ungenau machen, bis das Bild, das der Therapeut vom Modell des Klienten hat, klar ist.

Tilgungen hinterfragen

Wenn Menschen ihr sprachliches Modell der Welt aufbauen, wählen und repräsentieren sie zwangsläufig bestimmte Teile der Welt und vernachlässigen es, andere zu wählen und zu repräsentieren.[10] Somit ist eine Art, in der die vollständige sprachliche Repräsentation (die Tiefenstruktur) von der Erfahrung, die sie darstellt, abweichen wird, daß sie eine reduzierte Fassung der vollständigen Erfahrung der Welt des Klienten sein wird. Diese Reduktion mag, wie bereits gesagt, eine sinnvolle Reduktion sein, oder sie kann das Modell in solcher Weise einschränken, daß sie für diese Person Leiden erzeugt. Dem Therapeuten stehen etliche Techniken zur Verfügung, um dem Klienten bei der Wiedergewinnung der Teile seiner Erfahrung zu helfen, die er nicht in seinem Modell repräsentiert hat. Auf dem Gebiet der kombinierten verbal-nonverbalen Techniken zum Beispiel könnte der Klient aufgefordert werden, die spezifische Situation, aus der heraus er generalisiert hat, nachzuspielen und seine Erfahrung, so wie er sie nacherlebt, vollständig zu beschreiben; damit kann er den Teil seiner Erfahrung, den er vorher nicht sprachlich repräsentiert hatte, jetzt in seine sprachliche Repräsentation aufnehmen. Dies verbindet den Klienten wieder mit seiner Erfahrung und bietet gleichzeitig dem Therapeuten wertvolle Inhalte sowie ein Verständnis dafür, wie dieser Mensch typischerweise seine Erfahrungen darstellt. Wiederum geht es uns im Rahmen dieser Analyse primär um sprachliche Aspekte.

Die Aufgabe des Therapeuten ist, nicht sinnvolle Tilgungen zu hinterfragen; Leiden erzeugend sind solche, die mit Bereichen des Unmöglichen verknüpft sind, mit Bereichen, in denen der Klient tatsächlich keine anderen als unbefriedigende (als Leid erzeugende) Möglichkeiten sieht. Typischerweise erfolgt eine einschränkende Tilgung in einem Bereich, in dem die Wahrnehmung des Klienten seiner eigenen Möglichkeiten eingeschränkt ist — er scheint blockiert, festgefahren, ausgeliefert zu sein.

Die Technik der Wiedergewinnung der vollständigen sprachlichen Repräsentation funktioniert und kann gelernt werden, denn es existiert eine genaue Repräsentation (die Tiefenstruktur), mit der die Oberflächenstruktur verglichen werden kann. Dies ist im wesentlichen der Prozeß des Vergleichens einer Repräsentation (Oberflächenstruktur) mit dem vollständigen Modell (der Tiefenstruktur), von dem sie abgeleitet wurde. Die Tiefenstrukturen selbst entstammen der vollen Bandbreite an Erfahrungen, die für Menschen zugänglich sind. Die Tiefenstruktur steht mittels Intuition jedem in seiner Muttersprache zur Verfügung. Die Welt der Erfahrung steht jedem zur Verfügung, der bereit ist, sie zu erfahren. Als Therapeuten identifizieren wir als Tilgung im Modell des Klienten eine Verhaltensmöglichkeit, von der wir uns vorstellen können, daß wir oder jemand, den wir kennen, sie in derselben Situation haben würden.

An dieser Stelle wird die Tilgung aus der Erfahrung im Modell der Welt des Klienten oft so augenscheinlich sein, daß die Therapeuten möglicherweise anfangen, Vorschläge/Ratschläge zu geben über Alternativmöglichkeiten. Wir würden zwar wahrscheinlich vielen der von den Therapeuten gemachten Vorschläge zustimmen, da unsere Erfahrung diese Alternativen einschließt. Nach unserer Erfahrung sind aber Vorschläge oder Ratschläge, die auf Lücken stoßen, die durch Tilgungen in dem Modell eines Klienten bedingt sind, relativ unwirksam. Diese Tilgungen haben das Modell des Klienten eingeschränkt, und es sind genau jene Teile möglicher Erfahrungen des Klienten, die der Therapeut vorschlägt, die in dem Modell nicht repräsentiert sind. Hier wird der Klient entweder „Widerstand" leisten oder die Verhaltensalternativen nicht hören, da er sie aus seinem Modell getilgt hat. Daher schlagen wir vor, daß der Therapeut diese Anregungen zurückhält, bis das Modell des Klienten reichhaltig genug ist, sie aufzunehmen.

Ein weiterer Vorteil, wenn der Therapeut seine Anregungen zurückhält und den Klienten anregt, sein eigenes Modell zu hinterfragen und seine eigenen Lösungen zu schaffen, besteht darin, daß der Therapeut vermeidet, im Inhalt zu versumpfen, und sich statt dessen darauf konzentrieren kann, den Klienten in seinen Bewältigungsversuchen anzuleiten. Das heißt, der Therapeut verwendet sein Meta-Modell, um direkt auf das eingeschränkte Modell des Klienten einzuwirken.

Wir haben eine Reihe von Fragen beschrieben, die brauchbar sind, um dem Klienten zu helfen, sein Modell zu erweitern. Wenn sich Klienten den Grenzen ihres Modells nähern, sagen sie oft etwas wie:

Ich kann Menschen nicht trauen.
Es ist mir unmöglich, Menschen zu trauen.

Da wir als Therapeuten nun wissen, daß entweder wir selbst anderen vertrauen konnten oder aber jemanden kennen, der es geschafft hat, jemandem zu vertrauen, sind wir uns dessen bewußt, daß die Welt reichhaltig genug ist, um dem Klienten zu ermöglichen, zu einem Vertrauen zu anderen Menschen zu gelangen — es ist das Modell dieser Person, die das verhindert. Es stellt sich uns die Frage: Wieso können manche Menschen anderen trauen, aber unser Klient nicht? Wir erreichen dies direkt, wenn wir den Klienten bitten, den Unterschied in seinem Modell zu erklären, der dies unmöglich macht. Das heißt, wir fragen:

Was hindert Sie daran, anderen Menschen zu trauen?
oder
Was würde passieren, wenn Sie anderen Menschen trauten?

Eine vollständige Anwort auf diese Fragen durch den Klienten wird einen Teil des getilgten Materials wiederherstellen. Der Klient wird natürlich in irgendeiner Oberflächenstruktur antworten. Dem Therapeuten stehen die Mittel zur Verfügung, um diese verbalen Antworten zu beurteilen — den Prozeß, die Tiefenstruktur wieder herzustellen, Teile des Bildes, die unklar sind, scharf werden zu lassen. Dieselben Mittel dienen dem Therapeuten, den Klienten bei seiner Veränderung zu unterstützen, indem der Klient wieder mit seiner Erfahrung verbunden wird. Der Therapeut hat zum Ziel, durch Verwendung der Techniken des Meta-Modells ein klares, vollkommen scharfes Bild vom Modell des Klienten mit reichhaltigen Wahlmöglichkeiten für den Klienten in den Bereichen, in denen der Klient leidet, zu erhalten. Die Verwendung der Frage:

Was hindert Sie daran,...?

ist zentral, um den Klienten auf solche Weise wieder mit seiner Erfahrung zu verbinden, daß er Zugang zum voher getilgten und somit in seinem Modell nicht repräsentierten Material erhält.

Verzerrung

Mit Verzerrung bezeichnen wir Repräsentationen im Modell des Klienten, die irgendwie so verdreht sind, daß sie seine Handlungsmöglichkeit einschränken und sein Schmerzpotential erhöhen. Es gibt eine Reihe von Möglichkeiten, wie die Tiefenstruktur der Welt verzerrt sein und Leiden erzeugen kann.

Semantische Wohlgeformtheit

Eine Form, in der Menschen ihr Modell verzerren und sich selbst Leid zufügen, besteht darin, Verantwortlichkeiten, die innerhalb ihrer Kontrolle liegen, als außerhalb ihrer Kontrolle liegend zu bestimmen. Linguisten haben bestimmte Ausdrücke beschrieben, die semantisch fehlgeformt sind. Zum Beispiel:

George zwang Mary, 114 Pfund zu wiegen.

Ihre Generalisierung besteht darin, daß es nicht legitim sei, zu behaupten, man könnte andere Menschen zu Dingen zwingen, die außerhalb der willentlichen Kontrolle liegen. Wir haben den Begriff der semantischen Fehlgeformtheit generalisiert, um Sätze mit einzuschließen wie:

Mein Mann macht mich ärgerlich.

Der Therapeut kann die Form dieses Satzes folgendermaßen beschreiben:

Ein Mensch bewirkt, daß ein Mensch ein Gefühl hat.

Wenn die erste Person, die die Wirkung auslöst, von der Person, die den Ärger erfährt, verschieden ist, wird der Satz als semantisch fehlgeformt und unbrauchbar bezeichnet. Diese Sätze sind deshalb semantisch fehlgeformt, weil es wirklich unmöglich ist, daß ein Mensch in einem anderen Menschen Gefühle erzeugt — somit verwerfen wir Sätze dieser Form. Tatsächlich beschreiben Sätze dieser Art Situationen, in denen eine Person eine Handlung vollzieht und eine zweite Person mit einem bestimmten Gefühl *reagiert.* Wesentlich hierbei ist, daß die beiden Ereignisse zwar nacheinander geschehen, es aber keine notwendige Verbindung zwischen der Handlung der einen Person und der Reaktion der anderen gibt. Somit beschreiben Sätze dieser Art ein Modell, in dem der Klient die Verantwortung für seine Gefühle Menschen oder Kräften außerhalb seiner Kontrolle zuschreibt. Die Handlung selbst bewirkt nicht das Gefühl; vielmehr ist das Gefühl eine Reaktion, die einem Modell entspringt, in dem der Klient keine Verantwortung für Erfahrungen übernimmt, die er kontrollieren könnte.

Die Aufgabe des Therapeuten ist hier, das Modell so zu hinterfragen, daß den Klienten geholfen wird, die Verantwortung für ihre Reaktion zu übernehmen. Dies kann auf verschiedene Weise erreicht werden. Der Therapeut kann fragen, ob sie sich jedes Mal ärgert, wenn ihr Mann das tut, was er tut. Der Therapeut hat an dieser Stelle mehrere Möglichkeiten. Wenn zum Beispiel die Klientin behauptet, daß sie sich immer ärgert, wenn ihr Mann dies tut, kann der Therapeut das hinterfragen, indem er sich erkundigt, wie denn genau er sie ärgert. Wenn andererseits die Klientin zugibt, daß ihr Mann manchmal das tut, was er tut, und sie sich nicht ärgert, kann der Therapeut sie bitten, das zu benennen, was bei den Gelegenheiten anders war, bei denen diese Handlung ihres Mannes keinen „automatischen" Effekt hatte. Wir werden diese Techniken in den nächsten beiden Kapiteln vorstellen.

Wiederum werden diese Techniken dem Therapeuten ermöglichen, den Klienten wieder mit seiner Erfahrung zu verbinden und die beschränkenden Verzerrungen aufzulösen.

Präsuppositionen

Was uns als Therapeuten zuerst als absonderliches Verhalten oder seltsame Behauptungen der Klienten erscheinen mag, wird für uns, wenn wir es im Kontext ihres Modells sehen, einen Sinn ergeben. Ein klares Bild vom Modell des Klienten zu haben, heißt, den Sinn dieses Verhaltens oder dieser Behauptungen verstehen zu können. Dies ist gleichbedeutend mit dem Erkennen der Vorannahmen, die der Klient in seinem Modell der Welt macht. Vorannahmen eines Modells zeigen sich linguistisch als Präsuppositionen der Sätze des Klienten. Präsuppositionen sind das, was unbedingt wahr sein muß, damit die Aussagen des Klienten überhaupt einen Sinn ergeben (nicht damit sie wahr, sondern nur damit sie sinnvoll sind). Eine verkürzte Methode, wie Therapeuten verarmte Teile im Modell des Klienten identifizieren können, ist die Möglichkeit, Präsuppositionen der Sätze des Klienten zu erkennen. Der Klient behauptet:

Ich erkenne, daß mein Mann mich nicht liebt.

Der Therapeut kann reagieren, indem er die Präsupposition identifiziert und sie direkt hinterfragt, indem er die Präsupposition der Oberflächenstruktur enthüllt und der Prüfung und Hinterfragung zugänglich macht. Um den Satz überhaupt verstehen zu können, muß der Therapeut die Präsupposition akzeptieren.

Ihr Mann liebt sie nicht.

Es gibt einen expliziten Test auf Präsuppositionen eines Satzes: Der Therapeut bildet aus der Oberflächenstruktur einen neuen Satz, der mit dem alten übereinstimmt, außer daß ein Negativwort mit dem ersten Verb verbunden ist — in diesem Fall der Satz:

Ich erkenne nicht, daß mein Mann mich nicht liebt.

Daraufhin fragt sich der Therapeut einfach, ob derselbe Satz wahr sein müßte, damit dieser neue Satz einen Sinn ergibt. Jeder Satz, der wahr sein muß, damit sowohl die Aussage des Klienten als auch die neue Aussage, die durch die alte Aussage plus dem Negativwort gebildet wurde, einen Sinn ergibt, stellt eine Präsupposition dar. Präsuppositionen sind besonders heimtückisch, da sie der Betrachtung nicht offen zugänglich gemacht werden. Sie identifizieren im Modell einige der grundlegenden Organisationsprinzipien, die die Erfahrungen des Klienten einschränken.

Wenn der Therapeut erst die Präsuppositionen in den Aussagen des Klienten identifiziert hat, kann er sie mit den Techniken, die wir bereits im Abschnitt über die Tilgung beschrieben haben, direkt hinterfragen.

Zusammenfassung

Wenn eine Therapie, gleich welcher Form, erfolgreich ist, beinhaltet sie eine Änderung der Modelle der Klienten auf irgendeine Art, die den Klienten in ihrem Verhalten mehr Auswahlmöglichkeiten bietet. Die Methoden, die wir im Meta-Modell vorgestellt haben, sind bei der Bereicherung des Modells der Welt eines Klienten wirksam — was mit sich bringt, daß irgendein Aspekt seines Modells neu ist. Es ist wichtig, daß dieser neue Teil seines Modells fest mit seiner Erfahrung verknüpft ist. Um dies zu gewährleisten, müssen Klienten tatsächlich ihre neuen Möglichkeiten ausprobieren, üben, sich mit ihnen vertraut machen und sie erfahren. Die meisten Therapeuten haben spezifische Techniken entwickelt, um dies zu erreichen: zum Beispiel Psychodrama, Hausaufgaben, Übungen usw. Der Zweck dieser Techniken ist die Integration des neuen Aspektes des Modells in die Erfahrung des Klienten.

Überblick

Erfolgreiche Therapie beinhaltet Änderung. Das Meta-Modell, vom Transformationsmodell der Sprache abgeleitet, bietet eine explizite Methode, um das eingeschränkte Modell der Klienten zu verstehen und zu ändern. Eine Möglichkeit, die durchgängige Auswirkung dieses Meta-Modells zu verstehen, bietet das Konzept der Wohlgeformtheit. In unserer Muttersprache können wir durchgängig unterscheiden zwischen Wortgruppen, die wohlgeformt sind (das sind Sätze), und Wortgruppierungen, die nicht wohlgeformt sind. Das heißt, wir können intuitiv die Unterscheidung machen zwischen dem, was wohlgeformt ist und was nicht. Wir gehen hier davon aus, daß es eine Teilmenge der wohlgeformten Sätze gibt, die wir in der Therapie als wohlgeformt erkennen. Zu dieser Menge, der Menge aller Sätze, die wohlgeformt in der Therapie und daher für uns als Therapeuten annehmbar sind, gehören alle Sätze, die:

1. sprachlich wohlgeformt sind und
2. keine Transformationstilgung oder unaufgeklärte Tilgungen in dem Teil des Modells enthalten, in dem der Klient keine Wahlmöglichkeiten erfährt,
3. keine Nominalisierungen (Prozeß ——► Ereignis) enthalten,
4. keine Worte oder Satzteile ohne Bezugsindex enthalten,
5. keine unvollständig spezifizierten Verben enthalten,
6. keine unaufgeklärten Präsuppositionen in dem Teil des Modells enthalten, in dem der Klient keine Wahlmöglichkeiten erfährt,
7. keine Sätze enthalten, die die semantischen Kriterien der Wohlgeformtheit verletzen.

Indem der Therapeut diese Kriterien der Wohlgeformtheit auf die Oberflächenstrukturen des Klienten anwendet, besitzt er eine explizite Strategie, um im Modell des Klienten Veränderung hervorzurufen.[11]

Wenn Therapeuten diese für die Therapie zugeschnittenen grammatischen Kriterien verwenden, bereichern sie ihr Modell unabhängig von der speziellen Therapieform, die sie ausüben. Obwohl diese Techniken die Wirksamkeit jeder Therapieform sehr verstärken werden, sind wir uns im Klaren darüber, daß sehr vieles in der therapeutischen Begegnung abläuft, das nicht nur digital (verbal) ist. Wir behaupten aber, daß das digitale System bedeutend ist, und wir bieten dafür ein explizites Meta-Modell. Das Nervensystem, welches digitale Kommunikation (d.h. Sprache) ermöglicht, ist dasselbe Nervensystem, das andere Formen menschlichen Verhaltens, die in der therapeutischen Begegnung vorkommen, hervorbringt: analoge Kommunikationssysteme, Träume usw. Der Rest dieses Buches soll zweierlei erreichen: Erstens soll es Sie mit dem Gebrauch des Meta-Modells, das wir dargestellt haben, vertraut machen, und zweitens soll es Ihnen zeigen, wie die allgemeinen Prozesse des Meta-Modells für die digitalen, auch auf diese anderen Formen menschlichen Verhaltens verallgemeinert werden können.

Anmerkungen

1. Wir empfehlen besonders die hervorragende Arbeit von *Jay Haley*, *Gregory Bateson* und seinen Mitarbeitern, *Paul Watzlawick*, *Janet Beavin* und *Don Jackson*. Ihre Studien scheinen uns zum gegenwärtigen Zeitpunkt zusammen mit dem Meta-Modell die größte Annäherung an dieses Ziel darzustellen.

2. Wir sind uns dessen bewußt, daß die drei hier diskutierten Möglichkeiten keineswegs alle logischen, ja nicht einmal alle praktischen Möglichkeiten ausschöpfen. Der Therapeut könnte zum Beispiel die Oberflächenstruktur, die dieser Klient darstellt, vollkommen ignorieren. Die drei Kategorien der Antworten des Therapeuten, die wir hier diskutieren, scheinen uns die häufigsten zu sein.

3. In Kapitel 6 werden wir unter der allgemeinen Überschrift *Kongruenz-Technik* zu dieser Technik zurückkehren. Hier läßt einfach der Klient die Tiefenstruktur auftauchen, indem er die Oberflächenstruktur ausspricht. Wenn die Oberflächenstruktur einer Tiefenstruktur, die zu seinem Modell paßt, entspricht (kongruent mit seinem Modell ist) wird der Klient das Gefühl haben, sie irgendwie wiederzuerkennen.

4. In Kapitel 2, wie überhaupt in diesem Buch, vertreten wir die allgemeine sprachphilosophische Ansicht, daß nur solche Substantive in der Oberflächenstruktur, die Verben der Tiefenstruktur entsprechen, das Ergebnis von Nominalisierungen sind: die Änderung der Repräsentation eines Prozesses zu einem Ereignis. Eine radikalere Ansicht besagt, daß selbst Oberflächenstruktur-Substantive, die nach allgemeiner Sprachanalyse keinen Verben der Tiefenstruktur entsprechen, eine Repräsentation eines Prozesses durch ein Ereignis darstellen. Nach dieser Ansicht stellt das Substantiv *Stuhl* die Ereignisrepräsentation von dem dar, was wir im Prozeß der Wahrnehmung, der Manipulation tatsächlich erfahren ... eine, die Ort-Zeit-Koordination und Dauer besitzt. Der Unterschied zwischen Teilen unserer Erfahrung, die in der Tiefenstruktur als Verben repräsentiert sind, und solchen, die als Substantive repräsentiert sind, besteht im wesentlichen im Ausmaß der Differenzierungen und Änderungen, die wir am Repräsentierten erfahren: *Stühle* ändern sich langsam und undramatisch, während sich *Begegnungen* schneller und dramatischer ändern.

5. Wir werden in Kapitel 6 zu diesem Thema zurückkehren, um unter der Bezeichnung *Bezugsstrukturen* systematisch darauf einzugehen (die Gesamtheit der Erfahrung des Klienten, die Quelle, von der die vollständige sprachliche Repräsentation abgeleitet ist).

6. Grenzfälle sind die Körpertherapien (z. B. Rolfing, Bioenergetik, Shiatsu, ...), die die Arbeit an physikalischen Repräsentationssystemen betonen - das heißt, Menschen repräsentieren ihre Erfahrungen in ihren Körperhaltungen, Bewegungen, typischen Muskelkontraktionen, im Tonus ... Wir werden in Kapitel 6 zu diesem Thema zurückkehren. Selbst in diesen Grenzfällen sprechen üblicherweise Therapeut und Klient zueinander.

7. Hierin liegt der Schwerpunkt von Kapitel 6 und von *Struktur der Magie II.*

8. Tatsächlich folgt aus der Diskussion der Formen der Tilgungstransformationen in Kapitel 2, daß jeder Fall von freier Tilgung die Tilgung eines Substantivarguments der Tiefenstruktur, das keinen Bezugsindex hatte, darstellt.

9. Die intentional-extensionale Unterscheidung ist der Logik entlehnt. Eine extensionale Definition einer Menge ist eine solche, in der die Elemente der Menge durch einfaches Auflisten (d.h. Aufzählen) beschrieben werden; eine intentionale Definition einer Menge ist eine solche, in der die Elemente der Menge beschrieben werden, indem eine Regel oder Prozedur angegeben wird, die die Welt in Elemente und Nicht-Elemente der Menge aufteilt. Zum Beispiel kann die Menge aller Menschen von über sechs Fuß Größe, die in Ozona, Texas leben, extensional gegeben sein durch eine Liste der Menschen, die tatsächlich in Ozona, Texas leben und größer als sechs Fuß sind, oder intentional durch eine Prozedur, sagen wir zum Beispiel:

a) Begebe dich zum behördlichen Verzeichnis aller Einwohner von Ozona, Texas.
b) Suche jede Person der Liste auf und stelle fest, ob sie größer als ein entsprechender Maßstab ist.

Bei *Korzybski* (1963, Kap. 1) findet sich eine interessante Erörterung dieser Unterscheidung. Beachten Sie, daß Listen oder extensional beschriebene Mengen im allgemeinen Bezugsindices aufweisen, während intentional gegebene Mengen keinen Bezugsindex haben.

10. Wir sagen *zwangsläufig*, da Modelle per Definition in Bezug auf das, was sie repräsentieren, reduziert sind. Diese Reduktion stellt gleichzeitig ihren Wert und ihre Gefahr dar, wie wir in Kapitel 1 darlegten.

11. Wenn die Oberflächenstruktur-Antworten, die Klienten diesen Fragen entgegnen, angehört und beurteilt werden, sind alle Techniken des Meta-Modells anzuwenden. Zusätzlich haben wir herausgefunden, daß es effektiv ist, vom Klienten zu fordern, daß er *Wie-* (d. h. Prozeß-) Antworten statt *Warum-* (d. h. Rechtfertigungs-) Antworten auf diese Fragen liefert.

Kapitel 4

Beschwörungen für Wachstum und Potentiale

Im letzten Kapitel haben wir das therapeutische Meta-Modell dargestellt. Dieses Meta-Modell beruht auf den Intuitionen, die Ihnen in Ihrer Sprache bereits zur Verfügung stehen. Die Terminologie allerdings, die wir aus der Linguistik abgeleitet haben, mag Ihnen neu sein. In diesem Kapitel soll das Material dargestellt werden, das Ihnen ermöglicht, sich mit der spezifischen Anwendungsweise des Meta-Modells vertraut zu machen. Wir wissen, daß wie bei allen neuen Techniken die Erlangung der Kompetenz eine anfangs gesteigerte Aufmerksamkeit erfordert. Dieses Kapitel bietet jedem Therapeuten, der das Meta-Modell in seine schon vorhandenen Techniken und Vorgehensweisen innerhalb der therapeutischen Begegnung mit aufnehmen möchte, eine Gelegenheit, mit den Grundlagen und den Materialien des Meta-Modells zu arbeiten. Indem Sie dies tun, werden Sie sich dafür sensibilisieren können, die Struktur der sprachlichen Kommunikationen innerhalb der therapeutischen Begegnung zu hören, und somit ihre Intuitionen schärfen.

Die verschiedenen, spezifisch sprachlichen Phänomene, die wir erläutern werden, damit Sie sie erkennen und darauf zu reagieren lernen, sind die spezifischen Formen, in denen die drei Universalien menschlicher Modellbildung innerhalb menschlicher Sprachsysteme realisiert werden. Bei der Einführung jedes einzelnen spezifischen sprachlichen Phänomens werden wir angeben, welcher dieser Prozesse (Generalisierung, Tilgung oder Verzerrung) beteiligt ist. Das Wesentliche ist, daß Sie lernen, Äußerungen ihrer Klienten zu erkennen und zu erhalten, die — nach den therapiebezogenen Kriterien — vollständig aus wohlgeformten Sätzen bestehen. Sie können in ihrer Muttersprache leicht feststellen, welche Sätze sprachlich wohlgeformt sind; die folgenden Beispiele sollen Ihre Fähigkeit verbessern, Sätze zu erkennen, die therapiebezogen wohlgeformt sind, die eine Teilmenge der allgemeinsprachlich wohlgeformten Sätze darstellen. Wir werden das Material in zwei Schritten darlegen: Erkennen des therapiebezogenen Wohlgeformten und was zu unternehmen ist, wenn Sie in der Therapie einen Satz erkennen, der nicht wohlgeformt ist.

Übung A

Eine der brauchbarsten Fähigkeiten, die Sie als Therapeut üben können, ist die, unterscheiden zu können zwischen dem, was der Klient mit seiner Oberflächenstruktur tatsächlich repräsentiert, und dem, was Sie als Implikation seiner Oberfläche auffassen. Die Frage der Projektion von Therapeuten auf ihre Klienten ist nicht neu. Selbst wenn der Therapeut auch aus seiner Erfahrung heraus mehr über das, was ein Klient sagt, begreifen kann als der Klient selbst, ist die Fähigkeit der Unterscheidung lebenswichtig. Wenn der Klient es unterläßt, etwas zu repräsentieren, von dem der Therapeut annimmt, daß es existiere, so ist dies entweder genau die Information, die der Klient von seiner Repräsentation ausgeschlossen hat, oder genau die Information, die den Therapeuten veranlaßt, irgendeine Interventionstechnik anzuwenden. Auf jeden Fall ist die Fähigkeit, unterscheiden zu können zwischen dem Repräsentierten und dem, was Sie selbst beisteuern, lebenswichtig.

Der Unterschied zwischen dem, was Sie als Therapeut als Implikation der Oberflächenstruktur des Klienten verstehen, und dem, was die Oberflächenstruktur wirklich repräsentiert, stammt von Ihnen. Solche Elemente, die Sie selbst liefern, können in das Modell des Klienten passen oder nicht. Es gibt viele Möglichkeiten festzustellen, ob das, was Sie liefern, für den Klienten passend ist. Ihre Fähigkeit als Therapeut wird in dem Maße wachsen, wie ihre Fähigkeit zu dieser Unterscheidung wächst. Als nächstes hätten wir gerne, daß Sie den folgenden Satz lesen, Ihre Augen schließen und eine visuelle Vorstellung bilden von dem, was der Satz repräsentiert.

Der Klient: *Ich habe Angst!*

Untersuchen Sie jetzt Ihre Vorstellung. Sie wird eine visuelle Repräsentation des Klienten und eine Repräsentation der Angst des Klienten beinhalten. Jedes Detail, das über diese zwei Vorstellungen hinausgeht, wurde von Ihnen geliefert. Wenn Sie zum Beispiel irgendeine Repräsentation von dem geliefert haben, wovor der Klient Angst hat, stammt sie von Ihnen und mag zutreffen oder nicht. Versuchen Sie es noch einmal und lesen Sie folgende zweite Oberflächenstruktur: schließen Sie Ihre Augen und bilden Sie eine visuelle Vorstellung.

Der Klient: *Mary hat mir weh getan.*

Untersuchen Sie jetzt Ihr Bild. Es wird eine visuelle Repräsentation irgendeiner Person (Mary) und eine visuelle Repräsentation des Klienten beinhalten. Betrachten Sie jetzt genau, wie Sie den Prozeß des Wehtuns repräsentiert haben. Das Verb „weh tun" ist ein sehr verschwommenes und unspezifisches Wort. Wenn Sie den Prozeß des Wehtuns repräsentiert haben, untersuchen Sie Ihr Bild sehr genau. Vielleicht hatten Sie ein Bild, wie Mary den Klienten körperlich schlägt, oder vielleicht ein Bild, wie Mary dem Klienten etwas Gemeines sagt. Sie haben vielleicht ein Bild gehabt, wie Mary durch das Zimmer ging, in dem der Klient saß, ohne mit ihm zu reden. Dies sind alles mögliche Repräsentationen der Oberflächenstruktur des Klienten. In jeder haben Sie zur Repräsentation des Verbs etwas hinzugefügt, um für sich eine Vorstellung zu bilden. Sie haben Möglichkeiten festzustellen, welche dieser Repräsentationen, sofern überhaupt welche, auf den Klienten passen: Sie können den Klienten bitten, das Verb *weh tun* genauer zu spezifizieren, ihn bitten, eine spezifische Situation, in der Mary ihm weh tat, darzustellen usw. Das Wichtigste ist Ihre Fähigkeit, zwischen dem, was Sie liefern, und dem, was der Klient mit seiner Oberflächenstruktur darstellt, zu unterscheiden.

Tilgung

Tilgungen zu erkennen, hat den Sinn, dem Klienten bei der Wiederherstellung einer vielfältigeren Repräsentation seiner Erfahrungen beizustehen. Tilgung ist ein Prozeß, der Teile der ursprünglichen Erfahrung (der Welt) oder der vollständigen sprachlichen Repräsentation (der Tiefenstruktur) entfernt. Der sprachliche Vorgang der Tilgung ist ein Transformationsprozeß — das Ergebnis einer Tilgungstransformation — und ein Sonderfall des allgemeinen Phänomens der Tilgung, wobei das Modell, das wir schaffen, in bezug auf das Modellierte reduziert ist. Die Tiefenstruktur ist die vollständige sprachliche Repräsentation. Die Repräsentation dieser Repräsentation ist die Oberflächenstruktur — der eigentliche Satz, den der Klient sagt, um sein vollständiges sprachliches Modell bzw. Tiefenstruktur zu kommunizieren. In ihrer Muttersprache besitzen Therapeuten Intuitionen, die es ihnen ermöglichen, festzustellen, ob die Oberflächenstruktur die vollständige Tiefenstruktur repräsentiert oder nicht. Somit kann der Therapeut, indem er die Oberflächenstruktur mit der Tiefenstruktur vergleicht, bestimmen, was fehlt. Beispiel:

(1) *Ich bin verwirrt.*

Das zugrunde liegende Prozeßwort ist das Verb *verwirren.* Das Verb verwirren hat die Fähigkeit, in Sätzen mit zwei Argumenten bzw. Substantivsatzteilen erscheinen zu können — in Sätzen wie:

(2) *Ich werde durch Menschen verwirrt.*

Da das Verb *verwirren* in Satz (2) mit zwei Substantivargumenten (*Ich* und *Menschen*) erscheint, kann der Therapeut schließen, daß die

Oberflächenstruktur (1) keine vollständige Repräsentation der Tiefenstruktur ist, von der sie abgeleitet wurde; wenn man schrittweise vorgeht, kann die Prozedur folgendermaßen beschrieben werden:

Schritt 1: Hören Sie auf die Oberflächenstruktur, die der Klient darstellt.

Schritt 2: Bestimmen Sie die Verben in dieser Oberflächenstruktur.

Schritt 3: Stellen Sie fest, ob die Verben in einem Satz vorkommen können, der reichhaltiger ist — das heißt, mehr Argumente oder Substantivsatzteile hat als das Orginal.

Wenn der zweite Satz mehr Substantivargumente als die ursprüngliche vom Klienten dargestellte Oberflächenstruktur aufweist, ist die ursprüngliche Oberflächenstruktur unvollständig — ein Teil der Tiefenstruktur ist getilgt worden. Der erste Lernschritt, um Tilgungen erkennen zu können, ist, Sätze zu bestimmen, in denen Tilgungen erfolgt sind. Somit ist zum Beispiel Satz (3) eine im wesentlichen vollständige Repräsentation seiner Tiefenstruktur:

(3) *George zerschlug den Stuhl.*

Auf der anderen Seite ist Satz (4) eine unvollständige Repräsentation seiner Tiefenstruktur:

(1) *Der Stuhl wurde zerschlagen.*

Die folgenden Sätze beinhalten einige Oberflächenstrukturen, die vollständig sind — keine Tilgungen —, und einige, die unvollständig sind — Tilgungen sind erfolgt. Ihre Aufgabe besteht darin, zu erkennen, welche der folgenden Oberflächenstrukturen vollständig sind und welche Tilgungen enthalten. Beachten Sie, daß Sie entscheiden, ob Tilgungen stattgefunden haben — in der Therapie können manche Sätze aus anderen Gründen als der Tilgung fehlgestaltet sein. Zusätzliche Übungen werden Ihnen praktische Erfahrung vermitteln, um die anderen Eigenschaften dieser Sätze korrigieren zu können, die sie im Kontext der Therapie fehlgeformt sein lassen.

(5) *Ich freue mich.*	unvollständig
(6) *Ich bin daran interssiert, dies weiterzuführen.*	vollständig
(7) *Mein Vater war wütend.*	unvollständig
(8) *Diese Übung ist langweilig.*	unvollständig
(9) *Das irritiert mich.*	vollständig

Die unten folgenden Sätze bestehen alle aus unvollständigen Oberflächenstrukturen. Für jeden sollen Sie einen anderen Satz finden, der dasselbe Prozeßwort oder Verb hat und reichhaltiger ist — das heißt mehr Substantivsatzteile oder Argumente besitzt. Neben jeden der unvollständigen Sätze haben wir ein Beispiel einer reichhaltigeren Version mit demselben Verb gestellt. Wir schlagen vor, daß Sie die von uns angebotene vollständigere Version mit einem Papier abdecken und Ihre eigene vollständigere Version aufschreiben, bevor Sie die von uns angebotene anschauen. Bei der Oberflächenstruktur:

(10) *Ich fürchte mich.*

könnte zum Beispiel eine vollständigere Version sein:

(11) *Ich fürchte mich vor Menschen.*

eine andere wäre die Oberflächenstruktur:

(12) *Ich fürchte mich vor Spinnen.*

Die Absicht ist natürlich nicht, daß Sie versuchen zu erraten, welche reichhaltigere Version wir gerade anbieten, sondern daß Sie sich der Erfahrung stellen, eine reichhaltigere Version unvollständiger Oberflächenstruktur zu finden.

(13) *Ich habe ein Problem.*	Ich habe ein Problem mit Menschen.
(14) *Du bist aufgeregt.*	Du bist aufgeregt darüber, daß du hier bist.
(15) *Ich bin traurig.*	Ich bin traurig wegen meiner Mutter.
(16) *Mir reicht's.*	Mir reicht's mit dir.
(17) *Du bist lästig.*	Du bist mir lästig.

Die nächste Satzgruppe besteht aus Oberflächenstrukturen, die mehr als ein Verb aufweisen und keine, eine oder zwei Tilgungen haben könnnen. Ihre Aufgabe ist es, festzustellen, ob Tilgungen stattgefunden haben, und wenn ja, wieviele. Denken Sie daran, jedes Verb einzeln zu überprüfen, da jedes unabhängig mit einer Tilgung verbunden sein kann.

Zum Beispiel hat die Oberflächenstruktur

(18) *Ich weiß nicht, was ich sagen soll.*

eine Tilgung in Bezug auf das Verb *sagen* (wem sagen).

Die Oberflächenstruktur

(19) *Ich versprach, mich zu bemühen.*

weist zwei Tilgungen auf. Eine in Bezug auf das Verb *versprechen* (wem versprechen) und eine in Bezug auf das Verb *bemühen* (worum bemühen).

(20) *Ich sprach mit einem Mann, der sich langweilte.*	2 Tilgungen: 1 bei *sprach*, 1 bei *langweilte.*
(21) *Ich hoffte, meine Eltern zu sehen.*	keine Tilgung

(22) *Ich will hören.*	1 Tilgung: bei *hören.*
(23) *Mein Mann sagte, er fürchte sich.*	2 Tilgungen: 1 bei *sagte,* 1 bei *fürchte sich.*
(24) *Ich lachte, und dann ging ich von zu Hause fort.*	1 Tilgung: bei *lachte.*

Bei jeder der folgenden Oberflächenstrukturen besteht mindestens eine Tilgung. Finden Sie für jede Oberflächenstruktur eine reichhaltigere Version.

(25) *Du redest immer, als würdest du dich ärgern.*	Du redest immer *mit mir,* als würdest du dich *über jemanden* ärgern.
(26) *Mein Bruder schwört, daß meine Eltern nicht zu Rande kommen.*	Mein Bruder schwört *mir,* daß meine Eltern *mit ihm* nicht zu Rande kommen.
(27) *Jeder weiß, daß man nicht gewinnen kann.*	Jeder weiß, daß man nicht gewinnen kann, *was man braucht.*
(28) *Kommunizieren fällt mir schwer.*	*Mein* Kommunizieren mit *dir über meine Hoffnungen der Selbstveränderung* fällt mir schwer.
(29) *Weglaufen nützt nichts.*	*Daß ich von zu Hause* weglaufe, nützt *mir* nichts.

Prozeßworte der Tiefenstruktur können in der Oberflächenstruktur auch in der Form eines Adjektiv erscheinen, das ein Substantiv charakterisiert. Damit sich dies ergibt, muß eine Tilgung erfolgen. Zum Beispiel enthält die Oberflächenstruktur

(30) *Ich mag keine ungenauen Menschen.*

das Adjektiv *ungenau.* Eine andere Oberflächenstruktur, die eng mit diesem letzten Satz verwandt ist, lautet

(31) *Ich mag keine Menschen, die ungenau sind.*

In beiden Oberflächenstrukturen sind Tilgungen in Bezug auf das Wort *ungenau* erfolgt (*wem gegenüber, worüber ungenau*). Somit ist eine vollständigere Version:

(32) *Ich mag keine Menschen, die mir gegenüber über das, was sie wollen, ungenau sind.*

In der nächsten Gruppe von Oberflächenstrukturen sind die Tilgungen zu erkennen und für jeden Satz eine reichhaltigere Version zu formulieren.

(33)	*Ich lachte über den beunruhigenden Mann.*	Ich lachte über den Mann, der *mich* beunruhigte.
(34)	*Sie bieten immer dumme Beispiele.*	Sie bieten *mir* immer Beispiele, die *für mich* dumm sind.
(35)	*Selbstgerechte Leute machen mich rasend.*	Leute, die *über Drogen* selbstgerecht sind, machen mich rasend.
(36)	*Der traurige Brief erstaunte mich.*	Der Brief, der *mich* traurig machte, erstaunte mich.
(37)	*Die überwältigenden Nahrungsmittelpreise stören mich.*	Die *mich* überwältigenden Nahrungsmittelpreise stören mich.

Bei der Übung, Tilgungen in Oberflächenstrukturen zu erkennen, geht es darum, die Intuitionen, die Sie bereits in Ihrer Muttersprache haben, zu schärfen und sie Ihnen bewußt zu machen. Wichtig ist, wahrzunehmen, daß Tilgungen stattgefunden haben. Der nächste Abschnitt soll eine Übungsmöglichkeit sein, um den Klienten bei der Wiedergewinnung des getilgten Materials zu unterstützen.

Was zu tun ist

Wenn der Therapeut einmal festgestellt hat, daß die Oberflächenstruktur, die der Klient dargestellt hat, unvollständig ist, besteht die nächste Aufgabe darin, dem Klienten zu helfen, das getilgte Material wiederzugewinnen. Die direkteste Vorgehensweise, die wir kennen, ist, das Fehlende genau zu erfragen. Der Klient sagt zum Bauspiel:

(38) *Ich bin verstört.*

Der Therapeut erkennt, daß die Oberflächenstruktur eine unvollständige Repräsentation der Tiefenstruktur ist, von der sie stammt. Genauer, sie ist eine reduzierte Version einer Tiefenstruktur, die eine vollständigere Repräsentation in der Oberflächenstruktur folgender Form besitzt:

(39) *Ich bin verstört wegen jemandem/etwas.*

Somit fragt der Therapeut, um das fehlende Material wiederzugewinnen:

(40) *Wegen wem/was sind Sie verstört?*

oder einfacher

(41) *wegen wem/was?*

Bei der folgenden Gruppe von Oberflächenstrukturen besteht Ihre Aufgabe darin, die Frage oder Fragen zu formulieren, die am direktesten nach dem getilgten Material fragen. Wir haben Beispiele für die Fragetypen angeführt, die das getilgte Material eruieren werden. Wiederum schlagen wir vor, daß Sie die von uns gebotenen Fragen abdecken und für jede der unvollständigen Oberflächenstrukturen Ihre eigenen passenden Fragen erarbeiten.

(42)	*Ich bin froh.*	Froh über wen/was?
(43)	*Mein Vater war wütend.*	Wütend über wen/was?
(44)	*Diese Aufgabe ist langweilig.*	Langweilig für wen?
(45)	*Ich habe Angst.*	Angst vor wem/was?
(46)	*Ich habe ein Problem.*	Ein Problem mit wem/was?
(47)	*Ich weiß nicht, was tun.*	Was tun wegen wem/was?
(48)	*Ich versprach, mich zu bemühen.*	Wem versprochen? Worum zu bemühen?
(49)	*Ich sprach mit einem Mann, der sich langweilte.*	Worüber gesprochen? Über wen/was gelangweilt?
(50)	*Ich will hören.*	Will wen/was hören?
(51)	*Mein Mann sagte, er fürchte sich.*	Sagte wem? Fürchte sich vor wem/was?
(52)	*Du redest immer, als würdest du dich ärgern.*	Mit wem reden? Über wen/was ärgern?
(53)	*Mein Bruder schwört, daß meine Eltern nicht zu Rande kommen.*	Schwört wem? Mit wem/was nicht zu Rande kommen?
(54)	*Kommunizieren fällt mir schwer.*	Wessen Kommunizieren? Worüber kommunizieren? Mit wem?
(55)	*Weglaufen nützt nichts.*	Daß wer wegläuft? Vor wem/was weglaufen?
(56)	*Ich mag keine ungenauen Menschen.*	Ungenau worüber? Ungenau gegenüber wem?
(57)	*Ich lachte über den beunruhigenden Mann.*	Den Mann, der wen beunruhigte?
(58)	*Sie bieten immer dumme Beispiele.*	Bieten wem Beispiele? Beispiele, die wem dumm vorkommen?
(59)	*Selbstgerechte Leute machen mich rasend.*	Worüber selbstgerecht?

(60) *Der traurige Brief erstaunte mich.*	Wen machte der Brief traurig?
(61) *Die überwältigenden Nahrungsmittelpreise stören mich.*	Wer wurde überwältigt?

Einige Sonderfälle der Tilgung

Wir haben drei Sonderklassen von Tilgungen identifiziert. Sie sind insofern besonders, als man ihnen in der Therapie häufig begegnet und die Form der Oberflächenstruktur, die sie aufweisen, sofort erkannt werden kann.

Klasse I: Real im Vergleich wozu?

Die erste Sonderklasse von Tilgungen, die wir beschreiben möchten, bezieht sich auf den Komparativ und auf den Superlativ. Genauer, der von der Tiefenstruktur getilgte Teil ist ein Ausdruck einer Komperativ- oder Superlativkonstruktuion. Komparativ und Superlativ haben im Englischen zwei Formen (die im Deutschen aber beide in der üblichen Form wiedergegeben werden; Anm. d. Übers.).

(A) Adjektiv plus Endung *er*
wie in: schnell*er*
bess*er*
elegant*er*
und Adjektiv plus Endung *ste*
wie in: schnell*ste*
be*ste*
eleganteste
bzw.

(B) (Die folgende Adjektivgruppe wird im Englischen mit *more/less* bzw. *most/least* gesteigert. Im Deutschen ist nur die Form mit *weniger* für *less* und *am wenigsten* für *least* gebräuchlich. Die Steigerungen werden in der im Deutschen üblichen Form wiedergegeben; Anm. d. Übers.)
wie in: interessant*er*
wichtig*er*
weniger intelligent
und
wie in: interssante*ste*
wichtig*ste*
am wenigsten intelligent

Wie der Name schon sagt, beinhaltet der Komparativ einen Vergleich von (mindestens) zwei unterschiedlichen Dingen. Zum Beispiel enthält die Oberflächenstruktur:

(62) *Sie ist besser für mich als meine Mutter.*

beide Dinge, die verglichen werden (*Sie* und *meine Mutter*). Die Klasse von Oberflächenstrukturen, die für uns dadurch charakterisiert ist, daß ein Ausdruck der Komparativkonstruktion getilgt worden ist, beinhaltet zum Beispiel:

(63) *Sie ist besser für mich.*

wo ein Ausdruck des Vergleichs getilgt worden ist. Diese Form der Tilgung liegt auch in Oberflächenstrukturen vor wie:

(64) *Sie ist eine bessere Frau für mich.*

wo das gesteigerte Adjektiv vor dem Substantiv, auf das es sich bezieht, erscheint. Der Komparativ, der (im Englischen — Anm. d. Übers.) mit *more* gebildet wird, erscheint in folgenden zwei Beispielen:

(65) *Sie ist interessanter für mich* (She is more interesting to me).

(66) *Sie ist eine interessantere Frau für mich* (She is a more interesting woman to me).

Wiederum ist einer der Ausdrücke des Komperativs getilgt worden. Im Fall des Superlativs wird ein Glied irgendeiner Menge ausgewählt und als am charakteristischsten oder als innerhalb der Menge den höchsten Wert besitzend beschrieben. Zum Beispiel wird in der Oberflächenstruktur:

(67) *Sie ist die Beste.*

(68) *Sie ist die Interessanteste.*

die Menge, aus der *sie* herausgegriffen worden ist, nicht erwähnt.

Die folgende Gruppe von Oberflächenstrukturen besteht aus Beispielen für die Tilgung eines Komparativausdrucks oder für die Tilgung der Bezugsmenge eines Superlativs. Mit diesen Beispielen können Sie Ihre Fähigkeit entwickeln, Tilgungen dieser Klasse zu erkennen.

(69) *Sie ist am schwierigsten.*

(70) *Er suchte das Beste aus.*

(71) *Das ist das am wenigsten Schwierige.*

(72) *Sie überläßt immer mir die schwierigere Aufgabe.*

(73) *Ich ärgere mich über frohere Menschen.*

(74) *Aggressivere Männer kriegen, was sie wollen.*

(75) *Die beste Antwort ist immer schwieriger zu finden.*

(76) *Ich habe noch nie einen komischen Mann gesehen.*

Beim Umgang mit dieser Klasse von Tilgungen wird der Therapeut das getilgte Material durch den Gebrauch von zwei einfachen Fragen wiedergewinnen können:

Für Komparative:
Das gesteigerte Adjektiv plus im Vergleich wozu? zum Beispiel, aggressiver im Vergleich wozu? oder komischer als was?

Für Superlative:
Der Superlativ plus in Bezug worauf? zum Beispiel, die beste Antwort in Bezug worauf? die schwierigste in Bezug worauf?

Schrittweise ist folgendermaßen zu verfahren:

Stufe 1: Hören Sie dem Klienten zu, untersuchen Sie die Oberflächenstrukturen des Klienten auf grammatische Zeichen der Komparativ- und Superlativkonstruktion (d. h. Adjektiv plus *er, weniger* plus Adjektiv, Adjektiv plus *ste, am wenigsten* plus Adjektiv).

Stufe 2: Wenn Komparative in der Oberflächenstruktur des Klienten erscheinen, ist zu ermitteln, ob beide Ausdrücke des Vergleichs vorhanden sind; bei Superlativen ist zu ermitteln, ob die Bezugsmenge vorhanden ist.

Stufe 3: Für jedes der getilgten Teile ist das fehlende Material mit den oben vorgeschlagenden Fragen wiederzugewinnen.

Klasse II: „klar" und „offensichtlich"

Die zweite Sonderklasse von Tilgungen kann daran erkannt werden, daß bestimmte Adverbien in der von dem Klienten dargestellten Oberflächenstruktur erscheinen (diese Adverbien enden im Englischen durchweg mit *ly,* weshalb sie auch als *ly*-Adverbien bezeichnet werden; Anm. d. Übers.). Zum Beispiel sagt der Klient:

(77) *Offensichtlich mögen meine Eltern mich nicht.*

oder

(78) *Meine Eltern mögen mich offensichtlich nicht.*

Beachten Sie, daß diese Oberflächenstrukturen paraphrasiert werden können durch den Satz

(79) *Es ist offensichtlich, daß meine Eltern mich nicht mögen.*

Wenn erst diese Form zur Verfügung steht, kann der Therapeut besser erkennen, welcher Teil der Tiefenstruktur getilgt worden ist. In diesem spezifischen Beispiel fragt der Therapeut

(80) *Wem ist das offensichtlich?*

Solche Adverbien in der Oberflächenstruktur ergeben sich oft aus einer Tilgung der Argumente eines Prozeßwortes oder Verbs in der Tiefenstruktur. Mit dem Paraphrasierungstest kann der Therapeut sein Einfühlungsvermögen beim Erkennen dieser Adverbien entwickeln. Der Test besteht darin, daß Sie, wenn Ihnen solche Adverbien begegnen, den Satz, in dem sie erscheinen, folgendermaßen zu paraphrasieren versuchen:

(a) Das Adverb wird an den Anfang der neuen von Ihnen genannten Oberflächenstruktur gestellt.

(b) Die Wortgruppe *es ist* wird vor das ehemalige Adverb gestellt.

(c) Fragen Sie sich, ob diese neue Oberflächenstruktur das Gleiche bedeutet wie die ursprüngliche Oberflächenstruktur des Klienten.

Wenn der neue Satz gleichbedeutend mit dem ursprünglichen des Klienten ist, dann wurde das Adverb von einem Verb der Tiefenstruktur abgeleitet, und es ist eine Tilgung beteiligt. Jetzt kann, indem die Prinzipien der Wiedergewinnung fehlenden Materials auf diese neue Oberflächenstruktur angewandt werden, die vollständige Repräsentation der Tiefenstruktur wiedergewonnen werden.

Ermitteln Sie bei den folgenden Oberflächenstrukturen, welche ein Adverb beinhalten, das von einem Verb der Tiefenstruktur abgeleitet worden ist.

(81)	*Bedauerlicherweise habt Ihr vergessen, mich an meinem Geburtstag anzurufen.*	=	Es ist bedauerlich, daß Ihr vergessen habt, mich an meinem Geburtstag anzurufen.
(82)	*Ich entfernte mich schnell von der Auseinandersetzung.*	≠	Es ist schnell, daß ich mich von der Auseinandersetzung entfernte.
(83)	*Erstaunlicherweise leugnete mein Vater sein Trinken.*	=	Es ist erstaunlich, daß mein Vater sein Trinken leugnete.
(84)	*Sie fing langsam an zu weinen.*	≠	Es ist langsam, daß sie anfing zu weinen.
(85)	*Sie vermieden peinlich meine Fragen.*	=	Es ist peinlich, daß sie meine Fragen vermieden.

Wenn der Therapeut die Adverbien, die von Verben der Tiefenstruktur abgeleitet worden sind, durch Paraphrasierung der ursprünglichen Oberflächenstruktur des Klienten erkannt hat, kann er die Methoden zur Wiedergewinnung des getilgten Materials auf die Paraphrase der

Oberflächenstruktur anwenden. Wenn er stufenweise vorgeht, kann der Therapeut diese spezielle Klasse von Tilgungen behandeln:

Stufe 1: Horchen Sie bei den Oberflächenstrukturen des Klienten auf entsprechende Adverbien.

Stufe 2: Wenden Sie den Paraphrasierungstest auf jedes der Adverbien an.

Stufe 3: Wenn der Paraphrasierungstest funktioniert, untersuchen Sie die neue Oberflächenstruktur.

Stufe 4: Wenden Sie die normalen Methoden zur Wiedergewinnung des getilgten Materials an.

Klasse III: Modaloperatoren

Die dritte Klasse der besonderen Tilgungsformen ist für die Wiedergewinnung von Material, das beim Übergang von der Erfahrung des Klienten zu seiner vollständigen sprachlichen Repräsentation (der Tiefenstruktur) getilgt worden ist, von besonderer Bedeutung. Diese Oberflächenstrukturen beinhalten oft Regeln oder Generalisierungen, die die Klienten innerhalb ihrer Modelle entwickelt haben.

Zum Beispiel sagt der Klient:

(86) *Ich muß die Gefühle anderer Leute berücksichtigen.*

oder

(87) *Man muß die Gefühle anderer Leute berücksichtigen.*

oder

(88) *Es ist notwendig, die Gefühle anderer Leute zu berücksichtigen.*

Sie werden eine Anzahl von Tilgungen in jeder dieser Oberflächenstrukturen auf Grund der Prinzipien und Übungen, die wir bereits dargestellt haben, erkennen können (z. B. Gefühle über wen/was ?). Die Tilgung, auf die wir Ihr Augenmerk hier lenken möchten, ist allerdings eine Tilgung größeren Maßstabs. Diese Oberflächenstrukturen stellen die Behauptung auf, daß etwas geschehen muß — es bietet sich uns sofort die Frage an: „sonst passiert was?". Mit anderen Worten, um das Modell des Klienten besser zu verstehen, müssen wir Therapeuten die Konsequenzen für den Klienten bei Nichtbeachtung dessen, was die Oberflächenstruktur des Klienten als notwendig angibt, kennen. Wir verstehen Oberflächenstrukturen dieser Klasse als zur logischen Form gehörend:

Es ist notwendig, daß S^1, *sonst* S^2

wobei S^1 das ist, was die Oberflächenstruktur des Klienten als notwendig angibt, und S^2 das, was sich ereignen wird, wenn S^1 nicht ausgeführt wird (die Konsequenz oder das Ergebnis der Nichtausführung von S^1); also sind S^1 und S^2 das getilgte Material. So könnte der Therapeut fragen:

(89) *Was wird sonst passieren?*

oder in einer ausführlicheren Form:

(90) *Was würde passieren, wenn Sie unterlassen würden, ...?*

wobei der entsprechende Teil der ursprünglichen Oberflächenstruktur des Klienten bei ... einzusetzen ist. An obigem Beispiel präzisiert, sagt der Klient:

(91) *Man muß die Gefühle anderer Leute berücksichtigen.*

Der Therapeut könnte antworten:

(92) *Sonst passiert was?*

oder ausführlicher:[2)]

(93) *Was würde passieren, wenn Sie unterlassen würden, die Gefühle anderer Leute zu berücksichtigen?*

Diese Oberflächenstrukturen können am Vorhandensein von Modaloperatoren der Notwendigkeit, wie der Logiker sagt, erkannt werden. Sie haben die Oberflächenformen:

müssen	wie in	*Ich/man muß...* *du mußt...*
notwendig	wie in	*es ist notwendig...*
sollte	wie in	*man/ich sollte...* *du solltest...*
sollen	wie in	*ich/man soll...* *du sollst...*

Der Therapeut kann diese Stichworte verwenden, um diese Sonderklasse von Oberflächenstrukturen zu erkennen. Bilden Sie bei den folgenden Sätzen eine Frage nach der Konsequenz oder dem Ergebnis, wenn das in der Oberflächenstruktur als notwendig Angegebene nicht getan würde. Wir gebrauchen die zwei Frageformen, die wir oben vorgeschlagen haben, für die folgende Übung. Beachten Sie, daß dies nicht die einzigen zwei möglichen Frageformen sind, sondern daß vielmehr jede Frage angebracht ist, die das getilgte Material wiedergewinnt.

(94) *Es ist notwendig, sich in der Öffentlichkeit anständig zu benehmen.*	Was würde passieren, wenn Sie es unterlassen würden, sich in der Öffentlichkeit anständig zu benehmen?

(95)	*Man sollte Menschen immer ernst nehmen.*	Was würde passieren, wenn Sie es unterlassen würden, andere Menschen ernst zu nehmen?
(96)	*Ich soll mich nicht zu sehr involvieren.*	Was würde passieren, wenn Sie sich zu sehr involvierten?
(97)	*Man muß lernen, Konflikte zu vermeiden.*	Was würde passieren, wenn Sie es unterlassen würden, Konflikte zu vermeiden?

Es gibt eine zweite Reihe von wichtigen Schlüsselwörtern, die von Logikern als Modaloperatoren der Möglichkeit genannt wird. Wiederum beschreiben diese Operatoren Regeln bzw. Generalisierungen des Modells des Klienten. Zum Beispiel sagt der Klient:[3)]

(98) *Es ist nicht möglich, mehr als einen Menschen auf einmal zu lieben.*

oder

(99) *Niemand kann mehr als einen Menschen auf einmal lieben.*

oder

(100) *Man kann nicht mehr als einen Menschen auf einmal lieben.*

oder

(101) *Man darf nicht mehr als einen Menschen auf einmal lieben.*

oder

(102) *Niemand ist dazu fähig, mehr als einen Menschen auf einmal zu lieben.*

Wiederum können Sie auf Grund Ihrer Erfahrung beim Erkennen von Tilgungen in diesen Oberflächenstrukturen Tilgungen aus der Repräsentation der Tiefenstruktur finden. Jedoch wollen wir an Hand dieser Beispiele eine Tilgung beschreiben, die sich beim Übergang von der Erfahrung des Klienten zur Repräsentation der Tiefenstruktur ereignet. Im einzelnen wollen wir fragen, wenn wir eine Oberflächenstruktur dieser Klasse hören, was das Unmögliche macht, was die Oberflächenstruktur des Klienten als unmöglich beschreibt. Mit anderen Worten, wir verstehen diese Oberflächenstrukturen als zur logischen Form gehörend:

S^1 verhindert, daß S^2 möglich ist.

wobei S^2 das ist, was die Oberflächenstruktur des Klienten als unmöglich angibt, und S^1 das getilgte Material. So mag der Therapeut fragen,

(103) *Was macht ... unmöglich?*

oder

(104) *Was hält Sie davon ab, ...?*

oder

(105) *Was hemmt Sie, ...?*

oder

(106) *Was hindert Sie daran, ...?*

wobei ... für das in der Oberflächenstruktur als unmöglich Angegebene steht. Unter Verwendung des obigen Beispiels fragt der Therapeut vielleicht im einzelnen:

(107) *Was macht Ihre Liebe zu mehr als einem Menschen unmöglich?*

oder

(108) *Was hält Sie davon ab, mehr als einen Menschen auf einmal zu lieben?*

oder

(109) *Was hemmt Sie, mehr als einen Menschen auf einmal zu lieben?*

oder

(110) *Was hindert Sie daran, mehr als einen Menschen auf einmal zu lieben.*

Oberflächenstrukturen dieser Klasse können leicht an folgenden Stichwörtern und Wortgruppen erkannt werden:

nicht möglich	wie in	*es ist nicht möglich*
kann	wie in	*niemand kann* *keiner kann*
darf	wie in	*niemand darf* *keiner darf*
kann nicht	wie in	*ich/du/man/Menschen kann (können) nicht*
vermag	wie in	*niemand vermag* *keiner vermag*
unmöglich	wie in	*es ist unmöglich*
außerstande	wie in	*ich/du/man/Menschen bin (bist/ist/sind) außerstande.*

Diese Stichwörter, die in den Oberflächenstrukturen des Klienten auftauchen, kennzeichnen Regeln oder Generalisierungen, die den Begrenzungen innerhalb des Modells der Welt des Klienten entsprechen. Solche Begrenzungen stehen oft in Zusammenhang mit der Erfahrung des Klienten von eingeschränkten Wahlmöglichkeiten oder von unbefriedigenden, eingeschränkten Alternativen. Bei den folgenden Oberflächenstrukturen sollen Sie eine Frage formen, die (bzw. deren Antwort) das getilgte Material wiedergewinnen würde.

(111)	*Es ist unmöglich, jemanden zu finden, der wirklich sensibel ist.*	Was hindert Sie daran, jemanden zu finden, der wirklich sensibel ist?
(112)	*Ich kann meine Frau nicht verstehen.*	Was hindert Sie daran, Ihre Frau zu verstehen?
(113)	*Ich bin außerstande, mich auszudrücken.*	Was hindert Sie daran, sich auszudrücken?
(114)	*Niemand vermag mich zu verstehen.*	Was hindert sie daran, Sie zu verstehen?

Der Wert, Tilgungen dieser Art zu erkennen und wiederzugewinnen, kann kaum überschätzt werden, da sie sich direkt auf Teile des Modells des Klienten beziehen, in denen er eingeschränkte Arlternativen oder Wahlmöglichkeiten erfährt. Stufenweise dargestellt:

Stufe 1: Hören Sie dem Klienten zu; untersuchen Sie die Oberflächenstruktur des Klienten auf Stichwörter und Wortgruppen, wie sie in diesem Abschnitt erläutert wurden.

Stufe 2: (a) Kommen Modaloperatoren der Notwendigkeit vor, verwenden Sie eine Frageform, die nach der getilgten Konsequenz oder dem Ergebnis fragt, wenn das in der Oberflächenstruktur des Klienten als notwendig Angegebene nicht getan wird; (b) kommen Modaloperatoren der Möglichkeit vor, verwenden Sie eine Frageform, die das getilgte Material erfragt, das unmöglich macht, was die Oberflächenstruktur des Klienten als unmöglich angibt.

Verzerrung — Nominalisierungen

Nominalisierungen sind eine Art der Verzerrung in natürlichen Sprachsystemen. Nominalisierungen zu erkennen hat den Zweck, den Klienten dabei zu unterstützen, sein sprachliches Modell mit den fortlaufenden, dynamischen Prozessen des Lebens wieder in Verbindung zu bringen. Genauer gesagt, das Umformen von Nominalisierungen hilft dem Klienten einzusehen, daß das, was er als ein abgeschlossenes und seiner Kontrolle entzogenes Ereignis betrachtete, ein andauernder Prozeß ist, der geändert werden kann. Nominalisierung ist ein komplexer Transformationsprozeß, durch den ein Prozeßwort oder Verb der Tiefenstruktur als Ereigniswort oder Substantiv in der Oberflächenstruktur in Erscheinung tritt. Der erste Schritt beim Umformen von Nominalisierungen besteht darin, sie zu erkennen. Therapeuten können in ihrer Muttersprache ihre Intuitionen benützen, um zu erkennen, welche Elemente der Oberflächenstruktur tatsächlich Nominalisierungen sind. Zum Beispiel ist in der Oberflächenstruktur

(115) *Ich bereue meine Entscheidung, nach Hause zurückzukehren.*

das Ereigniswort oder Substantiv *Entscheidung* eine Nominalisierung. Das bedeutet, daß in der Repräsentation der Tiefenstruktur ein Prozeßwort oder Verb enthalten war, in diesem Fall das Verb *entscheiden.*

(116) *Ich bereue, daß ich mich entscheide, nach Hause zurückzukehren.*

Wahre Substantive passen nicht in die Leerstelle des Satzes: *ein(e) andauernde(r) ...,* in wohlgeformter Weise. Zum Beispiel passen die Substantive *Stuhl, Drachen, Lampe, Farnpflanze etc.* nicht in wohlgeformter Weise: * *ein andauernder Stuhl,* * *ein andauernder Drachen etc.* Substantive wie *Entscheidung, Ehe, Mißerfolg* aber, die von Verben der Tiefenstruktur stammen, passen: *eine andauernde Entscheidung, eine andauernde Ehe* etc. Somit können Therapeuten ihr Einfühlungsvermögen trainieren, indem sie diesen einfachen Test anwenden. Schrittweise kann der Therapeut folgendermaßen vorgehen:

Stufe 1: Hören Sie auf die durch den Klienten dargestellte Oberflächenstruktur.

Stufe 2: Fragen Sie sich bei jedem Element der Oberflächenstruktur, das kein Prozeßwort oder Verb ist, ob es ein Ereignis beschreibt, das tatsächlich in der Welt ein Prozeß ist, oder fragen Sie sich, ob ein Verb existiert, das ähnlich klingt/aussieht und ihm in der Bedeutung ähnelt.

Stufe 3: Überprüfen Sie, ob das Ereigniswort in die Leerstelle des syntaktischen Rahmens *ein andauernder ...* paßt.

Bei jedem Nichtverb, das in der Oberflächenstruktur des Klienten erscheint und entweder ein Ereignis beschreibt, das Sie mit einem Prozeß assoziieren können, oder zu dem Sie ein Verb finden können, das in Klang/Aussehen und Bedeutung ähnlich ist, hat sich eine Nominalisierung ereignet. Zum Beispiel sind mehrere Nominalisierungen in folgendem Satz enthalten:

(117) *Der Mißerfolg, ihre eigenen Kinder zu erkennen, fand keine Anerkennung.*

Beide Ereignisworte, *Mißerfolg* und *Anerkennung, sind von Verben der Tiefenstruktur abgeleitet (ein andauernder Mißerfolg, eine andauernde Anerkennung*). Die Oberflächenstruktur

(118) *Ich sprang vor das Auto.*

enthält demgegenüber keine Nominalisierungen.

Bei den folgenden Oberflächenstrukturen sollen Sie lediglich entscheiden, welche Sätze Nominalisierungen beinhalten. Wiederum schlagen wir vor, daß Sie jede Oberflächenstruktur selbst bewerten, bevor Sie die Anmerkung, die wir beigefügt haben, betrachten.

(119) *Meine Scheidung ist schmerzlich.*	1 Nominalisierung	(*Scheidung*)
(120) *Unser Schrecken hemmt uns.*	1 Nominalisierung	(*Schrecken*)
(121) *Das Gelächter meiner Frau bewirkt meinen Ärger.*	2 Nominalisierungen	(*Gelächter, Ärger*)
(122) *Ihre Ablehnung, hier fortzugehen, erzwingt meinen Aufbruch.*	2 Nominalisierungen	(*Ablehnung, Aufbruch*)
(123) *Ihre Wahrnehmungen sind gänzlich falsch.*	1 Nominalisierung	(*Wahrnehmung*)
(124) *Ihre Projektion bedingt meine Kränkung.*	2 Nominalisierungen	(*Projektion, Kränkung*)
(125) *Meine Verwirrung hat die Tendenz, mir keine Erleichterung zu verschaffen.*	3 Nominalisierungen	(*Verwirrung, Tendenz, Erleichterung*)
(126) *Ich nehme Ihnen die Fragerei übel.*	1 Nominalisierung	(*Fragerei*)
(127) *Ich fürchte mich sowohl vor deinem Zorn als auch vor deiner Hilfe.*	2 Nominalisierungen	(*Zorn, Hilfe*)
(128) *Seine Einfühlung ist erstaunlich.*	1 Nominalisierung	(*Einfühlung*)

Heben Sie bei den folgenden Oberflächenstrukturen die Nominalisierungen auf, indem Sie eine engverwandte Oberflächenstruktur schaffen, die die Nominalisierung wieder zu einem andauernden Prozeß zurückübersetzt. Zum Beispiel:

(129) *Mich erstaunt ihr Widerstand mir gegenüber.*	Mich erstaunt, daß sie mir widersteht.

Es geht hier nicht darum, daß Sie in der Lage sind, einen neuen Satz zu formulieren, der dem von uns vorgeschlagenen entspricht, sondern daß Sie ihre Fähigkeit verbessern, einen nominalisierten Prozeß wieder zu einem andauernden Prozeß zurückzuübersetzen. Die Sätze, die wir bieten, stellen nur Beispiele dar. Vergegenwärtigen Sie sich, daß weder die ursprünglichen noch die auf Nominalisierungen hin verbesserten Oberflächenstrukturen therapiebezogen wohlgeformt sein werden, bis sie den übrigen Kriterien der Wohlgeformtheit entsprechen.

Meine Scheidung ist schmerzlich.	Daß meine Frau und ich uns scheiden, ist schmerzlich.
Unser Schrecken hemmt uns.	Daß wir verschreckt sind, hemmt uns.
Das Gelächter meiner Frau bewirkt meinen Ärger.	Daß meine Frau lacht, bewirkt, daß ich mich ärgere.
Ihre Ablehnung, hier fortzugehen, erzwingt meinen Aufbruch.	Daß Sie ablehnen, hier fortzugehen, zwingt mich aufzubrechen.
Ihre Wahrnehmungen sind gänzlich falsch.	Die Art, wie Sie/was Sie wahrnehmen, ist gänzlich falsch.
Ihre Projektion bedingt meine Kränkung.	Die Art, wie Sie/was Sie projezieren, kränkt mich.
Meine Verwirrung hat die Tendenz, mir keine Erleichterung zu verschaffen.	Daß ich verwirrt bin, tendiert dazu, zu verhindern, daß ich mich erleichtert fühle.
Ich nehme Ihnen die Fragerei übel.	Ich nehme Ihnen, was Sie/die Art wie Sie fragen, übel.
Ich fürchte mich sowohl vor Ihrem Zorn als auch vor Ihrer Hilfe.	Ich fürchte mich sowohl vor der Art, wie Sie mir zürnen, als auch vor der Art, wie Sie mir helfen.
Seine Einfühlung ist erstaunlich.	Die Art wie er/in was er sich hineinfühlt, ist erstaunlich.

Wir sind uns dessen bewußt, daß wir mehrere Möglichkeiten haben, wenn wir Nominalisierungen begegnen. Wir können uns dafür entscheiden, die Nominalisierungen direkt zu hinterfragen. Zum Beispiel bei der Oberflächenstruktur:

(130) *Die Entscheidung, nach Hause zurückzukehren, bedrückt mich.*

können wir den Gedanken, daß *die Entscheidung* ein unabänderliches festes und abgeschlossenes Ereignis ist, von dem sich der Klient dissoziiert hat, hinterfragen durch

(131) *Können Sie sich irgendwie vorstellen, Ihre Entscheidung zu ändern?*

oder aber

(132) *Was hindert Sie daran, Ihre Entscheidung zu ändern?*

oder aber

(133) *Was würde passieren, wenn Sie es sich noch einmal überlegen und entscheiden würden, nicht nach Hause zurückzukehren?*

In jedem dieser Fälle verlangt die Frage des Therapeuten nach einer Antwort, in der der Klient Verantwortung für den Entscheidungsprozeß übernimmt. Auf jeden Fall hilft das Fragen des Therapeuten dem Klienten, sein sprachliches Modell der Welt mit den andauernden Prozessen, die dort ablaufen, wieder zu verbinden.

Nominalisierungen sind psychologisch als auch linguistisch komplex. Nach unserer Erfahrung erscheinen sie selten für sich allein; vielmehr begegnen wir ihnen häufiger in einer Form, die eine Verletzung eines oder mehrerer Kriterien der therapiebezogenen Wohlgeformtheit beinhalten. Da wir Ihnen bereits Übungsbeispiele für Tilgungen geboten haben, werden wir Ihnen nun eine Reihe von Oberflächenstrukturen geben, die sowohl Nominalisierungen als auch Tilgungen enthalten. Wir möchten Sie bitten, sowohl die Nominalisierungen als auch die Tilgungen zu identifizieren und eine Frage oder eine Reihe von Fragen zu formulieren, die sowohl die Nominalisierung in eine Prozeßform zurückübersetzt, als auch das getilgte Material erfragt. Zum Beispiel bei der Oberflächenstruktur

Die Entscheidung, nach Hause zurückzukehren, bedrückt mich.

wäre eine Frage, die die Nominalisierung in eine Prozeßform zurückübersetzt und gleichzeitig nach dem getilgten Material fragt:

(134) *Wer entscheidet sich, nach Hause zurückzukehren?*

Wiederum schlagen wir vor, daß Sie versuchen, Ihre eigene(n) Frage(n) zu formulieren, bevor Sie die von uns gebotenen Beispiele ansehen. Die von uns gebotenen Fragebeispiele sind straff — wir schlagen vor, daß in der Praxis Fragen verwendet werden, die die einzelnen Teile nacheinander erfragen.

(135) *Mein Schmerz ist überwältigend.*	Daß Sie Schmerz über wen/was erfahren, überwältigt wen?

(136)	*Es ist die Angst, die mir im Wege ist.*	Daß Sie sich vor wem/was ängstigen, steht Ihnen worin im Wege.
(137)	*Ich habe Hoffnung.*	Worauf hoffen Sie?
(138)	*Die Überzeugungen meines Sohnes machen mir Sorgen.*	Wovon ist Ihr Sohn überzeugt, so daß Sie sich sorgen?
(139)	*Ihr voreingenommener Verdacht ärgert mich.*	Gegen wen/was voreingenommen? Wessen verdächtigt?

Übung B

Da wir in Übungsseminaren zum Meta-Modell festgestellt haben, daß Nominalisierungen wahrnehmen zu lernen am schwierigsten ist, haben wir folgende Übung entworfen:

Bilden Sie eine visuelle Vorstellung der folgenden Sätze. Überlegen Sie sich in jedem einzelnen Fall, ob Sie sich vorstellen können, die Nicht-Prozeß- bzw. Nicht-Verb-Worte in einen Schubkarren zu legen.

Ich will einen *Stuhl* herstellen.
Ich will eine *Entscheidung* treffen.

Beachten Sie, daß alle Nicht-Verb-Worte des ersten Satzes (*Ich, Stuhl*) in Ihrem geistigen Schubkarren abgelegt werden können. Dies ist bei dem zweiten Satz nicht der Fall (*Ich, Entscheidung*). *Ich* kann in einen Schubkarren gelegt werden, aber *Entscheidung* nicht. Verwenden Sie bei den folgenden Satzpaaren diesen visuellen Test, um sich im Erkennen von Nominalisierungen zu üben.

Ich habe viele *Frustrationen.*
Ich habe viele *grüne Murmeln.*

Ich erwarte einen *Brief.*
Ich erwarte *Hilfe.*

Meine *Angst* ist einfach zu groß.
Mein *Mantel* ist einfach zu groß.

Ich habe mein *Buch* verloren.
Ich habe meine *Geduld* verloren.

Ich brauche *Wasser.*
Ich brauche *Liebe.*

Pferde ängstigen mich.
Versagen ängstigt mich.

Die *Spannung* beunruhigt mich.
Der *Drache* beunruhigt mich.

In jedem der obigen Satzpaare findet sich mindestens eine Nominalisierung. Sie können die Genauigkeit Ihres visuellen Tests überprüfen, indem Sie nun den rein sprachlichen Test anwenden: *ein andauernder* vor die Nominalisierung stellen. Das gleiche Wort, das in den sprachlichen Rahmen (*ein andauernder...*) paßt, wird nicht in Ihren geistigen Schubkarren passen.

Generalisierung

Wie man zu einem klaren Bild des Modells des Klienten gelangt

Einer der universellen Prozesse, die sich ergeben, wenn Menschen Modelle ihrer Erfahrungen schaffen, ist die Generalisierung. Generalisierung kann das Modell des Klienten verarmen, indem sie einen Verlust an Detail und Fülle der ursprünglichen Erfahrung bewirkt. Somit hindert die Generalisierung sie daran, Unterscheidungen zu treffen, die ihnen vollständigere Wahlmöglichkeiten im Umgang mit einer bestimmten Situation bieten würden. Gleichzeitig erweitert die Generalisierung die spezifische, schmerzliche Erfahrung zur Größenordnung einer Verfolgung durch das Universum (ein Hindernis, mit dem nicht umzugehen ist). Zum Beispiel wird die spezifische, schmerzliche Erfahrung „Luise mag mich nicht" generalisiert zu „Frauen mögen mich nicht". Der Zweck, die Generalisierung des Klienten zu hinterfragen, besteht darin:

1. das Modell des Klienten mit seiner Erfahrung wiederzuverbinden;
2. die unüberwindlichen Hindernisse, die sich aus Generalisierungen ergeben, auf etwas Definitives zu reduzieren, mit dem er beginnen kann umzugehen;
3. Differenziertheit und Reichhaltigkeit im Modell des Klienten zu gewährleisten, um damit Möglichkeiten zu eröffnen, die auf vorher nicht zugänglichen Unterscheidungen beruhen.

Wir kennen zwei wichtige Möglichkeiten, die Generalisierungen im Modell des Klienten in seinen sprachlichen Äußerungen zu identifizieren. Sie liefern uns gleichzeitig ein Mittel, diese Generalisierung zu hinterfragen. Es sind folgende Prozesse:

1. Überprüfung auf Bezugsindices für Substantive und Ereignisworte;
2. Überprüfung auf vollständig spezifizierte Verben und Prozeßworte.

Bezugsindices

Die Fähigkeit des Therapeuten, festzustellen, ob die durch den Klienten dargestellten Oberflächenstrukturen mit den Erfahrungen des Klienten verknüpft sind, ist für eine erfolgreiche Therapie wesentlich. Eine spezielle Form, dies festzustellen, besteht darin, daß der Therapeut die Worte und Satzteile der Oberflächenstruktur des Klienten identifiziert, die keinen Bezugsindex haben. In der Oberflächenstruktur

(140) *Leute schubsen mich herum.*

weist das Substantiv *Leute* keinen Bezugsindex auf, so daß es nicht irgend etwas Spezifisches in der Erfahrung des Klienten identifizieren würde. Auf der anderen Seite enthält der Satz

(141) *Mein Vater schubst mich herum.*

zwei Substantive (*mein Vater* und *mich*), die beide einen Bezugsindex tragen, der etwas Spezifisches im Modell des Klienten identifiziert. Hier läßt sich wiederum schrittweise verfahren:

Stufe 1: Hören Sie die Oberflächenstruktur des Klienten an, um jedes Nicht-Prozeßwort zu erkennen.

Stufe 2: Fragen Sie sich für jedes, ob es eine spezifische Person oder einen spezifischen Gegenstand in der Welt aussondert.

Wenn das Wort oder der Satzteil keine spezifische Person oder Sache aussondert, hat der Therapeut eine Generalisierung im Modell des Klienten erkannt. Entscheiden Sie in den folgenden Oberflächenstrukturen bei jedem Substantiv oder Satzteil, ob es einen Bezugsindex hat, der sie therapiebezogen wohlgeformt sein läßt oder nicht.

(142)	*Niemand achtet darauf, was ich sage.*	*Niemand* und *was* haben keinen Bezugsindex.
(143)	*Ich vermeide immer Situationen, in denen ich mich unwohl fühle.*	*Situationen, in denen ich mich unwohl fühle* — kein Index.
(144)	*Ich mag freundliche Hunde.*	*Freundliche Hunde* — kein Index.
(145)	*Ich habe meine Schwiegermutter gestern gesehen.*	Alle Substantive haben Indices.
(146)	*Man sollte die Gefühle anderer respektieren.*	*Man* und *anderer* — keine Indices.
(147)	*Es ist peinlich, daß wir sie in dieser Verfassung sehen, wissen Sie.*	*Es, wir, Sie* und *in dieser Verfassung* — keine Indices.

(148)	*Laßt uns nicht in Details untergehen.*	*Uns* und *Details* — keine Indices.
(149)	*In diesem Raum ist eine gewisse Stimmung.*	*eine gewisse Stimmung* — kein Index.
(150)	*Jeder hat manchmal solche Gefühle.*	*Jeder, manchmal, solche Gefühle* — keine Indices.

Hat der Therapeut erst die Wort- und Satzteile ohne Bezugsindices erkannt, ist es leicht, diese zu erfragen. Es werden nur zwei Fragen benötigt:

(151) *Wer genau?*

(152) *Was genau?*

Indem der Klient durch die Antwort auf diese Fragen aufgefordert wird, Bezugsindices zu liefern, verbindet der Klient die Generalisierungen seines Modells wieder mit seinen Erfahrungen. Formulieren Sie bei der folgenden Gruppe von Oberflächenstrukturen die angemessene Frage, um den Bezugsindex zu erhalten.

Niemand achtet darauf, was ich sage.	Wer genau? Was sagen Sie genau?
Ich vermeide immer Situationen, in denen ich mich unwohl fühle.	Was für Situationen genau?
Ich mag freundliche Hunde.	Welchen Hund genau?
Es ist peinlich, daß wir sie in dieser Verfassung sehen, wissen Sie.	Wem genau ist es peinlich? Wer genau ist *wir*? In welcher Verfassung genau? Wer genau ist *Sie*?
Jeder hat manchmal solche Gefühle.	Wer genau? Was für Gefühle genau? Welches Mal genau?

In einem besonderen Fall betonen wir gern bestimmte Worte, die keinen Bezugsindex haben. Es ist speziell die Wortgruppe, die Universalquantoren enthält wie *alle, jeder, sämtliche, irgendeiner.* Der Universalquantor hat eine andere Form, wenn er mit anderen sprachlichen Elementen wie etwa dem negativen Element kombiniert wird — *niemals, nirgends, kein, niemand, nichts, keiner.* Universalquantoren sowie Worte und Satzteile, die solche enthalten, haben keinen Bezugsindex. Wir gebrauchen eine besondere Form, um den Universalquantor und Worte und Satzteile, die einen solchen enthalten, zu hinterfragen. Zum Beispiel kann die oben angeführte Oberflächenstruktur:

Niemand achtet darauf, was ich sage.

in der oben beschriebenen Weise hinterfragt werden oder aber mit der Frage:

(153) *Wollen Sie mir etwa sagen, daß NIEMAND ÜBERHAUPT JEMALS auf Sie hört?*

Hiermit betonen wir die durch den Universalquantor des Klienten beschriebene Generalisierung, indem wir sie sowohl in der Sprachqualität als auch durch das Einfügen zusätzlicher Universalquantoren in die ursprüngliche Oberflächenstruktur des Klienten überzeichnen. Diese Frageform identifiziert und betont eine Generalisierung im Modell des Klienten. Mit dieser Interventionsform werden die Klienten zugleich gefragt, ob es irgendwelche Ausnahmen bei ihren Generalisierungen gibt. Eine einzige Ausnahme bei der Generalisierung setzt für den Klienten den Prozeß der Zuschreibung von Bezugsindices in Gang und gewährleistet die Differenziertheit und Reichhaltigkeit im Modell des Klienten, die nötig ist, um eine Auswahl von Verarbeitungsalternativen zu haben.

K: *Niemand achtet darauf, was ich sage.*

T: *Wollen Sie mir etwa sagen, daß NIEMAND ÜBERHAUPT JEMALS auf Sie hört?*

K: *Nun ja, nicht ganz.*

T: *Also gut, wer im einzelnen hört nicht auf Sie?*

Wenn der Therapeut eine Generalisierung erkannt hat, kann sie auf mehrere Arten hinterfragt werden.

(a) Wie im Abschnitt über Universalquantoren erwähnt, können Generalisierungen hinterfragt werden, indem der allumfassende Anspruch der Oberflächenstruktur betont wird, indem Universalquantoren in diese Oberflächenstruktur eingefügt werden. Der Therapeut bittet nun den Klienten, die neuen in seiner Oberflächenstruktur expliziten Generalisierungen gegen seine Erfahrung zu prüfen. Zum Beispiel sagt der Klient:

K: *Es ist unmöglich, irgendwem zu trauen.*

T: *Es ist* immer *unmöglich,* daß irgendwer *irgendwem traut?*

Das Hinterfragen der Generalisierung durch den Therapeuten hat den Zweck, die Generalisierung des Klienten wieder mit der Erfahrung des Klienten zu verknüpfen. Der Therapeut besitzt andere Alternativen in der Art, wie er die Generalisierungen des Klienten hinterfragen kann.

(b) Da das Hinterfragen der Generalisierungen des Klienten den Zweck hat, die Repräsentation des Klienten wieder mit seiner Erfahrung zu verknüpfen, besteht eine sehr direkte Form des Hinterfragens darin, den Klienten wörtlich zu fragen, ob er eine Erfahrung gemacht hat, die seiner eigenen Generalisierung widerspricht. Der Klient sagt zum Beispiel:

K: *Es ist unmöglich, irgendwem zu trauen.*

T: *Haben Sie jemals die Erfahrung gemacht, jemandem zu trauen?*

oder

Haben Sie jemals irgendwem getraut?

Beachten Sie, daß der Therapeut linguistisch gesehen mehrere Dinge tut: Relativierungen der Generalisierung gegenüber der Erfahrung des Klienten durch Verschiebung des Bezugsindex von dem fehlenden Index (das fehlende, indirekte Objekt des Prädikats *unmöglich* (d. h. *wem unmöglich?*) und das fehlende Subjekt des Verbs *trauen*) zu sprachlichen Formen, die den Bezugsindex des Klienten tragen (d. h. *Sie*).

(c) Eine dritte Art, Generalisierungen dieser Form zu hinterfragen, ist, den Klienten zu fragen, ob er sich eine Erfahrung vorstellen kann, die der Generalisierung widersprechen würde. Der Klient sagt:

K: *Es ist unmöglich, jemandem zu trauen.*

T: *Können Sie sich irgendwelche Umstände vorstellen, unter denen es Ihnen möglich wäre, jemandem zu trauen?*

oder

Können Sie eine Situation phantasieren, in der Sie jemandem vertrauen könnten?

Sobald der Klient eine Situation, die der Generalisierung widerspricht, imaginiert oder phantasiert hat, kann der Therapeut den Klienten in der Öffnung dieses Teiles seines Modells unterstützen, indem er ihn fragt, was der Unterschied zwischen seiner Erfahrung und seiner Phantasie sei bzw. was ihn daran hindere, das Phantasierte zu erreichen. Beachten Sie, daß eine der wirksamsten Techniken in diesem Zusammenhang darin besteht, den Klienten mit der unmittelbaren Erfahrung, die er gerade erlebt, zu verbinden, d. h. die Generalisierung direkt auf den Prozeß der fortlaufenden Therapie zu beziehen. Der Therapeut könnte erwidern:

Vertrauen Sie mir jetzt gerade in dieser Situation?

Wenn der Klient positiv antwortet, so hat er damit seiner Generalisierung widersprochen. Antwortet er negativ, stehen die anderen Techniken alle zur Verfügung, zum Beispiel: Nachfragen, was genau den Klienten hindert, in dieser Situation dem Therapeuten zu trauen.

(d) Sollte der Klient unfähig sein, eine Erfahrung zu phantasieren, die seiner Generalisierung widerspricht, kann sich der Therapeut dafür entscheiden, sein eigenes Modell auf einen Fall hin zu untersuchen, in dem er eine Erfahrung gemacht hat, die der Generalisierung des Klienten widerspricht. Wenn der Therapeut irgendeine eigene Erfahrung finden kann, die allgemein genug ist, daß der Klient sie auch gehabt haben mag, kann er sich erkundigen, ob diese Erfahrung der Generalisierung des Klienten widerspricht.

K: *Es ist unmöglich, irgendwem zu trauen.*

T: *Haben Sie jemals einen Arzt aufgesucht (oder einen Zahnarzt, einen Omnibus, ein Taxi oder ein Flugzeug benutzt, oder ...)? Haben Sie dem Arzt getraut (oder dem Zahnarzt oder dem Busfahrer oder ...)?*

Wenn der Klient einmal zugegeben hat, daß er eine Erfahrung gemacht hat, die seiner Generalisierung widerspricht, hat er seine Repräsentation mit seiner Erfahrung wieder verbunden, und der Therapeut kann nun mit ihm die Unterschiede erkunden.

(e) Ein weiterer Zugang, die Generalisierung des Klienten zu hinterfragen, besteht darin, daß der Therapeut feststellt, was die Generalisierung möglich oder unmöglich macht. Diese Technik wird im Abschnitt über Modaloperatoren der Notwendigkeit beschrieben (s. S. 95).

K: *Es ist unmöglich, irgendwem zu trauen.*

T: *Was hindert Sie daran, irgendwem zu trauen?*

oder

Was würde passieren, wenn Sie jemandem trauen würden?

(f) Oft bietet der Klient Generalisierungen aus seinem Modell in der Form von Generalisierungen über eine andere Person an. Zum Beispiel:

K: *Mein Mann streitet immer mit mir.*

oder

Mein Mann lächelt mich nie an.

Beachten Sie, daß die Prädikate *streiten* und *anlächeln* Prozesse beschreiben, die sich zwischen zwei Menschen ereignen. Die Form der beiden Sätze ist: Subjekt (*der aktiv Handelnde*), Verb (*Bezeichnung des Prozesses*) und Objekt (nicht-aktive Person, die an dem Prozeß beteiligt ist). In beiden obigen Beispielen stellt sich der Klient als passiver Teilnehmer des Prozesses (als Objekt des Prädikats) dar und vermeidet damit jegliche Verantwortung für den Prozeß oder für die Beziehung. Die Generalisierung, die in diesen beiden Oberflächenstrukturen vom

Klienten wiedergegeben werden, beinhalten eine besondere Form der Tilgung: die Tiefenstruktur wird durch diese Oberflächenstrukturen adäquat dargestellt, aber im Prozeß der Repräsentation der Erfahrung des Klienten durch diese Tiefenstrukturen ist eine Tilgung enthalten. Mit anderen Worten, der Klient hat einen Teil seiner Erfahrung getilgt, als er sie mit der Tiefenstruktur repräsentierte, von der diese Oberflächenstrukturen abgeleitet sind. Das Bild der Prozesse oder der Beziehungen des *Streitens* und des *Anlächelns* ist unvollständig, da nur einer Person in der Beziehung eine aktive Rolle zugeschrieben wird. Wenn er mit Oberflächenstrukturen dieser Art konfrontiert wird, hat der Therapeut die Möglichkeit, die Form zu erfragen, in der die als passiv charakterisierte Person an dem Prozeß beteiligt ist. Eine sehr spezielle und oft besonders wirkungsvolle Art, diese Information zu erfragen, besteht darin, die in der Gneralisierung des Klienten enthaltenen Bezugsindices zu verschieben. In den gebotenen Beispielen wäre die Verschiebung[4]:

↓ *Mein Mann* / *ich (der Klient)* und ↓ *ich* / *Mein Mann*

Bei diesen Verschiebungen der Bezugsindices schafft der Therapeut neue Oberflächenstrukturen, die auf den ursprünglichen Oberflächenstrukturen des Klienten beruhen. Im einzelnen:

↓ *Mein Mann streitet immer mit mir.*
Ich streite immer mit meinem Mann.

und

↓ *Mein Mann lächelt mich nie an.*
Ich lächele meinen Mann nie an.

Sind die Bezugsindices verschoben, kann der Therapeut den Klienten bitten, diese neuen Oberflächenstrukturen zu überprüfen mit der Frage:

Streiten Sie immer mit Ihrem Mann?

und

Lächeln Sie je Ihren Mann an?

Hierbei gibt es eine weitere linguistische Unterscheidung, die dem Therapeuten hilfreich sein kann: Die Prädikate, die Prozesse oder Beziehungen zwischen zwei Personen beschreiben, beinhalten zwei unterschiedliche logische Typen:

(a) *Symmetrische Prädikate:* Prädikate, die, wenn sie zutreffen, zwangsläufig implizieren, daß ihr Gegenstück auch zutrifft. Das Prädikat *streiten* entspricht diesem logischen Typ. Trifft die Oberflächenstruktur:

Mein Mann streitet immer mit mir.

zu, dann trifft notwendigerweise auch die Oberflächenstruktur

Ich streite immer mit meinem Mann.

zu. Diese Eigenschaft symmetrischer Prädikate wird linguistisch dargestellt in der allgemeinen Form:

Wenn eine Oberflächenstruktur der Form *X Prädikat Y* wahr ist und *Prädikat* ein symmetrisches Prädikat ist, dann ist notwendigerweise die Oberflächenstruktur der Form *Y Prädikat X* auch wahr.

Wenn du mit mir streitest, dann streite ich notwendigerweise mit dir. Dieser Punkt kommt auch in der Äußerung zum Ausdruck: „zu einem Streit gehören immer zwei". In dem Fall, daß der Therapeut die Technik der Verschiebung des Bezugsindex anwendet, weiß er, daß das Resultat eine Generalisierung sein wird, die notwendigerweise durch das Original impliziert ist. Diese Technik unterstützt den Klienten bei der Wiederverbindung seiner Repräsentation mit seiner Erfahrung.

(b) *Nichtsymmetrische Prädikate:* Prädikate, die eine Beziehung beschreiben, deren Gegenstück nicht notwendigerweise wahr ist. Das Prädikat *anlächeln* entspricht diesem logischen Typ. Trifft die Oberflächenstruktur

Mein Mann lächelt mich nie an.

zu, dann kann es wahr sein oder nicht, daß die gegensätzliche Oberflächenstruktur (mit verschobenen Bezugsindices) auch zutrifft:

Ich lächle meinen Mann nie an.

Während es keine logische Notwendigkeit gibt, daß das Gegenstück einer Oberflächenstruktur mit nichtsymmetrischem Prädikat zutrifft, hat uns unsere Erfahrung gezeigt, daß das Gegenstück oft psychologisch zutrifft. Das heißt, wenn ein Klient eine Generalisierung über eine andere Person äußert (besonders wenn die Beziehung zwischen dem Klienten und der so charakterisierten Person für den Klienten wichtig ist), so ist häufig das Gegenstück wahr. Traditionsgemäß wurde dieses Phänomen in einigen Psychotherapieformen als Projektion bezeichnet. Ob das Gegenstück der Oberflächenstruktur des Klienten sich als zutreffend erweist oder nicht, indem der Therapeut den Klienten auffordert, es zu überprüfen, beginnt er, das fehlende Material wiederzugewinnen und dem Klienten bei der Wiederverbindung seiner Repräsentation mit siner Erfahrung zu helfen.

(c) Klienten stellen manchmal ihre Generalisierungen aus ihren Modellen in der Form dar:

X oder Y

Zum Beispiel sagt ein Klient:

K: *Ich muß mich um andere Menschen kümmern.*

worauf der Therapeut antworten kann (wie im Abschnitt über Modaloperatoren dargelegt):

T: *Sonst passiert was?*
K: *Sonst mögen sie mich nicht.*

Somit lautet die vollständige Generalisierung:

Ich muß mich um andere Menschen kümmern, sonst mögen sie mich nicht.

Diese Generalisierung beinhaltet eine Behauptung, daß eine notwendige Kausalbeziehung zwischen dem Kümmern (oder Nicht-Kümmern) des Klienten um andere Menschen und der Zuneigung anderer Menschen zum Klienten besteht. Die gleiche Behauptung wird in der Oberflächenstruktur aufgestellt:

Wenn ich mich nicht um andere Menschen kümmere, werden sie mich nicht mögen.

Tatsächlich gilt innerhalb formaler Systeme die Äquivalenz[5)]:

X oder Y ≡ nicht X ⟶ Y

Ob Klienten ihre Generalisierungen in der Form *X oder Y* spontan darstellen oder den zweiten Teil (das Ergebnis bzw. die Konsequenz) auf Anfrage liefern, — ihre Generalisierungen können durch den Therapeuten in der äquivalenten Form *Wenn ... dann ...* neu formuliert werden. Nachdem der Therapeut den Klienten die *Wenn ... dann ...* — Form seiner Generalisierung hat verifizieren lassen, kann er sie durch Einführung von Negationen in beide Teile der Generalisierung und Darbietung der resultierenden Oberflächenstruktur an den Klienten hinterfragen:

Wenn Sie sich um andere Menschen kümmern, werden sie Sie mögen?

Der Therapeut kann diese Umkehrungstechnik in Kombination mit anderen Techniken anwenden, zum Beispiel einige, die im Zusammenhang mit Modaloperatoren oder Universalquantoren diskutiert worden sind, und er erhält so folgendes Hinterfragen der Oberflächenstruktur:

Wenn Sie sich um andere Menschen kümmern, werden sie Sie

{ notwendigerweise / immer } *mögen?*

Komplexe Generalisierung — Äquivalenz

Wir möchten auf eine weitere häufig auftretende Form der Generalisierung hinweisen, die etwas komplexerer Natur ist als die bisher in diesem Abschnitt behandelten. Bei komplexen Generalisierungen geht es um Oberflächenstrukturen, die im Modell des Klienten äquivalent sind. Gewöhnlich formuliert der Klient eine dieser Oberflächenstrukturen, macht eine Pause und äußert dann die zweite. Die zwei Oberflächenstrukturen haben charakteristischerweise die gleiche syntaktische Form. Zum Beispiel sagt die Klientin:

Mein Mann schätzt mich nie... Mein Mann lächelt mich nie an.

Die zwei Oberflächenstrukturen sind syntaktisch parallel:

Substantiv^1 — Verb — Substantiv^2 — Universalquantor

wobei

Substantiv^1 = mein Mann
Substantiv^2 = mich (Klientin)

Beachten sie, daß eine dieser Oberflächenstrukturen (die erste) eine Verletzung eines der Kriterien des therapiebezogenen Wohlgeformtheit beinhaltet; genauer beansprucht die Klientin Kenntnis einer der inneren Zustände („schätzen") ihres Mannes, ohne anzugeben, wie sie zu dieser Kenntnis gekommen ist — ein Fall von Gedankenlesen. In der zweiten Oberflächenstruktur wird der Prozeß des Anlächelns oder Nicht-Anlächelns einer Person durch eine andere Person beschrieben — eine verifizierbare Erfahrung, die keine Kenntnis über den inneren Zustand dieser Person voraussetzt. Diese beiden Beispiele von Oberflächenstruktur sind Generalisierungen, die hinterfragt werden können (unter Verwendung der im Abschnitt über Universalquantoren beschriebenen Technik). Hier möchten wir jedoch eine abgekürzte Technik anbieten, die oft dramatische Resultate zeigt. Zuerst prüft der Therapeut, ob die beiden Oberflächenstrukturen im Modell des Klienten tatsächlich Äquivalente darstellen. Dies kann leicht dadurch geschehen, daß direkt gefragt wird, ob die beiden Oberflächenstrukturen Äquivalente darstellen:

K: *Mein Mann schätzt mich nie... Mein Mann lächelt mich nie an.*
T: *Bedeutet, daß Ihr Mann Sie nicht anlächelt, immer, daß er Sie nicht schätzt?*

Hier wird die Klientin mit einer Entscheidung konfrontiert: die Klientin verneint die Äquivalenz, und der Therapeut kann die Klientin fragen, woher sie eigentlich weiß, daß ihr Mann sie nicht schätzt, oder die Klientin bestätigt die Äquivalenz. Wird die Äquivalenz dieser beiden

Oberflächenstrukturen bestätigt, wendet der Therapeut die Technik der Verschiebung des Bezugsindex an:

↓ *Mein Mann* *ich (die Klientin)*	↓ *ich* *mein Mann*

Dies ergibt eine Transformation der Oberflächenstruktur von:

Bedeutet, daß Ihr Mann Sie nicht anlächelt, immer, daß er Sie nicht schätzt?

zur Oberflächenstruktur:

Bedeutet, daß Sie Ihren Mann nicht anlächeln, immer, daß Sie ihn nicht schätzen?

Lassen Sie uns rekapitulieren, was geschehen ist:

1. Die Klientin äußert zwei Oberflächenstrukturen, die durch eine Pause getrennt sind und dieselbe syntaktische Form haben: eine, die Gedankenlesen beinhaltet, die andere nicht.

2. Der Therapeut überprüft, ob die beiden Oberflächenstrukturen äquivalent sind.

3. Der Klient bestätigt ihre Äquivalenz.

Somit haben wir folgende Situation:

(X lächelt Y nicht an) = (X schätzt Y nicht)
(wobei X der Mann der Klientin und Y die Klientin ist)

4. der Therapeut verschiebt die Bezugsindices und bittet die Klientin, die neuen Generalisierungen zu überprüfen. Die neue Oberflächenstruktur hat die gleiche logische Form:

(X lächelt Y nicht an) = (X schätzt Y nicht)
(wobei X die Klientin und Y der Mann der Klientin ist)

5. Gewöhnlich verneint die Klientin die Äquivalenz, wenn sie das aktiv agierende Subjekt des Prozesses ist.

(X lächelt Y nicht an) = (X schätzt Y nicht)
(wobei X die Klientin und Y der Mann der Klientin ist)

Wenn die Klientin die neue Generalisierung akzeptiert, stehen dem Therapeuten die üblichen Möglichkeiten zur Verfügung, Generalisierungen zu hinterfragen. Unsere Erfahrung ist, daß Klienten selten die neue Generalisierung akzeptieren werden.

6. Der Therapeut kann nun beginnen, den Unterschied zwischen den zwei Situationen zu explorieren: die eine, in der die Äquivalenz besteht, die andere, in der sie es nicht tut. Die Klientin wiederum hat ihre Generalisierung mit ihrer Erfahrung wieder verbunden. Der gesamte Austausch sieht folgendermaßen aus:

K: *Mein Mann schätzt mich nie... Mein Mann lächelt mich nie an.*
T: *Bedeutet, daß Ihr Mann Sie nicht anlächelt, immer, daß er Sie nicht schätzt?*
K: *Ja, das stimmt!*
T: *Bedeutet, daß Sie Ihren Mann nicht anlächeln, daß Sie ihn nicht schätzen?*
K: *Nein, das ist nicht dasselbe.*
T: *Wo ist da der Unterschied?*

Unvollständig spezifizierte Verben

Die zweite Generalisierungsform, die in natürlichen Sprachsystemen auftritt, besteht in unvollständig spezifizierten Verben. Zum Beispiel wird in den Oberflächenstrukturen

(154) *Meine Mutter hat mich verletzt.*
(155) *Meine Schwester hat mich getreten.*
(156) *Meine Freundin berührte meine Wange mit ihren Lippen.*

das dargestellte Bild zunehmend klarer und spezifizierter. So kann in der ersten die Mutter, auf die Bezug genommen wird, irgendeine physische Verletzung verursacht haben, oder die Verletzung kann auch „psychologisch" gewesen sein; sie kann sie mit einem Messer oder einem Wort oder einer Geste verursacht haben ... all dies bleibt unvollständig spezifiziert. Im nächsten Satz kann die erwähnte Schwester den Sprecher mit ihrem linken oder ihrem rechten Fuß getreten haben, es wird aber spezifiziert, daß es ihr Fuß gewesen sei; wo der Sprecher getreten wurde, bleibt unspezifiziert. Im dritten Beispiel ist das dargestellte Bild noch spezifizierter — die Art, in der die erwähnte Freundin den Kontakt herstellte (*berührte mit ihren Lippen*), und die Körperstelle des Sprechers, an der dieser Kontakt stattfand, wird auch spezifiziert (*Wange*). Beachten Sie aber, daß die Dauer des Kontakts, die Grobheit oder Zartheit, unspezifiziert bleiben.[6)]

Jedes Verb, das wir kennen, ist in einem bestimmten Maß unvollständig spezifiziert. Wie klar das vom Verb dargestellte Bild ist, wird durch zwei Faktoren bestimmt:

1. Die Bedeutung des Verbs selbst. Zum Beispiel ist das Verb *küssen* allein durch seine Bedeutung spezifischer als das Verb *berühren; küssen* entspricht einer spezifischen Form der Berührung, und zwar der *Berührung mit den Lippen.*
2. Die Informationsmenge, die durch den Rest des Satzes, in dem das Verb erscheint, dargeboten wird. Zum Beispiel ist der Satzteil *durch Ablehnung verletzt* stärker spezifiziert als das einfache Verb *verletzen.*

Da jedes Verb in einem bestimmten Maß unvollständig spezifiziert ist, schlagen wir folgende Vorgehensweise vor:

Stufe 1: Hören Sie auf die Oberflächenstruktur des Klienten und identifizieren Sie die Prozeßworte bzw. Verben.

Stufe 2: Fragen Sie sich, ob das durch das Verb innerhalb eines Satzes dargestellte Bild klar genug ist, so daß Sie sich den tatsächlichen Ablauf der beschriebenen Ereignisse vorstellen können.

Findet der Therapeut, daß das Bild, das er durch das Verb und die begleitenden Worte oder Satzteile der Oberflächenstruktur des Klienten hat, nicht klar genug ist, um sich den tatsächlichen Ablauf der beschriebenen Ereignisse vorstellen zu können, sollte er nach einem vollständiger spezifizierten Verb fragen. Die Frage, die dem Therapeuten zur Erhellung des schwach fokussierten Bildes zur Verfügung steht, lautet:

Wie genau hat X ... Y?
(Wobei X = Subjekt des unvollständig spezifizierten Verbs und Y = unspezifiziertes Verb plus Rest der ursprünglichen Oberflächenstruktur des Klienten)

Gegeben sei zum Beispiel die Oberflächenstruktur

(157) *Susan hat mich verletzt.*

Der Therapeut fragt nach einer vollständiger spezifizierten Darstellung mit der Frage:

(158) *Wie genau hat dich Susan verletzt?*

Bei den folgenden Oberflächenstrukturen sollen Sie eine Frage formulieren, deren Beantwortung Ihr Bild der beschriebenen Handlung erhellt.

(159)	*Meine Kinder zwingen mich, sie zu bestrafen.*	Wie genau zwingen Ihre Kinder Sie, sie zu bestrafen? Außerdem, wie genau bestrafen Sie ihre Kinder?
(160)	*Sharon verlangt immer meine Aufmerksamkeit.*	Wie genau verlangt sie immer Ihre Aufmerksamkeit?
(161)	*Ich zeige Jane immer, daß ich sie liebe.*	Wie genau zeigen Sie Jane, daß Sie sie lieben?
(162)	*Mein Mann übersieht mich immer.*	Wie genau übersieht Sie Ihr Mann?
(163)	*Meine Familie versucht, mich verrückt zu machen.*	Wie genau versucht Ihre Familie, Sie verrückt zu machen?

Jede Oberflächenstruktur, die sprachlich wohlgeformt ist, beinhaltet ein Prozeßwort bzw. Verb. Kein Verb, dem wir begegnet sind, war vollständig spezifiziert. Daher ist jede einzelne Oberflächenstruktur des Klienten eine Gelegenheit, daß der Therapeut überprüft, ob das dargestellte Bild klar ist.

Präsuppositionen

Präsuppositionen sind *eine* sprachliche Erscheinungsform der Verzerrung. Das Erkennen solcher Präsuppositionen durch den Therapeuten hat den Zweck, dem Klienten bei der Identifizierung solcher Grundannahmen zu helfen, die sein Modell einschränken und seine Bewältigungsmöglichkeiten verringern. Linguistisch betrachtet, tauchen diese Grundannahmen als Präsuppositionen in den Oberflächenstrukturen des Klienten auf. Um zum Beispiel der Oberflächenstruktur

(164) *Ich befürchte, daß sich mein Sohn als genauso faul erweist wie mein Mann.*

einen Sinn geben zu können, muß der Therapeut die Situation als wahr annehmen, die als Präsuppositionen in diesem Satz zum Ausdruck kommt. Genauer

(165) *Mein Mann ist faul.*

Beachten Sie, daß diese letzte Oberflächenstruktur, die Präsupposition für die vorherige, nicht direkt als irgendein Teil des Satzes erscheint, der sie als wahr voraussetzt. Linguisten haben eine Überprüfungsmöglichkeit entwickelt, um festzustellen, welches die Präsuppositionen jedes beliebigen Satzes sind. Auf das Meta-Modell angewandt, lauten sie

Stufe 1: Hören Sie auf das Hauptprozeßwort oder -verb in der Oberflächenstruktur des Klienten — nennen Sie dies Satz A.

Stufe 2: Schaffen Sie eine neue Oberflächenstruktur durch Einführung der Negation des Hauptverbs in der ursprünglichen Oberflächenstruktur des Klienten — nennen Sie dies Satz B.

Stufe 3: Fragen Sie sich, was wahr sein muß, damit sowohl A als auch B einen Sinn ergeben.

Alle Dinge (in Form von anderen Sätzen ausgedrückt), die wahr sein müssen, damit sowohl A als auch B einen Sinn ergeben, stellen die Präsuppositionen des ursprünglichen Satzes des Klienten dar. Im einzelnen, bezogen auf den Satz

Ich befürchte, daß sich mein Sohn als genauso faul erweist wie mein Mann.

schafft der Therapeut durch Einführung der Negation des Hauptverbs (*befürchten*) einen zweiten Satz:

(166) *Ich befürchte nicht, daß sich mein Sohn als genauso faul erweist wie mein Mann.*

Das Wesentliche ist hier, damit der Therapeut dieser neuen Oberflächenstruktur einen Sinn geben kann, daß wahr sein muß:

(165) *Mein Mann ist faul.*

Da sowohl die ursprüngliche Oberflächenstruktur des Klienten als auch die neue, durch Einführung der Negation aus ihr geformte Oberflächenstruktur verlangen, daß dieser Satz (165) wahr ist, ist diese letzte Oberflächenstruktur die Präsupposition des ursprünglichen Satzes des Klienten.

In den folgenden Oberflächenstrukturen sollen Sie die Präsuppositionen jedes Satzes identifizieren.

(167)	*Wenn du wieder so unmöglich bist wie letztes Mal, als wir dies besprachen, dann lassen wir's lieber.*	— Wir haben etwas besprochen. — Du warst unmöglich, als wir das letzte mal etwas besprochen haben.
(168)	*Wenn Judy so vereinnahmend sein muß, möchte ich lieber nichts mit ihr zu tun haben.*	Judy ist vereinnahmend.
(169)	*Wenn Fred meine Gegenwart erfreut hätte, wäre er nicht so früh gegangen.*	Meine Gegenwart hat Fred nicht erfreut.
(179)	*Wenn du wüßtest, wie sehr ich darunter leide, würdest du dich nicht in dieser Weise verhalten.*	— Ich leide — Du verhälst dich in dieser Weise. — Du weißt nicht...
(171)	*Da mein Problem banal ist, möchte ich lieber nicht die wertvolle Zeit der Gruppe in Anspruch nehmen.*	Mein Problem ist banal.

Linguisten haben innerhalb der Sprache eine große Anzahl spezifischer Formen bzw. syntaktischer Einkleidungen identifiziert, in denen Präsuppositionen notwendigerweise erscheinen. Zum Beispiel ist jeder Teil einer Oberflächenstruktur, der nach den Hauptverben *erkennen, sich in acht nehmen, ignorieren* usw. erscheint, eine Präsupposition oder notwendige Voraussetzung dieser Oberflächenstrukturen. Es ist zu beachten, daß diese spezifischen Formen bzw. syntaktischen Einkleidungen unabhängig vom Inhalt oder von der Bedeutung der verwendeten Worte und Satzteile sind.

Nachdem der Therapeut die Präsuppositionen in der Oberflächenstruktur des Klienten erkannt hat, kann er sie nunmehr hinterfragen. Wegen der Komplexität der Präsupposition hat der Therapeut eine Anzahl von Möglichkeiten.

1. Der Therapeut kann den Klienten mit der in seiner Oberflächenstruktur implizierten Präsupposition direkt konfrontieren. Hiermit kann der Therapeut den Klienten auffordern, die Präsupposition zu erforschen unter Verwendung der anderen Kriterien der therapiebezogenen Wohlgeformtheit. Zum Beispiel sagt die Klientin:

(172) *Ich befürchte, daß sich mein Sohn als genauso faul erweist wie mein Mann.*

Der Therapeut erkennt die Präsupposition:

(173) *Mein Mann ist faul.*

und zeigt sie der Klientin auf und fragt sie, wie im einzelnen ihr Mann faul sei. Die Klientin antwortet mit einer anderen Oberflächenstruktur, die der Therapeut auf therapiebezogene Wohlgeformtheit überprüft.

2. Der Therapeut kann sich entscheiden, die Präsuppositionen zu akzeptieren, und so die Kriterien der therapiebezogenen Wohlgeformtheit auf die ursprüngliche Oberflächenstruktur des Klienten anwenden, indem er verlangt, das Verb zu spezifizieren, getilgtes Material wiederzugewinnen usw.

Wir wollen einige Oberflächenstrukturen anbieten, die Präsuppositionen haben, und einige Möglichkeiten, sie zu hinterfragen, angeben. Denken Sie daran, daß die Fragen, die wir anbieten, Beispiele darstellen und nicht alle Möglichkeiten erschöpfen.

(174)	*Wenn meine Frau wieder so unmöglich sein wird wie das letzte Mal, als ich versuchte, mit ihr darüber zu reden, werde ich es sicherlich nicht nochmals versuchen.*	Was genau erschien Ihnen an Ihrer Frau unmöglich? Wie genau war Ihre Frau für Sie unmöglich?
(175)	*Wenn Judy so vereinnahmend sein muß, möchte ich lieber nichts mit ihr zu tun haben.*	Wie genau erscheint Ihnen Judy vereinnahmend zu sein?

Semantische Wohlgeformtheit

Sätze zu erkennen, die semantisch fehlgeformt sind, hat den Zweck, den Klienten zu unterstützen, die Anteile seines Modells zu identifizieren, die in irgendeiner Weise verzerrt sind, so daß die ihm möglichen Erfahrungen eingeschränkt sind. Gewöhnlich nehmen diese einschränkenden Verzerrungen eine Form an, die die Wahlmöglichkeiten des Klienten in irgendeiner Weise einschränken, so daß die Handlungsfähigkeit des Klienten reduziert ist. Wir haben einige häufig erscheinende Klassen semantischer Fehlgeformtheit identifiziert, denen wir in der Therapie gewöhnlich begegnen. Wir legen im Folgenden die linguistische Charakterisierung für jede Klasse dar. Die Alternativen, die dem Therapeuten im Umgang mit den ersten zwei Klassen semantisch fehlgeformter Oberflächenstrukturen zur Verfügung stehen, sind im wesentlichen gleich. Daher werden wir diese Alternativen in einem Abschnitt vorlegen, nachdem wir diese beiden Klassen dargelegt haben.

Ursache und Wirkung

Diese Klasse semantisch fehlgeformter Oberflächenstrukturen umfaßt seitens des Sprechers die Annahme, daß eine Person (oder Reihe von Umständen) eine Handlung ausüben kann, die zwangsläufig bewirkt, daß irgendeine andere Person ein Gefühl oder einen inneren Zustand erlebt. Gewöhnlich wird die Person, die dieses Gefühl oder diesen inneren Zustand erfährt, so dargestellt, als habe sie keine Wahl, als in der beschriebenen Weise zu reagieren. Der Klient sagt z. B.:

(176) *Meine Frau macht mich wütend.*

Beachten Sie, daß diese Oberflächenstruktur ein verschwommenes Bild darstellt, in dem ein Mensch (als *Meine Frau* beschrieben) irgendeine Handlung vollzieht (nicht näher spezifiziert), die zwangsläufig bewirkt, daß irgendeine andere Person (als *mich* beschrieben) ein Gefühl (*Wut*) erlebt. Fehlgeformte Oberflächenstrukturen, die Glieder dieser Klasse sind, können an zwei allgemeinen Formen erkannt werden:

(A)	X	Verb (Verursachung)	Y	Adjektiv (eine Emotion oder ein innerer Zustand)

(wo X und Y Substantive mit unterschiedlichen Bezugsindices sind, d. h. sich auf verschiedene Personen beziehen).

Die oben dargestellte Oberflächenstruktur entspricht dieser Form, nämlich:

Meine Frau	macht	mich	wütend
X	Verb	Y	Adjektiv
	(Verursachung)		(Emotion oder innerer Zustand)

Die andere allgemeine Form, der wir häufig begegnen, liegen Oberflächenstrukturen zugrunde wie:

(177) *Dein Lachen lenkt mich ab.*

Die allgemeine Form lautet:

(B)	X	Verb	Verb	Y
			(Verursachung)	

(wo X und Y Substantive mit unterschiedlichen Bezugsindices sind, d. h. sich auf verschiedene Personen beziehen).

Wenden wir die allgemeine Form auf das Beispiel an, so erhalten wir:

Dein	Lachen	lenkt	mich ab.
X	Verb	Verb	Y
		(Verursachung)	

Wir wollen jetzt einige Oberflächenstrukturen anführen, die alle in der soeben beschriebenen Weise semantisch fehlgeformt sind. Dies soll Ihnen helfen bei der Einübung Ihrer Fähigkeit, Beispiele dieser Art von semantischer Fehlgeformtheit zu erkennen.

(178) *Sie zwingt mich, eifersüchtig zu sein.*
(179) *Du machst mich immer glücklich.*
(180) *Er zwang mich dazu, mich elend zu fühlen.*
(181) *Sie verursacht mir viel Leid.*
(181) *Daß du an die Wand schreibst, stört mich.*
(182) *Ihr Weinen ärgert mich.*

Neben den Oberflächenstrukturen dieser zwei allgemeinen Formen gibt es andere, die eine andere Form, aber dieselbe Bedeutung haben. Zum Beispiel hat die Oberflächenstruktur

(184) *Sie deprimiert mich.*

die gleiche Bedeutung wie die Oberflächenstruktur

(185) *Sie bewirkt, daß ich mich deprimiert fühle.*

Tatsächlich kann es Therapeuten bei der Einübung ihrer Fähigkeiten, semantisch fehlgeformte Oberflächenstrukturen dieser Art zu erkennen, eine Hilfe sein, diesen Paraphrasierungstest anzuwenden. Genauer gesagt, wenn die Oberflächenstruktur, die der Klient darlegt, übersetzt werden kann aus der Form

X	Verb	Y		

(wo X und Y Substantive mit unterschiedlichen Bezugsindices sind)

in die allgemeine Form:

X	Verb (Verursachung)	Y	Adjektiv (Emotion oder innerer Zustand)	Verb (fühlen erfahren)

(wobei das Adjektiv in einer Form steht, die eine Beziehung zum Verb in der ursprünglichen Oberflächenstruktur des Klienten hat),

und wenn die neue Oberflächenstruktur dasselbe bedeutet wie die ursprüngliche Oberflächenstruktur des Klienten, dann ist die Oberflächenstruktur fehlgeformt. Als zusätzliches Beispiel sagt der Klient:

(186) *Du langweilst mich.*

Um den Paraphrasierungstest anzuwenden, stellen Sie das Verb dieser Oberflächenstruktur an das Ende der neuen Oberflächenstruktur, und setzen Sie das Verb *bewirken* oder *verursachen* an seine Stelle, dann wird das Verb *fühlen* oder *erfahren* angefügt; dies ergibt:

(187) *Du bewirkst, daß ich mich gelangweilt fühle.*

Die Frage ist nun, ob diese neue Oberflächenstruktur und die ursprüngliche des Klienten dasselbe bedeuten. In diesem Fall tun sie es, und die ursprüngliche Oberflächenstruktur des Klienten wird als semantisch fehlgeformt erkannt. Um Ihnen bei der Heranbildung Ihrer Fähigkeit, diese Klasse von semantisch fehlgeformten Oberflächenstrukturen zu erkennen, eine Unterstützung zu geben, bieten wir folgende Sätze an. Bestimmen Sie, welche Oberflächenstruktur fehlgeformt ist, indem Sie den Paraphrasierungstest in der obigen Form anwenden.

(188)	*Musik erfreut mich.*	=	Musik bewirkt, daß ich mich freudig fühle.
(189)	*Mein Mann mag mich.*	=	Mein Mann bewirkt, daß ich mich gemocht fühle.
(190)	*Deine Gedanken ärgern mich.*	=	Deine Gedanken bewirken, daß ich mich ärgerlich fühle.
(191)	*Sein Vorhaben beleidigt mich.*	=	Sein Vorhaben bewirkt, daß ich mich beleidigt fühle.
(192)	*Polizisten verfolgen mich.*	=	Polizisten bewirken, daß ich mich verfolgt fühle.

Eine weitere häufig erscheinende Oberflächenstrukturform in dieser Klasse ist:

(193) *Ich bin traurig, daß du unseren Hochzeitstag vergessen hast.*

bzw.

(194) *Ich bin traurig, da du unseren Hochzeitstag vergessen hast.*

bzw.

(195) *Ich bin traurig, weil Du unseren Hochzeitstag vergessen hast.*

Wiederum können diese drei Oberflächenstrukturen umschrieben werden durch die Oberflächenstruktur:

(196) *Dein Vergessen unseres Hochzeitstages macht mich traurig.*

Beachten Sie, daß diese letzte Oberflächenstruktur der allgemeinen Form (B) entspricht. Somit steht wiederum ein Paraphrasierungstest zur Verfügung, um Sie bei der Übung Ihres Einfühlungsvermögens zu unterstützen. Genau gesagt, wenn die Oberflächenstruktur des Klienten durch einen Satz der allgemeinen Form (B) umschrieben werden kann, ist sie semantisch fehlgeformt.

Wir bringen eine weitere Gruppe von Oberflächenstrukturen. Bestimmen Sie, welche semantisch fehlgeformt sind, indem Sie den Paraphrasierungstest der Form (B) anwenden.

(197)	*Ich bin deprimiert, da Du mir nicht helfen wirst.*	=	Dein Nichthelfen deprimiert mich.
(198)	*Ich bin einsam, weil Du abwesend bist.*	=	Deine Abwesenheit macht mich einsam.
(199)	*Ich feue mich, daß ich nach Mexiko fahre.*	=	Meine Fahrt nach Mexiko macht mich froh.

(Beachte: Der Paraphrasierungstest funktioniert, aber die Oberflächenstruktur ist nicht fehlgeformt, da beide Substantive, X und Y der allgemeinen Form (B), denselben Bezugsindex aufweisen.)

(200)	*Sie ist verletzt, da Sie sie nicht beachten.*	=	Ihr Nichtbeachten verletzt sie.

Aber

Neben den genannten Formen von Oberflächenstrukturen, mit denen der Klient seinen Mangel an Alternativen erfährt, haben wir es in der Ausbildung anderer Therapeuten als hilfreich empfunden, auf das Schlüsselwort *aber* aufmerksam zu machen. Diese Konjunktion *aber*, die in vielen ihrer Funktionen logisch als *und nicht* zu übersetzen ist, hat die Aufgabe, die vom Klienten angenommenen Gründe oder Bedingungen zu identifizieren, die etwas von ihm Erwünschtes unmöglich beziehungsweise etwas Unerwünschtes notwendig machen. Zum Beispiel sagt der Klient:

(201) *Ich möchte von zu Hause fort, aber mein Vater ist krank.*

Wenn wir eine Oberflächenstruktur dieser Form hören, verstehen wir das dahingehend, daß der Klient eine Ursache-Wirkung-Beziehung in seinem Weltmodell beschreibt. Daher nennen wir Oberflächenstrukturen dieser allgemeinen Form Implizierte Kausative:

(202) *X aber Y.*

In dem spezifischen Beispiel von eben berichtet der Klient, was in seinem Modell eine notwendige Kausalbeziehung ist, nämlich daß das Kranksein seines Vaters ihn daran hindert, sein Zuhause zu verlassen. Der Teil der Oberflächenstruktur, der durch X repräsentiert wird, beschreibt etwas vom Klient Erwünschtes (d. h. *von zu Hause fortgehen*), und der durch Y repräsentierte Teil beschreibt die Bedingung oder den Grund (d. h. *mein Vater ist krank*), die den Klienten hindern, X zu erlangen. Wir haben eine andere häufige Form, die Implizierte Kausative typischerweise in Oberflächenstrukturen aufweisen. Der Klient äußert:

(203) *Ich möchte nicht von zu Hause fort, aber mein Vater ist krank.*

In dieser Form des Implizierten Kausativs stellt das X etwas vom Klienten Unerwünschtes (d. h. *von zu Hause fortgehen*) dar, und Y stellt die Bedingung oder den Grund dar, die den Klienten zwingen, etwas von ihm Unerwünschtes zu erleben (d. h. *mein Vater ist krank*). Mit anderen Worten, das Kranksein des Vaters zwingt den Klienten, sein Zuhause zu verlassen. Dies sind die beiden Implizierten Kausative, denen wir am häufigsten begegnet sind. Beiden Formen ist die Eigenschaft gemeinsam, daß der Klient keine Alternativen erfährt. Im ersten Fall möchte er etwas (das X in der allgemeinen Form *X aber Y*), und irgendeine Bedingung (das Y) verhindert, daß er es erhält. Im zweiten Fall möchte der Klient etwas (das X) nicht, aber etwas anderes (das Y) zwingt ihn, es zu erleben. Die folgenden Oberflächenstrukturen setzen sich aus Beispielen für den Implizierten Kausativ zusammen, um Ihnen beim Erkennen der semantischen Beziehung zu helfen.

(204) *Ich würde mich ändern, aber viele Menschen sind von mir abhängig.*

(205) *Ich möchte nicht zornig werden, aber sie beschuldigt mich immer.*

(206) *Ich möchte dieser Sache auf den Grund kommen, aber ich nehme zu viel Zeit der Gruppe in Anspruch.*

(207) *Ich bin nicht gern nervös, aber mein Beruf verlangt es von mir.*

Der Therapeut hat mindestens folgende drei Möglichkeiten, mit Implizierten Kausativen umzugehen:

(a) Er kann die Ursache-Wirkung-Beziehung akzeptieren und fragen, ob das immer so ist. Zum Beispiel sagt der Klient:

(205) *Ich möchte nicht zornig werden, aber sie beschuldigt mich immer.*

worauf der Therapeut reagieren kann:

Werden Sie immer zornig, wenn sie Sie beschuldigt?

Oft wird der Klient erkennen, daß es Fälle gegeben hat, bei denen sie ihn beschuldigte und er nicht zornig geworden ist. Dies eröffnet die Möglichkeit, festzustellen, worin der Unterschied liegt zwischen diesen Fällen und denen, wo ihre Beschuldigung ihn „automatisch" zornig machen.

(b) Er kann die Ursache-Wirkung-Beziehung akzeptieren und den Klienten bitten, diese Beziehung eines Implizierten Kausativs vollständiger zu spezifizieren. Zur obigen Oberflächenstruktur des Klienten könnte der Therapeut antworten:

Wie genau machen ihre Beschuldigungen Sie zornig?

Der Therapeut fährt fort, die Spezifika zu erfragen, bis er ein klares Bild von dem Prozeß der Implizierten Kausalität hat, wie er im Modell des Klienten repräsentiert ist.

(c) Er kann die Ursache-Wirkung-Beziehung hinterfragen. Eine direkte Art, dies zu tun, die wir wirkungsvoll gefunden haben, besteht darin, eine Oberflächenstruktur, die die Beziehung umkehrt, als Feedback zu geben. Zum Beispiel sagt der Klient:

(205) *Ich möchte nicht zornig werden, aber sie beschuldigt mich immer.*

Der Therapeut kann folgendermaßen reagieren:[6)]

(208) *Wenn sie Sie also nicht beschuldigen würde, würden Sie nicht zornig werden, stimmt das?*

oder der Klient sagt:

(201) *Ich möchte von zu Hause fort, aber mein Vater ist krank.*

Worauf der Therapeut antworten kann:

(209) *Wenn Ihr Vater also nicht krank wäre, würden Sie von zu Hause fortgehen, stimmt's?*

Diese Technik läuft darauf hinaus, den Klienten aufzufordern, die Bedingungen in seinem Modell, die verhindern, daß er das erreicht, was er möchte, umzukehren oder die Bedingungen seines Modells umzukehren oder zu entfernen, die ihn zwingen, etwas zu tun, das er nicht tun möchte, und ihn dann zu fragen, ob diese Umkehr ihm das gibt, was er möchte. Untersuchen wir diesen Prozeß genauer. Wenn mir jemand sagt:

Ich möchte mich entspannen, aber mein Rücken quält mich.

dann verstehe ich seine Aussage folgendermaßen:

Ich möchte mich entspannen aber	{ *Ich kann mich nicht entspannen* *Ich bin nicht entspannt* }	*weil*

mein Rücken mich quält

Somit beinhalten Oberflächenstrukturen der Form:

X aber Y

eine Tilgung. Ihre volle Form lautet:

X und nicht X wegen Y

Unter Verwendung des vorhergehenden Beispiels, dessen ursprüngliche Oberflächenstruktur lautet:

Ich möchte von zu Hause fort, aber mein Vater ist krank.

erhalten wir durch die soeben vorgeschlagene Äquivalenz die vollständige Repräsentation:

Ich möchte von zu Hause fort und	{ *Ich kann nicht* *Ich werde nicht* }	*von zu Hause*

fortgehen, weil mein Vater krank ist.

Nachdem diese vollständigere Fassung der ursprünglichen Oberflächenstruktur zur Verfügung steht, kann der Therapeut die Umkehrungstechnik für Implizierte Kausative anwenden. Aus einer Oberflächenstruktur der Form

X und nicht X wegen Y

bildet er eine neue, umgekehrte Oberflächenstruktur, die nur den zweiten Teil der vollständigeren Fassung enthält:

Nicht X wegen Y.

Diese neue Oberflächenstruktur besteht aus einer *Wenn...dann...*-Konstruktion, in der dieser letztgenannte Teil der vollständigen Repräsentation umgekehrt wird und sowohl dem X- als auch dem Y-Teil eine Negation angehängt wird. Schrittweise ausgedrückt:

(1) Den letztgenannten Teil der vollständigen Repräsentation in umgekehrter Reihenfolge in eine *Wenn…dann…*-Konstruktion einfügen:

Wenn (mein Vater krank ist) dann ({ *kann ich nicht* / *werde ich nicht* } *von zu Hause fortgehen).*

{} *bedeutet* einer *der Ausdrücke,* nicht *beide.*

(2) Negationen sowohl in den *Wenn*-Teil als auch in den *dann*-Teil einfügen:

Wenn (mein Vater nicht krank wäre), dann ({ *kann ich nicht* / *werde ich nicht* } *nicht von zu Hause fortgehen).*

oder wenn man die Doppelnegation in eine grammatikalisch richtige Form überträgt:

Wenn (mein Vater nicht krank wäre), dann ({ *könnte ich* / *würde ich* } *von zu Hause fortgehen).*

(3) Die umgekehrte Generalisierung dem Klienten zur Bestätigung oder Verneinung anbieten.

Wenn Ihr Vater nicht krank wäre, würden Sie von zu Hause fortgehen?

Diese Umkehrungstechnik hat sich nach unserer Erfahrung bewährt, um die Ursache-Wirkung-Generalisierung, die hier zum Tragen kommt, zu hinterfragen. Es gelingt dem Klienten oft, die Verantwortung zu übernehmen für seine fortbestehende Entscheidung, etwas zu tun oder nicht zu tun, von dem er ursprünglich behauptete, daß es von jemandem oder etwas anderem kontrolliert würde. Um zusammenzufassen: die Umkehrungstechnik für Implizierte Kausative der Form *X aber Y* umfaßt folgende Schritte:

1. Erweitern Sie die ursprüngliche Oberflächenstruktur des Klienten auf ihre vollständigere Version (mit wiederhergestellter Tilgung) unter Verwendung der Äquivalenz:

(*X* *aber* *Y*) → (*X* *und* *nicht* *X* *weil* *Y*)

(*Ich möchte von zu Hause fort*) *aber* (*mein Vater ist krank*) → (*ich möchte von zu Hause fort*) und ({*ich kann nicht* / *ich werde nicht*} *von zu Hause fort*) *weil* (*mein Vater krank ist*)

2. Setzen Sie den zweiten Teil der wiederhergestellten Oberflächenstruktur (den Teil nach *und*) in eine Wenn-dann-Konstruktion in umgekehrter Reihenfolge:

(*Nicht* *X* *weil* *Y*) → (*wenn* *Y,* *dann* *nicht* *X*)

({*Ich kann nicht* / *Ich werde nicht*} *von zu Hause fort*) *weil* (*mein Vater krank ist*) → *Wenn* (*mein Vater krank ist*) *dann* ({*kann ich nicht* / *werde ich nicht*} *von zu Hause fort*)

3. Fügen Sie in beide Teile (Wenn- und Dann-Teile) der neuen Oberflächenstruktur Negationen ein:

(*Wenn* *Y* *dann* *nicht* *X*) → (*Wenn nicht Y* *dann* *nicht* *nicht* *X*)

Wenn (*mein Vater krank ist*) *dann* ({*kann ich nicht* / *werde ich nicht*} *von zu Hause fort*) → *Wenn* (*mein Vater nicht krank ist*) *dann* ({*kann icht nicht* / *werde ich nicht*} *nicht* *von zu Hause fort*)

4. Bieten Sie die endgültige Fassung der neuen Oberflächenstruktur an, um die ursprüngliche Generalisierung des Klienten in Frage zu stellen:[7]

Also, wenn Ihr Vater nicht krank wäre, würden Sie von zu Hause fortgehen?

(d) Eine weitere Technik, die sich als brauchbar erwiesen hat, besteht darin, die Generalisierungen des Klienten über Implizierte Kausative zu verstärken, indem wir beim Feedback den Modaloperator der Notwendigkeit in die Oberflächenstruktur des Klienten einsetzen und den Klienten bitten, dies zu bejahen oder abzulehnen. Zum Beispiel sagt der Klient:

(201) *Ich möchte von zu Hause fort, aber mein Vater ist krank.*

Der Therapeut könnte antworten:

(210) *Wollen Sie damit sagen, daß das Kranksein Ihres Vaters Sie notwendigerweise daran hindert, von zu Hause fortzugehen?*

Der Klient wird oft vor dieser Oberflächenstruktur zurückschrecken, da sie in eklatanter Weise behauptet, daß die beiden Ereignisse, X und Y, notwendigerweise miteinander verbunden seien. Wenn der Klient hier zurückschreckt, so ist der Weg für den Klienten und den Therapeuten frei, zu erforschen, inwieweit es nicht notwendigerweise so ist. Wenn der Klient die verstärkte Version (mit *notwendigerweise*) akzeptiert, ist der Weg frei, zu untersuchen, wie diese notwendige Kausalbeziehung tatsächlich funktioniert, indem weitere Spezifika über diese Beziehung erfragt werden. Diese Technik wirkt besonders gut in Verbindung mit den oben beschriebenen Möglichkeiten (a) und (b).

Gedankenlesen

Diese Klasse semantisch fehlgeformter Oberflächenstrukturen beinhaltet auf Seiten des Sprechenden die Annahme, daß eine Person wissen kann, was eine andere Person denkt und fühlt, ohne direkte Kommunikation von Seiten der zweiten Person. Zum Beispiel sagt der Klient:

(211) *Alle in der Gruppe meinen, daß ich zuviel Zeit in Anspruch nehme.*

Es ist zu beachten, daß der Sprechende behauptet, den Gedankeninhalt aller Gruppenmitglieder zu kennen. Identifizieren Sie bei der folgenden Gruppe von Oberflächenstrukturen jene, die die Behauptung beinhalten, daß eine Person die Gedanken oder Gefühle einer anderen Person kennt.

(212)	*Henry ist wütend über mich.*	Ja
(213)	*Martha berührte meine Schulter.*	Nein
(214)	*Ich bin sicher, daß sie dein Geschenk gemocht hat.*	Ja
(215)	*John sagte mir, er sei wütend.*	Nein
(216)	*Ich weiß, was ihm eine Freude macht.*	Ja
(217)	*Ich weiß, was für dich das Beste ist.*	Ja

(218) *Du weißt, was ich sagen will.* Ja
(219) *Sie können sehen, wie ich mich fühle.* Ja

Weitere, weniger offensichtliche Beispiele dieser gleichen Klasse von Oberflächenstrukturen, die voraussetzen, daß irgendjemand die Gedanken eines anderen lesen kann, sind:

(220) *Würde sie mich lieben, würde sie immer tun, was ich von ihr erwarte.*

(221) *Es hat mich enttäuscht, daß du meine Gefühle nicht berücksichtigt hast.*

Diese zwei Fälle von semantischer Fehlgeformtheit — Ursache und Wirkung und Gedankenlesen — können vom Therapeuten im wesentlichen auf die gleiche Art behandelt werden. Beide beinhalten Oberflächenstrukturen, die das Bild eines Prozesses darstellen, das zu ungenau ist, um dem Therapeuten zu ermöglichen, zu einer klaren Vorstellung dessen zu gelangen, was das Modell des Klienten ist. Im ersten Fall wird ein Prozeß beschrieben, der aussagt, daß eine Person irgendeine Handlung ausübt, die eine andere Person irgendein Gefühl erfahren läßt. Im zweiten Fall wird ein Prozeß beschrieben, der aussagt, daß eine Person darüber ein Wissen erlangt, was eine andere Person denkt und fühlt. In keinem Fall wird angegeben, wie im einzelnen diese Prozesse zustandekommen. Daher reagiert der Therapeut, indem er fragt, wie im einzelnen diese Prozesse ablaufen. Nach unserer Erfahrung identifizieren Oberflächenstrukturen, die Ursache und Wirkung und Gedankenlesen beinhalten, Teile des Modells des Klienten, in denen einschränkende Verzerrungen erfolgt sind. Bei Ursache-und-Wirkung-Oberflächenstrukturen haben die Klienten das Gefühl, daß sie wirklich keine Wahl haben, daß ihre Gefühle durch außenstehende Kräfte bestimmt werden. Bei Gedankenlesen-Oberflächenstrukturen haben die Klienten wenig Wahlmöglichkeiten, da sie bereits entschieden haben, was die anderen beteiligten Personen denken und fühlen. Daher reagieren sie auf der Ebene ihrer Annahmen über das, was diese anderen denken und fühlen, während ihre Annahmen über die Gedanken und Gefühle der anderen tatsächlich unzutreffend sein mögen. Dementsprechend kann bei Ursache und Wirkung der Klient ein Gefühl der Schuld bekommen oder wenigstens der Verantwortung, in einem anderen eine Gefühlsreaktion „bewirkt" zu haben. Beim Gedankenlesen können Klienten systematisch vermeiden, Ihre Gedanken oder Gefühle auszudrücken unter der Annahme, daß andere wissen können, was sie denken und fühlen. Wir wollen nicht behaupten, daß es einem Menschen unmöglich sei, zu erkennen, was ein anderer denkt und fühlt, aber wir wollen wissen, durch welchen Prozeß genau dies zustandekommt. Da es höchst unwahrscheinlich ist, daß ein Mensch direkt die Gedanken eines anderen lesen kann, möchten wir Einzelheiten darüber erfahren, wie diese Information übertragen wurde. Wir halten dies für äußerst wichtig, da nach unserer Erfahrung die Annahme des Klienten, er könne Gedanken anderer lesen und ein anderer könne seine Gedanken lesen, die Quelle für unzählige zwischenmenschliche Schwierigkeiten, Fehlkommunikation und damit verbundenes Leid darstellt. Noch unwahrscheinlicher ist nach unserer Erfahrung die Fähigkeit einer Person, direkt und zwangsläufig ein Gefühl in einem anderen Menschen auszulösen. Daher bezeichnen wir alle Oberflächenstrukturen dieser Form als semantisch fehlgeformt, bis der Prozeß, durch den das von ihnen Behauptete wahr wird, expliziert worden ist und die Oberflächenstrukturen, die diesen Prozeß repräsentieren, selbst den therapiebezogenen Kriterien der Wohlgeformtheit entsprechen. Der Therapeut fragt nach einer expliziten Beschreibung des durch Oberflächenstrukturen dieser beiden Klassen implizierten Prozesses im wesentlichen mit der Frage *Wie*? Wie oben im Abschnitt über unvollständig spezifizierte Verben, ist der Therapeut erst dann zufrieden, wenn er ein scharf eingestelltes Bild des beschriebenen Prozesses hat. Dieser Vorgang könnte folgendermaßen ablaufen:

K: *Henry macht mich wütend.*
T: *Wie genau macht Henry Sie wütend?*
K: *Er berücksichtigt nie meine Gefühle.*

Der Therapeut hat mindestens folgende Möglichkeiten:

(a) *Was für Gefühle im einzelnen?*
(b) *Woher wissen Sie, daß er nie Ihre Gefühle berücksichtigt?*

Der Therapeut entscheidet sich, (b) zu fragen, und der Klient antwortet:

K: *Weil er jede Nacht so lange ausbleibt.*

Der Therapeut hat mindestens folgende Möglichkeiten:

(a) *Macht Henrys Ausbleiben Sie immer wütend?*
(b) *Bedeutet Henrys Ausbleiben immer, daß er nie Ihre Gefühle berücksichtigt?*

Auf die anschließenden Oberflächenstrukturen des Klienten wendet der Therapeut die Kriterien der therapiebezogenen Wohlgeformtheit an.

Das verlorene Performativ

Jeder von uns hat bemerkt, daß in der therapeutischen Begegnung Klienten charakteristischerweise Aussagen in Form einer Generalisierung über die Welt selbst machen, welche Urteile beinhalten, die wir als ihrem Modell der Welt gemäß erkennen. Der Klient sagt z. B.:

(222) *Es ist falsch, die Gefühle eines anderen zu verletzen.*

Wir verstehen diesen Satz als Aussage über das Modell der Welt des Klienten, genauer, als Regel für ihn. Zu beachten ist, daß der Klient mit dieser Form der Oberflächenstruktur eine Generalisierung behauptet, die für die ganze Welt gelten soll; die Oberflächenstruktur ist nicht auf den Klienten hin relativiert. In der Oberflächenstruktur findet sich kein Hinweis darauf, daß dem Klienten bewußt wäre, daß die gemachte Aussage für sein spezielles Modell gültig ist; es findet sich kein Hinweis darauf, daß der Klient erkennen würde, daß es auch andere Möglichkeiten geben könnte. Wir übersetzen also diesen Satz in die Oberflächenstruktur

(223) *Ich sage zu dir, daß es für mich falsch ist, die Gefühle eines anderen zu verletzen.*

Im Rahmen des Transformationsmodells haben Linguisten eine Analyse vorgelegt, die zeigt, daß jede Oberflächenstruktur aus einer Tiefenstruktur abgeleitet ist, die einen Satz der folgenden Form beinhaltet (vgl. *Ross*, 1970):

(224) *Ich sage zu dir, daß S*

wobei S die Oberflächenstruktur ist. Dieser übergeordnete Satz wird „Performativ" genannt und wird in den meisten Fällen durch eine als Performativtilgung bezeichnete Transformation bei seiner Ableitung zur Oberflächenstruktur getilgt. Zu beachten ist, daß nach dieser Analyse die Tiefenstruktur explizit den Sprechenden als Quelle der Generalisierung über die Welt identifiziert; mit anderen Worten, der Satz, der in der Oberflächenstruktur als Generalisierung über die Welt erscheint, wird in der Tiefenstruktur als Generalisierung aus dem Modell der Welt des Sprechenden repräsentiert. Der Zweck liegt hier nicht darin, den Klienten jede Oberflächenstruktur mit vorangestelltem Performativ darstellen zu lassen, sondern vielmehr darin, uns als Therapeuten in dem Erkennen zu schulen, daß die Generalisierungen, die der Klient über die Welt äußert, Generalisierungen über sein Modell der Welt sind. Sobald er dies erkannt hat, kann der Therapeut diese Generalisierungen in einer solchen Weise hinterfragen, daß der Klient diese Generalisierungen als für sein System von Überzeugungen zu einem bestimmten Zeitpunkt gültig ansehen kann. Da es Generalisierungen über seine Überzeugungen statt über die Welt selbst sind, kann der Therapeut den Klienten bei der Entwicklung anderer möglicher Optionen innerhalb seines Modells unterstützen. Dies ist besonders wichtig, wenn die Generalisierungen die vom Klienten wahrgenommenen Möglichkeiten reduzierten. Das ist gewöhnlich mit Teilen des Modells des Klienten verbunden, in denen er Leid erfährt und eingeschränkte Handlungsalternativen hat, welche er als unbefriedigend empfindet. Es gibt Stichwörter, die wir zum Erkennen von Oberflächenstrukturen dieser Klasse als brauchbar gefunden haben. Dazu gehören:

gut, schlecht, verrückt, krank, richtig, recht, unrecht, nur (wie in: *Es gibt nur eine Art ...*), *wahr, falsch, ...*

Dies sind nur einige Stichwörter, die sich Ihnen bei dem Erkennen von Oberflächenstrukturen dieser Klasse als brauchbar erweisen mögen. Das Erkennungsmerkmal dieser Klasse ist, daß die Oberflächenstrukturen Generalisierungen über die Welt machen; sie sind nicht auf den Sprechenden hin relativiert. Sprachlich sind alle Spuren des Performativs getilgt worden.

Wohlgeformtheit im Kontext der Therapie

Wir haben zahlreiche explizite Beispiele aufgeführt, mit denen Therapeuten ihre Intuitionen schulen können, um das, das wir „therapiebezogene Wohlgeformtheit" nannten, erkennen zu können. Dies bildet das explizite Meta-Modell für die Therapie. Obwohl wir wissen, daß unser Meta-Modell nur einen Teil der in der Therapie möglichen verbalen Kommunikation abdeckt, bieten wir im nächsten Kapitel Therapiebeispiele, in denen der Therapeut vollständig auf unser Meta-Modell beschränkt worden ist. Dies ist insofern artifiziell, als das Meta-Modell ein Rüstzeug ist, das für eine Anwendung in Verbindung mit anderen möglichen Therapieansätzen entwickelt wurde. Wir möchten, daß Sie sich die möglicherweise gesteigerte Wirksamkeit der Therapie vor Augen führen, wenn Sie unser Meta-Modell in Ihren spezifischen Therapieansatz mit aufnehmen. Wir möchten Sie daran erinnern, daß unser Meta-Modell zwar speziell auf verbale Kommunikation abzielt, daß es damit aber einen Sonderfall der allgemeinen menschlichen Modellbildungsprozesse darstellt. Wir werden das Meta-Modell auf andere Formen menschlicher Repräsentationssysteme in Kapitel 6 generalisieren.

Übung C

Jeder einzelne Abschnitt zeigte Ihnen detaillierte Übungsschritte, um Ihre Intuitionen im Hinblick auf therapiebezogene Wohlgeformtheit zu schärfen. Erforderlich ist nur, daß Sie sorgfältig lesen und die dargestellten Übungen in Schritten anwenden und daß Sie sich einiges Material an Oberflächenstrukturen verschaffen. Die Übungen in Schritten sind hier dargestellt; Oberflächenstrukturen, auf die Sie diese Techniken anwenden können, sind überall verfügbar, wo Menschen reden. Eine besondere Quelle von Oberflächenstrukturen für die Anwendung dieser Techniken ist Ihre eigene innere Stimme (innerer Dialog). Wir schlagen vor, daß Sie zu Beginn ein Tonbandgerät nehmen und Ihre innere Stimme durch lautes Aussprechen aufnehmen. Verwenden Sie dann das Band als Material, um daran die Kriterien der therapiebezogenen Wohlgeformtheit anzuwenden. Nachdem Sie sich hierin etwas geübt haben, werden Sie sich möglicherweise einfach des inneren Dialoges bewußt werden und die Kriterien direkt auf diese Sätze anwenden, ohne den Umweg des Tonbandgerätes. Durch diese Technik werden Sie ein unerschöpfliches Material an Sätzen erhalten, mit denen Sie sich üben können.

Wir können die Notwendigkeit, sich zu üben und mit dem gesamten Material in Kapitel 4 vertraut zu machen, nicht überbetonen. Die Übung in Schritten macht dieses Material lernbar; ob Sie speziell dieses Material erlernen, wird von Ihrer Bereitschaft zu üben abhängen. Obwohl dieses Vorgehen in Schritten zunächst etwas künstlich erscheinen mag, wird es für Sie nach einiger Übung unnötig werden, auf diese Art fortzufahren. Das heißt, daß Sie nach einer Einübung mit Hilfe dieser expliziten Methoden die Kriterien der therapiebezogenen Wohlgeformtheit in einer regelgeleiteten Art werden anwenden können, ohne sich des Vorgehens in Schritten bewußt sein zu müssen.

Anmerkungen

1. Transformationen, durch die sich die Abteilung der Oberflächenstruktur (30) im Text von der Oberflächenstruktur (31) unterscheidet, werden in der linguistischen Literatur Reduktion des Relativsatzes genannt. Sowohl (30) als auch (31) sind von derselben Tiefenstruktur abgeleitet.

2. Beachten Sie, daß die Frage

Was würde passieren, wenn Sie unterlassen würden, die Gefühle anderer Leute zu berücksichtigen?

sich in einer bedeutenden Weise von der Oberflächenstruktur des Klienten, von der sie abgeleitet ist:

Man muß die Gefühle anderer Leute berücksichtigen.

unterscheidet. In der Oberflächenstruktur des Klienten erscheint das Wort *man* als Subjektnomen-Argument des Verbs *muß berücksichtigen.* Das Wort *man* hat keinen Bezugsindex. Bei der Formulierung der Frage verschiebt der Therapeut das subjektive Nominalargument der Oberflächenstruktur des Klienten auf ein Nominalargument, das einen Bezugsindex hat - genauer, auf den Klienten -, d. h. auf das Wort *Sie.* Diese Art der Verschiebung des Bezugsindex wird genauer im Abschnitt *Generalisierung* behandelt werden.

3. Wir stellen diese zwei Klassen von Modaloperatoren als unterschiedliche Klassen dar. Sie sind aber in den logischen Systemen, von denen wir die Terminologie geborgt haben, eng miteinander verbunden. Zum Beispiel gilt die folgende Äquivalenz logisch wie auch psychologisch:

Nicht möglich nicht (X) = notwendigerweise (X)

sprachlich die logische Äquivalenz der zwei unterschiedlichen Oberflächenstrukturen:

Es ist nicht möglich, nicht Angst zu haben = es ist notwendig, Angst zu haben.

Wir haben die zwei Klassen für Darstellungszwecke getrennt.

4. Leser, die mit elementaren logischen Systemen vertraut sind, werden dies als einen Fall der Substitutionsregel erkennen, wie z. B. bei dem Propositionalen Kalkül. Die einzige Bedingung besteht darin, daß, wenn ein Term *ich* für einen anderen Term *mein Mann* gesetzt wird, alle Fälle des Terms *mein Mann* durch den Term *ich* ersetzt werden müssen. Die gleiche Bedingung ist im theroretischen Kontext gültig.

5. Der mit den elementarsten logischen Systemen vertraute Leser kann diese formale Äquivalenz durch Verwendung von Wahrheitstafeln überprüfen.

X	Y	X V Y	$\sim X \rightarrow Y$
w	w	w	w
w	f	w	w
f	w	w	w
f	f	f	f

Daher die logische Äquivalenz von

X V Y und $\sim$ X Y.

wobei $\sim$ = Negationssymbol

und $\rightarrow$ = Implikationssymbol

Nach unserer Erfahrung besitzen sie auch eine psychologische Äquivalenz.

6. Hier, bei der Analyse differenziert spezifizierter Verben, vermuten wir, daß die Forschung, die zur Zeit in der Generativen Semantik betrieben wird (vgl. *McCawley*, *Lakoff*, *Grinder* und *Postal* in der Bibliographie), teilweise für die Erweiterung des Meta-Modells besonders brauchbar sein wird.

7. Leser, die mit logischen Systemen vertraut sind, werden eine gewisse Ähnlichkeit zwischen Teilen der Umkehrungstechnik für Implizierte Kausative und der formalen Ableitungsregel, die Kontraposition genannt wird, erkennen. Die Transformation der ursprünglichen Oberflächenstruktur durch den Therapeuten, der sie hinterfragt, kann durch folgende Sequenz dargestellt werden:

Zeile 1: *X aber Y*

Zeile 2: *X und nicht X weil Y*

Zeile 3: *nicht X weil Y*

Zeile 4: *nicht Y und nicht nicht X*

Spezifisch ausgedrückt: Wenn die Verknüpfung der natürlichen Sprache *weil* interpretiert werden würde als logische Verknüpfung *impliziert*, wäre die Transformation zwischen Zeile 3 und 4 die formale Transformation Kontraposition.

Kapitel 5

Hinein in den Strudel

In diesem Kapitel wollen wir Transkripte als Beispiele mit einem fortlaufend begleitenden Kommentar vorstellen. Wir wollen Ihnen hiermit eine Gelegenheit geben, das Meta-Modell in seiner Anwendung zu sehen. Um Ihnen ein möglichst klares Bild zu vermitteln, wie das Meta-Modell funktioniert, haben wir den Therapeuten in diesen Sitzungen auf den ausschließlichen Gebrauch der Techniken des Meta-Modells beschränkt. Diese Beschränkung wurde dem Therapeuten auferlegt, um Material für eine klare Darstellung des Meta-Modells in diesem Buch zu liefern: das sollte aber nicht als Behauptung unsererseits aufgefaßt werden, digitale Kommunikation sei alles, worüber der Therapeut etwas wissen müsse. Auch ist es keine Darstellung der Arbeit, wie wir sie betreiben oder wie wir sie dem Therapeuten empfehlen würden. Vielmehr ist dies eine Gelegenheit, das Meta-Modell in der Anwendung zu sehen und zu beobachten, wie jede Antwort, die unsere Klienten in Form einer Oberflächenstruktur liefern, dem Therapeuten eine Gelegenheit bietet, auf vielerlei Weise fortzufahren. Das bedeutet, wie Sie sehen werden, daß zu jedem Zeitpunkt in der Therapie Ihnen mehrere relevante Techniken zu Verfügung stehen. Wir empfehlen Ihnen, daß Sie die Techniken des Meta-Modells, die in den folgenden Transkripten verwendet werden, in die Therapieform, die Sie schon anwenden, integrieren und sich vorstellen, wie das Meta-Modell in einer solchen Verbindung Ihnen als Therapeut eine reichhaltige Auswahl an Möglichkeiten bieten könnte.

Bei dem fortlaufenden Kommentar zum Transkript geht es uns nicht darum, zu zeigen, wie wir den Therapeuten in seinem Sehen, Hören, Fühlen und Denken über das, was in der therapeutischen Begegnung geschieht, sehen. Der Kommentar soll in erster Linie aufzeigen, wie das, was der Therapeut tut, explizit in Begriffen des Meta-Modells beschrieben werden kann. Wir wollen nicht behaupten, daß die Intermediärprozesse, wie sie in unserem Kommentar als Ereignisse innerhalb des Modells angegeben werden, tatsächlich in den Menschen stattfinden, deren Verhalten auf diese Weise abgebildet wird.[1] Wenn z. B. unser Kommentar darauf hinweist, daß der Therapeut eine Tilgung in der

Oberflächenstruktur des Klienten erkennen kann, indem er zuerst feststellt, ob er eine andere, wohlgeformte Oberflächenstruktur schaffen kann, in der das Prozeßwort bzw. Verb aus der ursprünglichen Oberflächenstruktur des Klienten mit mehr Argumenten erscheint als in der ursprünglichen Oberflächenstruktur, und daß er daraufhin den fehlenden Teil aus der Repräsentation in der Tiefenstruktur erfragen kann, wollen wir nicht unterstellen, dies sei tatsächlich das, was der Therapeut tue. Darüberhinaus empfehlen wir nicht, daß Sie diese Schritte übernehmen. In zweiter Linie soll der fortlaufende Kommentar, neben seiner Funktion zu zeigen, wie das verbale Verhalten in der Therapie in Begriffen des Meta-Modells verstanden werden kann, Ihnen ermöglichen, Ihre Intuitionen weiter auszubilden und zu schärfen, so daß das, was im Kommentar schrittweise beschrieben wird, für Sie unmittelbar verfügbar wird. Bei der Ausbildung von Therapeuten nach dem Meta-Modell haben wir die Erfahrung gemacht, daß sie gewöhnlich eine Phase erleben, in der sie bewußt spüren, daß sie einen Stufenprozeß durchlaufen. Während sie diese Technik perfektionieren, wird sie automatisch und entfällt ihrem Bewußtsein. Ihr Verhalten aber bleibt in dieser Hinsicht systematisch.

Transkript 1

Ralph ist 34 Jahre alt und arbeitet als stellvertretender Abteilungsleiter einer großen Elektronikfirma.

Der Klient wurde gefragt, was er sich aus dem Interview erhoffe, und begann:

(1) Ralph: *Nun... ich bin mir nicht so sicher ...*	Der Klient erfährt Schwierigkeiten, auszudrücken, was er genau will. Es ist zu bedenken, daß eine der ersten Aufgaben des Therapeuten darin besteht, das Modell des Klienten zu verstehen (insbesondere jene Teile, die einengen). Der Therapeut bemerkt hier eine Tilgung in der ersten Oberflächenstruktur, die der Klient präsentiert. Im einzelnen identifiziert er das Prozeß- oder Beziehungswort *sicher,* und daß der Klient nur ein Argument oder Substantiv (*ich*) für das Prädikat *sicher* geliefert hat. Der Therapeut kann feststellen, ob diese Oberflächenstruktur eine vollständige Repräsentation der Tiefenstruktur des Klien-

ten darstellt, indem er sich fragt, ob er eine andere, wohlgeformte Oberflächenstruktur mit dem Prädikat *sicher* schaffen kann, das mehr als ein Argument oder Substantiv hat. Zum Beispiel die Oberflächenstruktur

Ich bin mir der Antwort sicher.

In dieser Oberflächenstruktur gibt es zwei Argumente oder Substantive, die mit *sicher* in Verbindung stehen: jemand, der sich einer Sache sicher ist (in diesem Fall *ich*), und eine Sache, derer sich die Person sicher ist (in diesem Fall *der Antwort*). Somit weiß der Therapeut durch seine Intuitionen in seiner Sprache, daß die Tiefenstruktur des Klienten einen Teil enthielt, der in seiner Oberflächenstruktur nicht erscheint — der getilgt worden ist. Der Therapeut entscheidet sich, zu versuchen, durch Erfragen das getilgte Material wiederzugewinnen.

(2) Therapeut: *Worüber sind Sie sich nicht sicher?*

Therapeut fragt nach dem fehlenden Teil der Tiefenstruktur.

(3) R: *Ich bin mir nicht sicher, daß dies hilfreich sein wird.*

Der Klient hat eine neue Oberflächenstruktur geliefert, die die aus der ersten Oberflächenstruktur getilgte Information enthält. Der Therapeut hört auf den Klienten und untersucht seinen neuen Satz, er bemerkt (a) ein Argument oder Substantiv (*dies*), das mit dem Verb *hilfreich sein wird* in Beziehung steht und keinen Bezugsindex hat; (b) daß die Repräsentation in der Oberflächenstruktur unvollständig ist — das Prädikat *hilfreich* erscheint in wohlgeformten Oberflächenstrukturen mit mehr als einem Argument oder Substantiv, z. B.

Du bist mir hilfreich.

Da *hilfreich* mit mehr als einem Substantivargument, wie in der Oberflächenstruktur des Klienten, erscheinen kann, weiß der Therapeut, daß ein Teil der Tiefenstruktur des Klienten getilgt worden ist; (c) daß das Verb *hilfreich* sehr unvollständig spezifiziert ist; die Oberflächenstruktur bietet dem Therapeuten kein klares Bild der Art Hilfe, die der Klient erwartet.

Indem der Therapeut erkennt, wie im einzelnen die Oberflächenstruktur des Klienten therapiebezogen nicht wohlgeformt ist, stehen ihm mehrere Möglichkeiten zur Verfügung, wie etwa: (1) Er kann den Bezugsindex erfragen: *Sie sind sich nicht sicher, daß was genau hilfreich sein wird?* (2) Er kann das getilgte Material erfragen: *Wozu/für wen hilfreich?* (3) Er kann den Klienten fragen, welche spezielle Hilfe er erwartet: *Auf welche Art hilfreich?*

(4) T: *Sie sind sich nicht sicher, daß was genau für wen hilfreich sein wird?*

Der Therapeut hat sich entschieden, sowohl (1) als auch (2) nachzugehen.

(5) R: *Nun, ich bin mir nicht sicher, daß dieses Experiment hilfreich sein wird. Sehen Sie, als ich zuerst Dr. G. aufsuchte, fragte er mich, ob ich bereit sei, an diesem Experiment teilzunehmen,... und na ja, ich habe das Gefühl, daß es etwas gibt, bei dem ich wirklich Hilfe brauche, aber dies ist nur ein Experiment.*

Der Klient drückt seine Befürchtung aus, daß die experimentellen Bedingungen — die Beschränkung des Therapeuten auf Techniken des Meta-Modells — verhindern könnten, daß er die Hilfe bekommt, die er will. Der Therapeut versucht, das Modell des Klienten zu verstehen, und stellt Folgendes fest: (a) Die erste Oberflächenstruktur des Klienten enthält die Nominalisierung *Experiment,* die vom Verb *experimentieren* abgeleitet ist; zwei Substantivargumente sind damit verknüpft, die aber getilgt worden sind: die Person, die das Experiment ausführt, und die Person oder der Gegenstand, mit dem experimentiert wird. (b) In der ersten Oberflächenstruktur des Klienten ist eines der Argumente des Verbs *hilfreich* getilgt worden (speziell *hilfreich wem gegenüber*). (c) Darüber hinaus ist in der ersten Oberflächenstruktur des Klienten das Verb *hilfreich* sehr unvollständig spezifiziert — es bietet kein klares Bild. (d) Im letzten Teil der zweiten Oberflächenstruktur des Klienten, erscheint das Substantiv *etwas:* dieses Substantiv hat keinen Bezugsindex. (e) Das Oberflächenstrukturen-Substantiv *Hilfe,* eine Nominalisierung aus dem Verb *helfen,* ist sehr unvollständig spezifiziert und weist zwei Tilgungen auf: Es bietet kein klares Bild von der helfenden Person bzw. Sache noch von der Person bzw. Sache, der geholfen wird. (f) Die Nominalisierung *Experiment* erscheint noch nicht einmal mit den zwei oben bei (a) erwähnten Tilgungen. (g) Die letzte Oberflächenstruktur des Klienten in diesem Abschnitt entspricht der allgemeinen Form *X aber Y* — dem Implizierten Kausativ. Im einzelnen wird impliziert, daß der Klient etwas will (X = *es gibt etwas, bei dem ich wirklich Hilfe brauche*) und daß es etwas gibt, das ihn daran hindert, dies zu erhalten (Y = *dies ist nur ein Experiment*).

(6) T: *Wie wird die Tatsache, daß dies ein Experiment ist, verhindern, daß Sie die Hilfe erhalten, die Sie brauchen?*

Der Therapeut entscheidet sich, das Implizierte Kausativ (g) zu hinterfragen.

(7) R: *Experimente dienen der Forschung, aber es gibt etwas, bei dem ich wirklich Hilfe brauche.*

Der Klient antwortet mit einer Wiederholung des Implizierten Kausativs, X aber Y. Zu beachten ist, daß sie immer noch enthält: (a) die alte Nominalisierung *Experiment* mit zwei Tilgungen; (b) eine neue Nominalisierung *Forschung* mit zwei Tilgungen: der forschenden Person und der erforschten Person bzw. Sache; (c) das Substantiv *etwas,* dem ein Bezugsindex fehlt, und (d) die alte Nominalisierung *Hilfe* mit ihren zwei Tilgungen.

(8) T: *Wobei genau brauchen Sie Hilfe?*

Der Therapeut läßt das Implizierte Kausativ unangefochten stehen und entscheidet, dem Bezugsindex (c) nachzugehen.

(9) R: *Ich weiß nicht, wie auf Leute ein guter Eindruck zu machen ist.*

Der Klient präsentiert eine Oberflächenstruktur, von der er annimmt, daß sie den Bezugsindex für das Substantiv *etwas* seiner letzten Oberflächenstruktur liefert. Diese neue Oberflächenstruktur verletzt die Kriterien der therapiebezogenen Wohlgeformtheit: (a) die Nominalisierung *Eindruck* mit einer Tilgung: die beeindruckende Person oder Sache; (b) das Adjektiv *gut* im Satzteil *guten Eindruck* ist von einem Prädikat *X ist gut für Y* der Tiefenstruktur abgeleitet, wobei X der (gute) Eindruck ist, das Y ist getilgt worden — d. h. für wen ist der Eindruck gut, wer profitiert von dieser Handlung; (c) das Substantiv *Leute* hat keinen Bezugsindex; (d) die Oberflächenstruktur des Klienten ist semantisch fehlgeformt, da er anscheinend Gedanken liest. Er behauptet, daß er nicht weiß, wie er auf Leute einen guten Eindruck machen kann, gibt aber nicht an, wie er weiß, daß dies zutrifft. Das Mittel, durch das er weiß, daß er keinen guten Eindruck macht, wird nicht angegeben.

(10) T: *Mal sehen, ob ich Sie verstanden habe: Sie sagen, daß die Tatsache, daß dies nur ein Experiment ist, Sie notwendigerweise daran hindern wird, zu erfahren, wie Sie einen guten Eindruck auf Leute machen können; stimmt das so?*

Der Therapeut beschließt, die Fehlgeformtheit der neuen Oberflächenstruktur des Klienten zu ignorieren. Er beschließt stattdessen, an die Antwort, die der Klient vorhin auf seine Frage zum Bezugsindex im Zusammenhang mit dem Implizierten Kausativ gegeben hat, anzuknüpfen, indem er einfach die von ihm erhaltene Antwort wieder in seine ursprüngliche Frage einsetzt. Hier stellt er eine Rückfrage an den Klienten, um sicher zu gehen, daß er das Modell des Klienten versteht, und er fordert auch den Klienten auf, seine Generalisierung zu bestätigen oder zu hinterfragen, indem er die Generalisierung des Klienten durch Einsetzen eines Modaloperators der Notwendigkeit verstärkt.

(11) R: *Also...ich bin mir nicht ganz sicher...*

Die Hinterfragung der Generalisierung des Klienten durch den Therapeuten ist erfolgreich — der Klient gerät ins Wanken.

(12) T: *(ihn unterbrechend) Nun, sind Sie denn bereit, das herauszufinden?*	Der Therapeut erkennt, daß sein Hinterfragen erfolgreich war (er hört die Oberflächenstruktur des Klienten: also, ich bin mir nicht ganz sicher...), und reagiert rasch, indem er den Klienten auffordert, seine Generalisierung mit seiner aktuellen Erfahrung wieder zu verknüpfen, indem er versucht, die Hilfe, die er braucht unter diesen Bedingungen zu erhalten.
(13) R: *Also gut.*	Der Klient willigt ein, es zu versuchen.
(14) T: *Auf wen genau wissen Sie nicht, wie Sie einen guten Eindruck machen können?*	Der Therapeut kehrt nun zu der Fehlgeformtheit der oben vorangegangenen Oberflächenstruktur des Klienten zurück und beschließt, dem fehlenden Bezugsindex bei *Leute* im Satzteil *auf Leute einen guten Eindruck* nachzugehen.
(15) R: *Na, auf niemand.*	Der Klient liefert nicht den vom Therapeuten gefragten Bezugsindex. Das Wort *niemand* ist Bestandteil der Sonderklasse von Substantiven und Satzteilen, die keinen Bezug herstellen, da sie den Universalquantor enthalten (logisch: niemand = alle Personen nicht). Der Klient behauptet jetzt, daß es innerhalb seines Modells keinen einzigen gebe, auf den er einen guten Eindruck machen könne. Somit kann der Therapeut beschließen, (a) die Generalisierung zu hinterfragen, oder (b) erneut nach dem Bezugsindex zu fragen.
(16) T: *Niemand? Können sie sich an irgendwen erinnern, auf den sie jemals einen guten Eindruck gemacht haben?*	Der Therapeut äußert nochmals das Wort mit fehlendem Bezugsindex und fordert dann den Klienten auf, die Generalisierung zu hinterfragen, in dem er nach einer Ausnahme fragt.
(17) R: *Äh, hmmm... ja also, einige Leute, aber...*	Wieder funktioniert die Hinterfragung: der Klient kennt einige Ausnahmen. Seine Teilantwort enthält wiederum (a) einen Substantiv-

satzteil, der keinen Bezugsindex aufweist, und (b) den Anfang eines abwertenden *Aber*-Satzes.

(18) T: *Nun, also, auf wen genau wissen Sie nicht, wie Sie einen guten Eindruck machen können?*

Der Therapeut war wieder erfolgreich, mit seiner Aufforderung, an den Klienten, seine Generalisierung zu hinterfragen, hat aber immer noch keinen Bezugsindex zum Substantivsatz erhalten — er fragt wieder danach.

(19) R: *...Also, was ich wohl sagen wollte, ist, daß Frauen mich nicht mögen.*

Der Klient reagiert, indem er seine Aussage von *Ich weiß nicht, wie ich auf Leute einen guten Eindruck machen kann* zu *Frauen mögen mich nicht* abändert. Beide Oberflächenstrukturen haben zwei Verletzungen der Wohlgeformtheit gemeinsam: (a) sie beinhalten beide ein Substantiv, das keinen Bezugsindex trägt (*Leute* bzw. *Frauen*), und (b) beide stellen die Behauptung auf, daß der Klient um den Gefühlszustand eines anderen Menschen wissen kann, ohne daß sie eine Beschreibung liefern würden, wie der Klient um diese Dinge wissen kann. Die Oberflächenstruktur des Klienten enthält auch eine Tilgung, die sich auf das Verb *sagen* bezieht: die Person, der der Klient das sagt, was er sagt.

(20) T: *Welche Frau genau?*

Der Therapeut beschließt, wiederum nach dem Bezugsindex zu fragen.

(21) R: *Die meisten Frauen, die mir begegnen.*

Der Klient antwortet mit einem Substantivsatz, der auch keinen Bezugsindex trägt — beachten Sie den Begriff *die meisten*, den wir als zu der besonderen Wort- und Satzgruppe gehörend identifizierten, die einen Quantor enthält und somit keinen Bezug herstellt. Der Satz bietet kein klares Bild.

(22) T: *Welche Frau genau?*

Der Therapeut fragt abermals nach dem Bezugsindex.

(23) R: *Also eigentlich die meisten Frauen... aber als Sie das gerade sagten, mußte ich an diese eine Frau denken: Janet.*

Anfangs lieferte der Klient den gefragten Bezugsindex nicht (d. h. *eigentlich die meisten Frauen)* und liefert ihn dann doch: der Klient identifiziert die fragliche Frau und benennt sie. Beachten Sie, daß die Tatsache, daß der Klient eine Person nennt, wenn der Therapeut einen Bezugsindex erfragt, das Modell des Klienten für ihn selbst erhellt und bedeutend klärt, dem Therapeuten aber viel weniger bietet. Außerdem ist die Tilgung eines mit dem Prädikat *denken* verbundenen Substantivarguments zu beachten (d. i. X denkt Y über Z) — speziell, was der Klient über Janet dachte.

(24) T: *Wer ist Janet?*

Der Therapeut kennt nun den Bezugsindex, erbittet aber Information darüber, wer diese Person in Bezug auf den Klienten sei. Es würde z. B. für den Therapeuten einen Unterschied darstellen, ob Janet die Mutter, Tochter, Frau, Geliebte, Schwester ... des Klienten wäre. Der Therapeut ignoriert die Tilgung in der letzten Oberflächenstruktur des Klienten.

(25) R: *Sie ist eine Frau, die mir neulich bei der Arbeit begegnete.*

Der Klient nennt einige weitere Informationen.

(26) T: *Woher wissen Sie denn nun, daß Sie auf Janet keinen guten Eindruck gemacht haben?*

Der Therapeut versucht, sich ein völlig scharfes Bild vom Modell der Welt des Klienten zu entwickeln. Er hat es erreicht, einen Bezugsindex zu einem Substantivargument zu erhalten, das ursprünglich keine Verbindung zu der Erfahrung des Klienten hatte. Der Therapeut verbindet nun dieses Material (das Substantivargument mit dem Bezugsindex: Janet die Frau, die dem Klienten neulich bei der Arbeit begegnet ist) mit der ursprünglichen Generalisierung des Klienten. Somit wird aus der ursprünglichen Generalisierung des Klienten *Ich weiß nicht, wie ich auf Leute einen guten Eindruck machen kann* nun *Ich weiß nicht, wie ich auf Janet einen guten Eindruck machen kann.* Es ist zu beachten, daß diese neue Oberflächenstruktur mit einer spezifischen Erfahrung, die der Klient gemacht hat, verbunden ist — Generalisierungen verhindern Änderungen, die die Generalisierung des Klienten wieder mit (mindestens) einer der Erfahrungen, auf denen die Generalisierung beruhte, verknüpfen könnte. Nachdem der Therapeut dieses Material miteinander verbunden hat, beginnt er, den Vorgang zu hinterfragen, durch den der Klient weiß, daß er keinen guten Eindruck auf Janet gemacht hat — dies ist eine Möglichkeit, die dem Therapeuten vorher zur Verfügung stand. Er ergreift nun diese Möglichkeit und bittet den Klienten zu beschreiben, woher er weiß, daß er keinen guten Eindruck auf Janet gemacht hat; er hinterfragt damit das, was seitens des Klienten Gedankenlesen zu sein scheint.

(27) R: *Also ich weiß einfach...*

Der Klient spezifiziert das Prozeßwort, das Verb nicht näher.

(28) T: *Wie genau, wissen Sie das?*

Der Therapeut fragt wiederum den Klienten, wie er genau weiß, daß er keinen guten Eindruck auf Janet gemacht hat.

(29) R: *Sie hat mich einfach nicht gemocht.*

Wiederum präsentiert der Klient eine Oberflächenstruktur, in der er Wissen zu haben behauptet, über die innere Erfahrung einer anderen Person, ohne anzugeben, wie er an dieses Wissen gelangt ist — scheinbar durch Gedankenlesen.

(30) T: *Woher genau wissen Sie, daß Janet Sie nicht mochte?*

Der Therapeut fährt fort, die Berichte des Klienten über Gedankenlesen zu hinterfragen.

(31) R: *Sie interessierte sich nicht für mich.*

Wieder behauptet der Klient, daß er den inneren Zustand eines anderen kenne.

(32) T: *In welcher Weise interessiert?*	Wieder hinterfragt der Therapeut das Gedankenlesen. Beachten Sie, daß dem Therapeuten zwei allgemeine Formen zur Verfügung stehen, um semantisch fehlgeformte Oberflächenstrukturen zu hinterfragen, die Gedankenlesen beinhalten: entweder die Form (a) *Woher wissen Sie, daß X?* wobei X die Oberflächenstruktur des Klienten darstellt (z. B. *Sie interessierte sich nicht für Sie);* oder wie in diesem Fall vom Therapeuten verwendet, die Form (b) *In welcher Weise/auf welche Art Verb?* wobei Verb das Verb der ursprünglichen Oberflächenstruktur des Klienten darstellt (z. B. *interessiert*). Beide Fragen verlangen, daß der Klient spezifiziert, wie der Prozeß sich ereignet hat — im wesentlichen eine Aufforderung, das Prozeßwort oder Verb näher zu spezifizieren.
(33) R: *Sie hat mich nicht beachtet.*	Zum vierten Mal hintereinander liefert der Klient eine Oberflächenstruktur, die Gedankenlesen beinhaltet.
(34) T: *Wie hat sie Sie nicht beachtet?*	Der Therapeut hinterfragt wieder das Gedankenlesen des Klienten.
(35) R: *Sie hat mich nicht angesehen.*	Der Klient liefert endlich in Erwiderung auf eine Aufforderung, einen Prozeß zu spezifizieren, der Gedankenlesen zu sein scheint, eine Oberflächenstruktur, die eine verifizierbare Situation beschreibt, welche kein Gedankenlesen beinhaltet.
(36) T: *Mal sehen, ob ich das verstanden habe. Sie wissen, daß sich Janet nicht für Sie interessierte, weil sie Sie nicht angesehen hat?*	Der Therapeut setzt das neue Material ohne Gedankenlesen in eine Oberflächenstruktur ein, welche es als Grundlage für die Behauptung des Klienten, er könne Gedanken lesen, identifiziert. Hier prüft der Therapeut, ob er das Modell der Erfahrung des Klienten verstanden hat. Er bittet um Bestätigung durch den Klienten.
(37) R: *Das stimmt!*	Der Klient bestätigt die Aussage des Therapeuten über sein Modell.

(38) T: *Können Sie sich irgendwie vorstellen, daß Janet Sie nicht anschaut und doch an Ihnen interessiert ist?*

Der Therapeut hat eine Generalisierung angeboten, und der Klient hat sie bestätigt. Beachten Sie nun die Form dieser Oberflächenstruktur (36) : X weil Y . Der Therapeut kann nun, nachdem er sie durch den Klienten hat bestätigen lassen, die Generalisierung hinterfragen und wiederum den Klienten auffordern, seine Generalisierung mit seiner Erfahrung zu verknüpfen. Der Therapeut fragt den Klienten, ob die Beziehung zwischen dem X und dem Y, die durch das Beziehungswort *weil* in der allgemeinen Form X *weil* Y verbunden sind, immer zutrifft.

(39) R: *Also... ich weiß nicht...*

Der Klient gerät ins Wanken.

(40) T: *Schauen Sie immer jeden an, an dem Sie Interesse haben?*

Der Therapeut hinterfragt die Generalisierung wieder mit derselben Technik — diesmal verschiebt er den Bezugsindex so, daß die Generalisierung

Janet Sie anschauen
↓
Sie alle anschauen

Janet an Ihnen interessiert
↓
Sie an allen interessiert

(41) R: *Also wahrscheinlich... nicht immer. Aber bloß weil Janet an mir interessiert ist, heißt nicht, daß sie mich mag.*

Das Hinterfragen der Oberflächenstruktur des Klienten durch den Therapeuten ist erfolgreich: der Klient gibt zu, daß seine Generalisierung fehlerhaft ist. Die nächste Oberflächenstruktur des Klienten lädt zur Annahme ein, daß der meint, daß Janet ihn nicht mag. Es ist zu beachten, daß der Klient wieder behauptet, Kenntnis über den inneren Zustand eines anderen zu haben.

(42) T: *Woher genau wissen Sie, daß sie Sie nicht mag?*

Der Therapeut hinterfragt wieder das Gedankenlesen des Klienten, indem er den Klienten bittet, den Prozeß näher zu spezifizieren.

(43) R: *Sie hört mir nicht zu.*

Der Klient liefert eine neue Oberflächenstruktur, die wieder semantisch fehlgeformt ist (Gedankenlesen). Beachten Sie den Unterschied: Ich kann feststellen, ob mich ein anderer anschaut (wohlgemerkt, nicht ob er mich sieht, nur ob er mich anschaut), indem ich ihn einfach beobachte, aber ich kann nicht durch einfache Beobachtung feststellen, ob ein anderer mir zuhört (ich kann durch einfache Beobachtung auch nicht feststellen, ob ich gehört werde).

(44) T: *Woher wissen Sie genau, daß sie Ihnen nicht zuhört?*

Der Therapeut hinterfragt die Oberflächenstruktur, die Gedankenlesen beinhaltet, indem er eine vollständigere Beschreibung des Prozesses erbittet.

(45) R: *Also sie schaut mich nie an (wird langsam wütend). Sie wissen ja, wie Frauen sind! Sie lassen dich nie wissen, ob sie dich bemerken.*

Der Klient zieht sich auf die letzte wohlgeformte Oberflächenstruktur zurück; beachten Sie den Zusatz des Universalquantors *nie*. Der Zusatz dieses Quantors bewirkt eine Generalisierung, die der Therapeut zu hinterfragen sich entscheiden kann. Darüber hinaus bietet die nächste Oberflächenstruktur des Klienten dem Therapeuten mehrere Möglichkeiten: (a) die Aussage des Klienten *Sie wissen ja,* beinhaltet Gedankenlesen; (b) das Substantiv *Frauen* trägt keinen Bezugsindex; (c) die Oberflächenstruktur erläutert nicht, *wie Frauen sind* — sie behauptet einfach, daß der Therapeut es weiß. Das Prozeßwort oder Verb *sind* ist vollständig unspezifiziert. Die darauf folgende Oberflächenstruktur des Klienten widerspricht (mindestens) zwei Kriterien der therapiebezogenen Wohlgeformtheit: (a) das Substantiv *sie* erscheint zwei Mal in der Oberflächenstruktur — es hat keinen Bezugsindex,[2] und (b) der Universalquantor *nie* identifiziert eine Generalisierung, die hinterfragt werden kann.

(46) T: *Wie wer zum Beispiel?*

Der Therapeut beschließt, dem Bezugsindex nachzugehen.

(47) R: *(wütend) Wie meine Mutter... ach, verdammt noch mal! Sie war nie an mir interessiert.*

Der Klient identifiziert den fehlenden Bezugsindex. Die darauf folgende Oberflächenstruktur hat dieselbe Form wie die vorangegangenen Oberflächenstrukturen (31, 36, 38, 41) — aber diesmal bezieht sich das Pronomen *sie* auf die Mutter des Klienten, nicht auf Janet. Die Oberflächenstruktur ist wie bereits vorher semantisch fehlgeformt, da der Prozeß nicht erläutert wird, durch den der Klient zu dem Wissen gelangte, daß seine Mutter kein Interesse an ihm habe.

(48) T: *Woher wissen Sie, daß Ihre Mutter nie an Ihnen interessiert war?*

Der Therapeut hinterfragt die Oberflächenstruktur des Klienten und bittet um eine nähere Beschreibung des Prozesses.

(49) R: *Jedes Mal, wenn ich ihr zu zeigen versuchte, daß ich sie gern hatte, merkte sie es nie (fängt an zu schluchzen)... warum merkte sie es nicht?*

Die Oberflächenstruktur des Klienten beinhaltet (a) zwei Universalquantoren (*jedes Mal* und *nie*) und gibt somit eine Generalisierung zu erkennen, die der Therapeut hinterfragen kann, und (b) drei Prozeßworte oder Verben, die sehr unvollständig spezifiziert sind (*zeigen, gern haben, merken*), denn sie bieten dem Therapeuten kein klares Bild, und (c) eine Behauptung über Kenntnis der inneren Wahrnehmung eines anderen ohne Erläuterung des Prozesses (*merken* in *merkte sie es nie*).

(50) T: *Wie speziell haben Sie ihr zu zeigen versucht, daß Sie sie gern hatten?*

Der Therapeut beginnt nun das Bild für sich zu klären, indem er eine vollständigere Beschreibung des Prozesses erfragt. Er beschließt, zuerst nach den Handlungen des Klienten zu fragen.

(51) R: *(leise weinend) Immer bin ich von der Schule nach Hause gekommen und habe dann Dinge für sie erledigt.*

Diese Oberflächenstruktur vom Klienten enthält (a) einen Universalquantor *immer*, der vom Therapeuten zu hinterfragen ist, und (b) ein Substantivargument *Dinge*, das keinen Bezugsindex hat.

(52) T: *Was für Dinge genau haben Sie für sie erledigt?*

Der Therapeut fährt fort, das Modell des Klienten zu explorieren, und versucht speziell, ein klares Bild der Wahrnehmung des Klienten seiner eigenen Handlungen zu erhalten. Er wählt die Möglichkeit (b).

(53) R: *Also ich hab' immer das Wohnzimmer aufgeräumt und das Geschirr gespült... und sie hat es nie gemerkt... und sie hat nie was gesagt.*

Die Oberflächenstruktur des Klienten bietet dem Therapeuten folgende vier Möglichkeiten: (a) drei Universalquantoren (*immer, nie nie*), die drei Generalisierungen im Modell des Klienten identifizieren, die hinterfragt werden können; (b) das Erscheinen des sehr unvollständig spezifizierten Verbs *merken;* (c) die Behauptung des Klienten, Kenntnis über die Wahrnehmungen eines anderen zu haben (*merken*); (d) eine auf das Verb *sagen* bezogene Tilgung (d. h. wem?). Außerdem ist zu beachten, wie der Klient zunächst äußert, *sie hat es nie gemerkt*, eine Pause macht und dann sagt, *sie hat nie was gesagt*. Nach unserer Erfahrung beschreiben zwei aufeinander folgende Oberflächenstrukturen derselben syntaktischen Form (d. h. Substantiv — Quantor — Verb ...), die nur durch eine Pause getrennt sind, zwei Sätze, die für den Sprechenden in ihrer Bedeutung im Modell des Klienten gleichwertig oder fast gleichwertig sind. Wie in diesem Fall auch sind solche Äquivalenzen sehr nützlich, um zu einem Verständnis der Beziehungen zwischen den Erfahrungen des Klienten und der Art, wie diese Erfahrungen repräsentiert werden, zu gelangen. Beachten Sie zum Beispiel, daß die erste dieser beiden Aussagen eine Behauptung darstellt, daß der Klient Kenntnis über die Wahrnehmung eines anderen habe, während die zweite semantisch wohlgeformt ist und kein Gedankenlesen voraussetzt. Wenn die beiden Aussagen tatsächlich äquivalent sind, beschreibt die zweite die Erfahrung, welche in der ersten repräsentiert ist (in einer semantisch fehlgeformten Oberflächenstruktur); oder mit anderen Worten, im

Modell des Klienten ist die Tatsache, daß die Mutter nichts sagt, gleichbedeutend mit der Tatsache, daß sie nichts merkt.

(54) T: *Ralph, bedeutet, daß Ihre Mutter nichts über das sagte, was Sie getan haben, daß sie nie gemerkt hat, was Sie getan haben?*

Der Therapeut hat sich entschlossen, die Verletzungen der therapiebezogenen Wohlgeformtheit in der Oberflächenstruktur des Klienten vorläufig zu ignorieren, und prüft, ob die letzten beiden Oberflächenstrukturen tatsächlich gleichbedeutend sind. Solche Generalisierungen sind äußerst wichtig, um zu einem Verständnis der Erfahrung des Klienten zu gelangen.

(55) R: *Ja, weil sie nie merkte, was ich für sie tat, war sie an mir nicht interessiert.*

Der Klient bejaht die Äquivalenz und liefert eine dritte Oberflächenstruktur, die ebenfalls äquivalent ist, da sie an der Stelle einer der anderen zwei steht (speziell *sie hat nie was gesagt*). Diese dritte Oberflächenstruktur lautet: *sie war an mir nicht interessiert.* Die Oberflächenstruktur des Klienten beinhaltet auch einen Universalquantor *nie.*

(56) T: *Habe ich das richtig verstanden: Sie sagen, daß die Tatsache, daß Ihre Mutter nicht merkte, was Sie für sie getan haben, bedeutet, daß sie nicht an Ihnen interessiert war?*

Der Therapeut entscheidet, die Äquivalenz dieser beiden Oberflächenstrukturen zu überprüfen.

(57) R: *Ja, das stimmt.*

Der Klient bestätigt wieder die entsprechende Generalisierung.

(58) T: *Ralph, haben Sie jemals die Erfahrung gemacht, daß jemand etwas für Sie getan hat und Sie es nicht merkten, bis man*

Der Therapeut beschließt, die Generalisierung des Klienten zu hinterfragen, und beginnt hier mit einer Verschiebung des Bezugsindex.

Sie (der Klient)
↓ *jemand/man*

Ihre (des Klienten) Mutter
↓ *Sie (der Klient)*

Sie darauf aufmerksam machte?

Und damit werden auch die Generalisierungen transformiert:

↓ *Ihre Mutter merkte es nicht...*
Sie merkten es nicht...

und

↓ *Sie tun etwas für ihre Mutter*
Jemand tut etwas für Sie

Beachten Sie, daß die Wirkung bei einer solchen Verschiebung des Bezugsindex darin liegt, den Klienten an die Stelle der aktiven Person seiner ursprünglichen Generalisierung — seiner Mutter, der von ihm kritisierten Person — zu setzen.

(59) R: *Also... ja, ich kann mich an einmal erinnern...*

Der Klient zögert zuerst und gibt dann zu, daß er selbst in der Situtation gewesen ist, die er in seiner ursprünglichen Generalisierung seiner Mutter zuschrieb.

(60) T: *Merkten Sie nicht, was sie für Sie getan haben, weil Sie kein Interesse an ihnen hatten?*

Nachdem der Therapeut vom Klienten das Zugeständnis erhalten hat, daß er diese Erfahrung gemacht hat, unterbricht er ihn und fragt, ob die Äquivalenz

X nicht merken = X nicht interessiert

zutrifft, wenn er derjenige ist, der nichts gemerkt hat (d. h. X = Klient), und hinterfragt somit die Generalisierung.

(61) R: *Nein, ich habe einfach nicht gemerkt...*

Der Klient verneint diese Äquivalenz, wenn er die Person ist, die nichts merkt.

(62) T: *Ralph, können Sie sich vorstellen, daß Ihre Mutter einfach nicht merkte als...*

Nachdem der Therapeut eine Verneinung der Äquivalenz

X nicht merken = X nicht interessiert

erhalten hat (wobei X = der Klient), kehrt er die Bezugsindices, die er verschoben hatte, wieder um. Hieraus ergibt sich die ursprüngliche Äquivalenzaussage des Klienten, nämlich:

X nicht merken = X nicht interessiert
(wobei X = Mutter des Klienten).

(63) R: *Nein, das ist nicht dasselbe.*	Der Klient erkennt den Einwand des Therapeuten, bevor er ihn vervollständigt hat, unterbricht ihn und verneint, daß die beiden Fälle (X = Klient, und X = Mutter des Klienten) gleich seien. Die Oberflächenstruktur, die er gebraucht, um dieses zu verneinen, verletzt die Kriterien der therapiebezogenen Wohlgeformtheit: (a) das Pronomen *das* hat keinen Bezugsindex, und (b) der zweite Teil des Vergleichs ist getilgt worden.
(64) T: *Das? Was ist nicht dasselbe wie was?*	Der Therapeut erbittet sowohl den Bezugsindex als auch den fehlenden Teil des Vergleichs.
(65) R: *Daß ich nichts merke, ist nicht dasselbe, wie wenn meine Mutter nichts merkt — sehen Sie, sie hat NIE gemerkt, was ich für sie getan hatte.*	Der Klient liefert die vom Therapeuten verlangte Information. Sodann beschreibt er weiterhin den Unterschied zwischen den beiden Fällen, nämlich daß seine Mutter *nie* etwas merkte. Dieser Universalquantor läßt eine Generalisierung erkennen, die hinterfragt werden kann.
(66) T: *Nie?*	Der Therapeut hinterfragt den Universalquantor.
(67) R: *Also nicht sehr oft.*	Der Klient gibt zu, daß es Ausnahmen gegeben hat, und nähert sich so der Wiederverbindung seiner Generalisierung mit seiner Erfahrung.
(68) T: *Ralph, erzählen Sie mir über ein bestimmtes Mal, als Ihre Mutter merkte, was Sie für sie getan haben.*	Der Therapeut versucht, den Klienten dazu zu bringen, das Modell klarer hervortreten zu lassen, indem er nach einer speziellen Ausnahme der ursprünglichen Generalisierung des Klienten fragt.
(69) R: *Also einmal als... ja (zornig) ich mußte ihr sogar sagen...*	Eines der mit dem Verb *sagen* verbundenen Substantivargumente ist getilgt worden (was sagen?).

(70) T: *Mußten ihr was sagen?*

Der Therapeut fragt nach dem fehlenden Teil der Oberflächenstruktur.

(71) R: *Daß ich diese Sache für Sie getan habe. Wenn sie interessiert genug gewesen wäre, hätte sie es selbst gemerkt.*

Die erste Oberflächenstruktur beinhaltet ein Substantivargument (diese Sache), und ihr fehlt ein Bezugsindex. Die zweite Oberflächenstruktur des Klienten beinhaltet eine mit dem Wort *genug* verbundene Tilgung (*genug für was*) und ein Pronomen *es* ohne Bezugsindex.

(72) T: *Interessiert genug für was?*

Der Therapeut fragt nach dem getilgten Material.

(73) R: *Interessiert genug, um mir zu zeigen, daß sie mich liebte.*

Der Klient liefert das vom Therapeuten verlangte getilgte Material. Diese neue Oberflächenstruktur beinhaltet (a) eine Verletzung des Kriteriums der semantischen Wohlgeformtheit durch Gedankenlesen: der Klient behauptet zu wissen, ob seine Mutter ihn liebte, ohne näher anzugeben, wie er diese Information erhalten hat; (b) das Verb *lieben* ist sehr unvollständig spezifiziert.

(74) T: *Ralph, wie haben Sie Ihrer Mutter gezeigt, daß Sie sie lieben?*

Der Therapeut versucht, ein klares Bild zu erhalten, wie der Klient und seine Mutter ihre Gefühle der gegenseitigen Zuneigung kommunizierten. Er ist durch den Klienten informiert worden, daß seine Mutter nicht interessiert genug war, um ihm zu zeigen, daß sie ihn liebe. Der Therapeut beschließt, die Technik der Verschiebung des Bezugsindex anzuwenden. Im einzelnen ersetzt er

Ihre Mutter ↓ *Sie (der Klient)*   *Sie (der Klient)* ↓ *Ihre Mutter.*

Somit wird der Teil der letzten Oberflächenstruktur des Klienten transformiert

Ihre Mutter zeigt Ihnen, daß sie Sie liebe.
Sie zeigen Ihrer Mutter, daß Sie sie lieben.

Nachdem der Therapeut so den Bezugsindex verschoben hat, bittet er den Klienten, das Bild schärfer einzustellen, indem er nach einem vollständiger spezifizierten Verb fragt.

(75) R: *Indem ich Dinge für sie erledigte.*

Der Klient gibt eine weitere Spezifizierung des Verbs und stellt folgende Äquivalenz auf:

X liebt Y = *X erledigt Dinge für Y*
(wobei X = *der Klient und*
Y = *die Mutter des Klienten).*

(76) T: *Ralph, hat ihre Mutter jemals Dinge für Sie getan?*

Der Therapeut verschiebt nun die Bezugsindices zur ursprünglichen Oberflächenstruktur (73) und präsentiert eine Hälfte der Äquivalenz zur Überprüfung durch den Klienten.

(77) R: *Ja, aber sie hat nie wirklich... sie hat mich nie sicher wissen lassen.*

Der Klient gibt zu, daß seine Mutter Dinge für ihn getan hat, aber er verneint, daß die Äquivalenz gilt; d. h.:

X liebt Y = *X erledigt Dinge für Y*
(wobei X = *die Mutter des Klienten*
Y = *der Klient).*

Die neue Oberflächenstruktur des Klienten bietet dem Therapeuten folgende Möglichkeiten: (a) nach dem Unterschied in den beiden Situationen zu fragen, der die Ungültigkeit der Äquivalenz (an dem Schlüsselwort *aber* erkennbar) bewirkt; (b) der hinterfragbare Universalquantor *nie* erscheint zweimal; (c) eine Tilgung in Verbindung mit dem Verb *wissen* (d. h. was wissen?); (d) ein sehr unvollständig spezifiziertes Verb *wissen.*

(78) T: *Hat sie Sie nie was wissen lassen?*

Der Therapeut wählt die Möglichkeit (c) und fragt nach dem getilgten, mit dem Verb *wissen* verbundenen Substantivargument.

(79) R: *Sie hat mich nie sicher wissen lassen, ob sie mich wirklich lieb hatte (weint immer noch leise).*

Der Klient liefert das fehlende Substantivargument. Seine Oberflächenstruktur beinhaltet (a) einen hinterfragbaren Universalquantor *nie;* (b) zwei sehr unvollständig spezifizierte Verben *wissen* und *lieben.*

(80) T: *Haben Sie sie jemals sicher wissen lassen, daß Sie sie lieb hatten?*	Der Therapeut beschließt wieder, die Technik der Verschiebung des Bezugsindex anzuwenden, und zwar in der gleichen Weise wie in (74).
(81) R: *Sie wußte es...*	Die Oberflächenstruktur des Klienten beinhaltet (a) eine mit dem Verb *wissen* verbundene Tilgung; (b) eine Verletzung des Kriteriums für semantische Wohlgeformtheit: Gedankenlesen; (c) ein sehr unvollständig spezifiziertes Verb *wissen*.
(82) T: *Woher wissen Sie, daß sie es wußte?*	Der Therapeut wählt Möglichkeit (c).
(83) R: *Ich... ich... ich weiß es wohl nicht.*	Der Klient zögert und gibt dann zu, daß er den Prozeß, durch den seine Mutter angeblich wissen konnte, daß er sie lieb hatte, nicht spezifizieren kann. Das ist gleichbedeutend mit der Aussage, daß der Prozeß in seinem Modell nicht spezifiziert ist.
(84) T: *Was hindert Sie daran, es ihr zu sagen?*	Der Klient war nicht in der Lage, den Prozeß zu erläutern, durch den seine Mutter die Kenntnis erlangt haben sollte, daß er sie lieb habe. Der Therapeut geht sofort zur Anwendung der Technik über, den Klienten zu fragen, was ihn daran hindere, die direkteste ihm bekannte Art zu gebrauchen, um seine Gefühle der Liebe gegenüber seiner Mutter mitzuteilen.
(85) R: *Hmmm... hmm, vielleicht gar nichts.*	Der Klient schwankt und überlegt das Naheliegendste. Seine Oberflächenstruktur beinhaltet ein sehr qualifiziertes *vielleicht* und den Universalquantor *nichts*.
(86) T: *VIELLEICHT?*	Der Therapeut arbeitet daraufhin, eine stärkere Festlegung vom Klienten zu erhalten.
(87) R: *Ich nehme an, daß ich es wohl könnte.*	Der Klient gibt die Möglichkeit zu.

(88) T: *Ralph, nehmen Sie an, daß Sie wohl auch der Janet sagen könnten, wie Sie ihr gegenüber empfinden?*	Der Therapeut verschiebt wiederum Bezugsindices: Mutter des Klienten ↓ Janet und fragt nach dem Engagement des Klienten, den Kommunikationsprozeß in dieser Beziehung zu ändern, so daß er direkter wird und kein Gedankenlesen benötigt.
(89) R: *Das macht ein bißchen Angst.*	Der Klient zögert. Seine Oberflächenstruktur enthält (a) ein Substantivargument ohne Bezugsindex: *das;* (b) eine Tilgung des mit dem Verb *Angst machen* verbundenen Substantivarguments (d. h. macht wem Angst?).
(90) T: *Was macht ein bißchen Angst?*	Der Therapeut fragt nach dem fehlenden Bezugsindex.
(91) R: *Daß ich einfach auf sie zugehen und es ihr sagen könnte.*	Der Klient liefert den fehlenden Bezugsindex und bringt seine Zweifel über das Kommunikationsengagement, nach dem der Therapeut fragt, zum Ausdruck.
(92) T: *Was hält Sie davon ab?*	Der Therapeut verwendet die Technik, nach der Generalisierung zu fragen, dem Ergebnis der Handlung, die der Klient als beängstigend empfindet.
(93) R: *Nichts, das macht ja so Angst (lacht).*	Der Klient erkennt, daß ihm diese Möglichkeit zur Verfügung steht.

Hier ging der Therapeut zu Techniken über, die nicht dem Meta-Modell angehören, und stellte mit Ralph einen Vertrag auf, um sicher zu stellen, daß die neuen Möglichkeiten, die er entdeckt hatte, auch entsprechende Handlungen nach sich ziehen würden.

Transkript 2

Diese Protokoll-Sitzung fand in Anwesenheit einer Gruppe von Auszubildenden statt, die einer Demonstration beiwohnten. Beth ist eine Frau von etwa 28 Jahren. Sie ist verheiratet gewesen und hat zwei kleine Kinder. Die Demonstration beginnt:

(1) B: *Was sollte ich zuerst tun?*	Die Klientin beginnt, indem sie den Therapeuten um eine Anweisung bittet.
(2) T: *Sagen Sie mir, was Sie hier möchten; im Interview sagten Sie, daß Sie in einer Sache Hilfe wollten (nimmt Bezug auf ein 2-Minuten-Interview eine Stunde vorher, in dem fünf Personen für diese Demonstration ausgewählt wurden).*	Der Therapeut beginnt, indem er die Klientin darum bittet, näher anzugeben, warum sie hier ist; und indem er sich auf ein vorangegangenes Gespräch bezieht, bittet er sie um Bestätigung und Erklärung ihres Wunsches nach Hilfe.
(3) B: *Mal sehen, was möchte ich hier... ich möchte Hilfe bei... also, es geht um meine Zimmernachbarn.*	Die Klientin wirkt zögernd, etwas verwirrt; (a) sie läßt eine Oberflächenstruktur unvollständig (*Hilfe bei...*), macht eine Pause und äußert dann: *es geht um meine Zimmernachbarn*, das Verb *helfen* ist sehr unvollständig spezifiziert; (b) die Substantive *es* und *Zimmernachbarn* haben keinen Bezugsindex.
(4) T: *Zimmernachbarn...?*	Der Therapeut entscheidet, nach einem Bezugsindex zum Substantivargument *Zimmernachbarn* zu fragen.
(5) B: *(unterbricht) Karen und Sue, sie teilen das Haus mit mir. Wir haben auch zusammen vier Kinder.*	Die Klientin liefert Bezugsindices, wie vom Therapeuten verlangt. Sie fügt dem mehr Information zu und bietet somit dem Therapeuten ein etwas klareres Bild von ihrem Modell.
(6) T: *Welche Art von Hilfe hätten Sie gerne bei diesen zwei Menschen?*	Der Therapeut macht die Annahme, daß das Substantivargument *Zimmernachbarn* in dem Satz, den die Klientin bei ihrer zweiten Aussage unbeendet ließ, in die Stelle des Substantiv-

	arguments paßt. Unter dieser Voraussetzung kehrt der Therapeut zur ursprünglichen Oberflächenstruktur der Klientin zurück und bittet die Klientin, das Prozeßwort helfen näher zu spezifizieren.
(7) B: *Sie scheinen mich nicht zu verstehen.*	Die Klientin übergeht die spezifische Frage des Therapeuten und beginnt, ihre Zimmernachbarn zu beschreiben. Zu beachten ist, (a) daß das mit dem Verb *scheinen* verbundene Dativargument fehlt/getilgt wurde; (b) daß die Klientin Kenntnis über das innere Erleben anderer beansprucht, ohne anzugeben, wie sie zu dieser Information gelangt ist — eine Verletzung der therapiebezogenen Wohlgeformtheit, die als Gedankenlesen bezeichnet wird; (c) daß die Oberflächenstruktur der Klientin das sehr unvollständig spezifizierte Verb *verstehen* beinhaltet.
(8) T: *Woher wissen Sie, daß sie Sie nicht verstehen?*	Der Therapeut hinterfragt die Oberflächenstruktur der Klientin, weil das semantische Kriterium der Wohlgeformtheit (Gedankenlesen) verletzt wurde. Er bittet die Klientin zu beschreiben, wie sie zu dem Wissen gelangte, daß sie sie nicht verstehen.
(9) B: *Es ist wohl, weil sie zu beschäftigt sind...*	Die Antwort der Klientin ist therapiebezogen nicht wohlgeformt, (a) da das Substantivargument *es* keinen Bezugsindex hat, und (b) da dem Prädikat *zu beschäftigt* eine Tilgung zugehörig ist (*zu beschäftigt wozu?*).
(10) T: *Zu beschäftigt wozu?*	Der Therapeut fragt nach dem getilgten Teil der letzten Oberflächenstruktur der Klientin.
(11) B: *Also... zu beschäftigt, um zu sehen, daß ich Bedürfnisse habe.*	Die Klientin liefert das fehlende Material in Form einer neuen Oberflächenstruktur. Die neue Oberflächenstruktur beinhaltet ein Substantivargument ohne Bezugsindex (*Bedürfnisse*). Dieses spezielle Substantivargument ist eine Nominalisierung des Prädikats der Tiefenstruktur *bedürfen*.

(12) T: *Welche Bedürfnisse?*

Der Therapeut fragt nach dem Bezugsindex für die Nominalisierung der Klientin, Bedürfnisse.

(13) B: *Daß ich möchte, daß sie ab und zu etwas für mich tun.*

Die neue Oberflächenstruktur der Klientin hat wieder keinen Bezugsindex bei dem, was sie von ihren Zimmernachbarn möchte (*etwas* in *daß sie etwas tun*). Das Verb *tun* ist fast so unvollständig spezifiziert wie nur möglich.

(14) T: *Was zum Beispiel?*

Der Therapeut fährt fort, nach dem fehlenden Bezugsindex zu fragen.

(15) B: *Sie haben wirklich eine Menge Dinge zu tun, aber manchmal habe ich das Gefühl, sie sind unsensibel.*

Wiederum antwortet die Klientin nicht auf die Frage des Therapeuten.[3] Ihre neue Oberflächenstruktur steht im Gegensatz zu den folgenden Kriterien der therapiebezogenen Wohlgeformtheit: (a) fehlender Bezugsindex bei... *eine Menge Dinge...*; (b) fehlender Bezugsindex bei *manchmal;* (c) das fast vollständig unspezifizierte Verb *tun* in... *Dinge zu tun...*; (d) ein fehlendes Dativ-Substantivargument in Verbindung mit dem Verb *unsensibel* (d. h. *unsensibel wem gegenüber*?); (e) dadurch, daß die Klientin das Verb *unsensibel* verwendet, beansprucht sie Kenntnis um den inneren Zustand eines anderen, ohne den Prozeß, durch den sie dies weiß, zu spezifizieren: Gedankenlesen.

(16) T: *Wem gegenüber sind sie unsensibel?*

Der Therapeut bittet um das fehlende Substantivargument in Verbindung mit dem Verb *unsensibel* (in der Tiefenstruktur, Möglichkeit (d) oben).

(17) B: *Mir. Und...*

Die Klientin liefert das fehlende Substantivargument und fängt etwas anderes an.

(18) T: *Auf welche Weise sind sie Ihnen gegenüber unsensibel?*

Der Therapeut unterbricht und entscheidet, die Klientin darum zu bitten anzugeben, woher sie weiß, daß die anderen Beteiligten ihr gegenüber unsensibel sind — Möglichkeit (e).

(19) B: *Sehen Sie, ich tue viele Dinge für sie, aber sie scheinen nichts für mich zu tun.*

Wieder antwortet die Klientin nicht direkt auf die Frage des Therapeuten. Ihre neue Oberflächenstruktur verletzt folgende Kriterien der therapiebezogenen Wohlgeformtheit: (a) fehlender Bezugsindex bei *viele Dinge* und *nichts;* (b) das fast vollständig unspezifizierte Verb *tun* erscheint zweimal in der Oberflächenstruktur der Klientin; (c) der angreifbare Universalquantor *nichts;* (d) ein getilgtes Dativ-Substantivargument in Verbindung mit dem Verb *scheinen — wem scheint es so?*

(20) T: *Was tun sie nicht für Sie? Welche Bedürfnisse sehen sie nicht, die Sie haben?*

Der Therapeut fragt nach einigen Bezugsindices zu Substantivargumenten, die im Raum stehen: das *nichts* aus der Oberflächenstruktur (19) der Klientin und die *Bedürfnisse* aus der Oberflächenstruktur (11) der Klientin.

(21) B: *Ich bin auch ein Mensch, und sie scheinen das nicht anzuerkennen.*[4)]

Die Klientin fährt fort, nicht auf die Fragen des Therapeuten zu antworten. Die neue Oberflächenstruktur enthält (a) eine Präsupposition, die durch das Wort *auch* innerhalb der Oberflächenstruktur *ich bin ein Mensch* getragen wird. Die Implikation ist hier, daß jemand anderes (unidentifiziert) ein Mensch ist — daher fehlender Bezugsindex; (b) ein getilgtes Dativ-Substantivargument in Verbindung mit dem Verb *scheinen (wem so scheinen);* (c) die Klientin behauptet, Kenntnis über den inneren Zustand eines anderen (*...sie scheinen das nicht anzuerkennen*) zu haben, ohne anzugeben, woher sie diese Information hat; (d) ein verhältnismäßig unvollständig spezifiziertes Verb *anerkennen.*

(22) T: *Wie anerkennen sie nicht, daß Sie ein Mensch sind?*

Der Therapeut versucht, sich ein klares Bild vom Modell der Klientin zu verschaffen: er kehrt ständig zur Erläuterung dessen, was die Zimmernachbarn tatsächlich tun, zurück — so wie er das bei (10), (14), (18), (20) und bei dieser Frage getan hat. Der Therapeut hinterfragt die Fehlgeformtheit des verhältnismäßig unvollständig spezifizierten Verbs *merken.*

(23) B: *Sie tun alle beide nie irgendwas für mich.*

Die Klientin antwortet dem Therapeuten mit einer Oberflächenstruktur, die aus folgenden Gründen hinterfragt werden kann: (a) ein Universalquantor — *nie*, der eine Generalisierung anzeigt; (b) ein Substantivargument in Verbindung mit dem allgemeinen Verb *tun*, ohne Bezugsindex: *irgendwas*; (c) das fast völlig unspezifizierte Proverb [5] *tun*.

(24) T: *Tun Sie NIE IRGENDWAS für Sie?*

Der Therapeut beschließt, die Generalisierung zu hinterfragen. Er tut dies durch Betonung (Stimmqualität) der Universalquantoren in der ursprünglichen Oberflächenstruktur der Klientin und, indem er den Satz zur Bestätigung oder Verneinung an die Klientin zurückgibt.

(25) B: *Nein, nicht nie, aber ich tu' immer Dinge für sie, ob sie fragen oder nicht.*

Die Hinterfragung der letzten Generalisierung der Klientin durch den Therapeuten ist erfolgreich (d.h. *nein, nicht nie*). Sie fährt fort, indem sie eine neue Generalisierung aufstellt, erkennbar an: (a) dem Universalquantor *immer;* sie beinhaltet (b) ein Substantivargument ohne Bezugsindex (*Dinge*), (c) das fast völlig unspezifizierte Verb *tun*, (d) die Tilgung zweier Substantivargumente in Verbindung mit dem Verb *fragen* (*wonach/worüber fragen?* und *wen fragen*). Es ist zu bedenken, daß der Therapeut immer noch herauszufinden versucht, wer was genau für wen tut — was die Klientin meint, wenn sie behauptet, daß ihre Zimmernachbarn sie nicht als Mensch anerkennen.

(26) T: *Mal sehen, ob ich soweit verstehe: Wenn jemand anerkennt, daß Sie ein Mensch sind, dann wird er immer Dinge für Sie tun, ob Sie fragen oder nicht?*

Der Therapeut meint, eine Generalisierung erkannt zu haben, speziell eine Äquivalenz zwischen

X anerkennt Y als Mensch = *X tut Dinge für Y, ob Y fragt oder nicht.*

Er formuliert die Generalisierung als Äquivalenzgeneralisierung und bittet die Klientin, sie zu bestätigen oder zu verneinen.

(27) B: *Also, vielleicht nicht immer...*

Die Klientin stutzt bei der Generalisierung.

(28) T: *Ich bin jetzt etwas verwirrt; könnten Sie mir sagen, was diese Dinge sind, die sie tun würden, wenn sie anerkennen würden, daß Sie ein Mensch sind?*

Der Therapeut kehrt zum Versuch zurück, herauszufinden, was die Zimmernachbarn der Klientin genau tun, das sie dahingehend repräsentiert, als Mensch nicht anerkannt zu werden, wie schon bei (22) und (26). Er gibt zu, durch die Aussagen der Klientin verwirrt worden zu sein.

(29) B: *Sie wissen schon, etwa Hilfe beim Geschirrspülen oder Babysitten oder einfach irgendwas.*

Die Klientin beginnt das Bild zu klären, indem sie konkrete Dinge wie *Hilfe beim Geschirrspülen* und *Babysitten* nennt. Sie wirft dann alles über den Haufen mit dem Substantivargument *irgendwas*.

(30) T: *Könnten Sie auch erklären, woher Ihre Zimmernachbarn wissen sollen, was diese Dinge sind, die sie erledigt haben möchten?*

Der Therapeut hat mehrfach nachgefragt, wie die Klientin weiß, was ihre Zimmernachbarn merken (8), (18) und (20). Hier führt er eine Verschiebung des Bezugsindex durch und fragt, woher (durch welchen Prozeß) die Zimmernachbarn der Klientin dazu kommen, zu wissen, was die Klientin selbst will.[6]

(31) B: *Wenn sie sensibel genug wären, würden sie schon wissen.*

Die Klientin antwortet nach dem Muster, das wir bereits gesehen haben, und behauptet speziell, daß ihre Zimmernachbarn wissen können, was sie möchte, ohne den Prozeß anzugeben, durch den sie diese Information erhalten. Darüberhinaus beinhaltet die Oberflächenstruktur der Klientin Verletzungen von Kriterien der Wohlgeformtheit: (a) Tilgung eines Substantivarguments in Verbindung mit dem Verb *sensibel (sensibel gegenüber wem?)*; (b) Tilgung des mit dem Schlüsselwort *genug* verbundenen Vergleichs in *sensibel genug (sensibel genug wozu?)*; (c) Tilgung eines Substantivarguments in Verbindung mit dem Verb *wissen (was wissen?)*.

(32) T: *Sensibel genug gegenüber wem?*

Der Therapeut beschließt, nach einem der getilgten Argumente zu fragen — Möglichkeit (a) in (31).

(33) B: *Mir gegenüber.*

Die Klientin liefert das fehlende Substantivargument, das vom Therapeuten erfragt wurde, und bezieht somit die Sensibilität (bzw. deren Mangel) ihrer Zimmernachbarn auf sich.

(34) T: *Wenn sie Ihnen gegenüber sensibel genug wären, dann sollten sie Ihre Gedanken lesen können?*

Der Therapeut kehrt nun zur Oberflächenstruktur (31) der Klientin zurück und hinterfragt die semantische Fehlgeformtheit (Gedankenlesen) dieser Äußerung — Möglichkeit (d) in (31) —, indem er die im Satz (31) der Klientin implizierte Annahme explizit äußert.

(35) B: *Meine Gedanken lesen?*

Die Klientin scheint verwirrt und durch die explizite Äußerung ihrer Annahme des Gedankenlesens durch den Therapeuten erschrocken zu sein.

(36) T: *Ja, wie sollten sie sonst wissen, was sie brauchen und möchten? Sagen Sie es ihnen?*

Der Therapeut fährt fort, die sehr unvollständige Beschreibung der Klientin von dem Prozeß, durch den ihre Zimmernachbarn erkennen sollen, was sie möchte und braucht, zu hinterfragen, um ein klares Bild von dem Modell der Klientin zu erhalten (die Frage des Therapeuten bezieht sich auf die Oberflächenstrukturen (11), (13) und (19)). Der Therapeut bietet hier sogar eine Möglichkeit an, wie der Prozeß, von dem er ein klares Bild zu erhalten versucht, ablaufen könnte: *Sagen Sie es ihnen*?

(37) B: *Also nicht genau...*

Die Klientin verneint, daß sie es ihre Zimmernachbarn direkt wissen läßt, indem sie es ihnen sagt.

(38) T: *Nicht genau wie?*

Der Therapeut drängt weiterhin auf eine Beschreibung des Prozesses.

(39) B: *Also, ich deute es irgendwie an.*	Die Oberflächenstruktur der Klientin hat (a) ein getilgtes Substantivargument in Verbindung mit dem Verb *andeuten (was andeuten?)*; (b) das Verb *andeuten* alleine liefert kein klares Bild, wie die Zimmernachbarn der Klientin wissen sollen, was sie möchte und braucht; das bereits unvollständig spezifzierte Verb *andeuten* in der Verbindung mit der Qualifizierung *irgendwie* läßt das Bild noch undeutlicher werden; (c) ein zweites getilgtes Substantivargument in Verbindung mit dem Verb andeuten (*wem andeuten?*).
(40) T: *Wie deuten Sie es irgendwie an?*	Der Therapeut beschließt, nach einer vollständigeren Spezifikation des Prozesses der *Andeutung* zu fragen — Möglichkeit (b) in (39).
(41) B: *Ich erledige Dinge für sie.*	Die Klientin beschreibt umfassender den Prozeß, durch den sie ihre Zimmernachbarn wissen läßt, was sie möchte und braucht (wie sie irgendwie andeutet), d. h. sie erledigt Dinge für sie. Die neue Oberflächenstruktur ist therapiebezogen nicht wohlgeformt, da sie (a) ein Substantivargument beinhaltet, das keinen Bezugsindex aufweist (*Dinge*), (b) das fast vollständig unspezifizierte Verb *erledigen*; (c) diese Oberflächenstruktur ist möglicherweise im Modell der Klientin äquivalent — d. h. *(X deutet irgendwie an gegenüber Y)* = *(X erledigt Dinge für Y)*
(42) T: *Wenn Sie also Dinge für sie erledigen, sollen sie wissen, daß Sie möchten, daß sie ihrerseits etwas erledigen?*	Der Therapeut entscheidet nachzuprüfen, ob die Klientin diese Generalisierung bestätigen wird (Möglichkeit (c) in (41)), indem er die vollständige Generalisierung vor der Klientin wiederholt.
(43) B: *Das hört sich irgendwie komisch an, wenn Sie es so sagen.*	Wie die Klientin schon sagt, hören sich die Generalisierungen ihres eigenen Modells komisch an, wenn der Therapeut sie ihr gegenüber in einer einzigen Aussage darstellt. Sie zögert

und ist nicht bereit, die Generalisierung zu bestätigen. Sie braucht das sehr unvollständig spezifizierte Verb *komisch*.

(44) T: *Wie irgendwie komisch?*

Der Therapeut bittet sie, ihr Verb *komisch* weiter zu spezifizieren.

(45) B: *Also ob ich nicht ehrlich wäre oder so was, aber man kann einfach nicht so daher kommen und die ganze Zeit Dinge verlangen, sonst werden einem die Leute nichts geben wollen.*

Die Oberflächenstruktur der Klientin beinhaltet folgende Verletzungen der Kriterien der therapiebezogenen Wohlgeformtheit: (a) fehlender Bezugsindex bei *so was*; (b) fehlender Bezugsindex bei *man* (zweimal); (c) fehlender Bezugsindex bei *die ganze Zeit*; (d) fehlender Bezugsindex bei *Dinge*; (e) fehlender Bezugsindex bei *Leute*; (f) unvollständig spezifizierte Verben *ehrlich sein* und *verlangen*; (g) zu hinterfragender Universalquantor *ganze* in... *die ganze Zeit*; (h) Modaloperator der Möglichkeit *kann nicht* in... *man kann einfach nicht*; (i) Verletzung der semantischen Wohlgeformtheit durch Gedankenlesen in *werden einem die Leute nichts geben wollen*, wo die Klientin behauptet, den inneren Zustand anderer wissen zu können, ohne daß sie angibt, wie sie diese Information erhält; (j) Schlüsselwort *aber*, das möglicherweise ein Impliziertes Kausativ identifiziert; (k) fehlendes Substantivargument in Verbindung mit *verlangen (von wem verlangen?)*.

(46) T: *Moment mal, wer kann nicht so daher kommen und die ganze Zeit Dinge von wem verlangen?*

Der Therapeut scheint von der Fülle an Möglichkeiten überwältigt — er beschließt, bei zwei der Regelverletzungen nachzufragen: nach einem Bezugsindex (Möglichkeit (b) in (45)) und nach einem fehlenden Substantivargument (Möglichkeit (k) in (45)).

(47) B: *Ich kann nicht so daherkommen und Dinge von Sue und Karen ver-*

Die Oberflächenstruktur der Klientin beinhaltet beide Angaben, nach denen der Therapeut gefragt hat (*wer: ich; von wem: von Karen und Sue*). Darüberhinaus enthält ihre Oberflä-

langen, sonst werden sie mir nichts geben wollen.

chenstruktur (a) einen Modaloperator der Möglichkeit; (b) Substantivargumente mit fehlenden Bezugsindices: *Dinge* in *daherkommen und Dinge verlangen* und *nichts* in *mir nichts geben wollen*; (c) eine Regelverletzung durch Gedankenlesen: die Klientin behauptet, im Satzteil *werden sie mir nichts geben wollen* Kenntnis um einen inneren Zustand zu haben (nicht nur um einen inneren Zustand, sondern auch noch um einen zukünftigen inneren Zustand — Gedankenlesen mit Kristallkugel); (d) zwei unspezifizierte Verben *verlangen* und *geben*, die ein sehr diffuses, unklares Bild von dem Prozeß liefern. Beachten Sie auch die Gesamtform der Oberflächenstruktur der Klientin: X oder Y, wobei X einen Modaloperator enthält. Im Abschnitt über Modaloperatoren haben wir darauf hingewiesen, daß eine Technik, Generalisierungen zu hinterfragen, die Modaloperatoren in Form von Sätzen wie

Ich kann nicht...

oder

Es ist unmöglich...

oder

Man darf nicht...

enthalten, darin besteht, die Frage *sonst passiert was*? zu stellen. Hier hat die Klientin bereits das Ergebnis bzw. die Konsequenz mitgeliefert, d. h. den *oder-was* Teil: *oder Y*. Genauer: *...sonst werden sie mir nichts geben wollen*. Sie hat damit eine vollständige Generalisierung innerhalb ihres Modells zu erkennen gegeben, welche hinterfragt werden kann.

(48) T: *Ich meine, Sie hätten gesagt, daß sie ihnen sowieso nichts geben.*

Der Therapeut beschließt, die Generalisierung der Klientin zu hinterfragen. Er tut dies, indem er zuerst die Generalisierung der Klientin in eine äquivalente Form übersetzt. Die Klientin sagt:

X oder Y: (ich frage nicht) oder (sie werden nichts geben wollen)

Wie in Kapitel 4 beschrieben, sind Oberflächenstrukturen dieser Form äquivalent mit

Wenn nicht X, dann Y: Wenn nicht (ich frage nicht) dann (sie werden nichts geben wollen)
bzw.
Wenn (ich frage) dann (sie werden nichts geben wollen)

Die Generalisierung der Klientin hat nun die Form

Wenn ich frage, dann werden sie nichts geben wollen...

Da die Klientin dem Therapeuten bereits gesagt hat, daß sie nicht fragt (36), (37), (38), (39), (40) und (41), und auch, daß sie ihr nicht geben, was sie möchte oder braucht (11), (13), (15), (19) und (23), weiß er, daß das Gegenteil der Generalisierung der Klientin in ihrer Erfahrung gilt, nämlich:

Wenn ich nicht frage, werden sie nicht geben wollen...

Er erkennt daher, daß der *wenn*-Teil der Generalisierung überflüssig ist, setzt an dessen Stelle das Wort *sowieso* und präsentiert dies der Klientin, damit sie es bestätigen oder ablehnen kann.

(49) B: *Also, manchmal tun sie es schon, aber nicht, wenn ich es möchte.*

Die Anfrage des Therapeuten funktioniert: Die Klientin verneint ihre Generalisierung. Ihre neue Oberflächenstruktur beinhaltet: (a) zwei Elemente, denen Bezugsindices fehlen (*manchmal* und *es*), (b) ein sehr unvollständig spezifiziertes Verb *tun*: (c) das Schlüsselwort *aber*.

(50) T: Fragen Sie sie, wenn Sie etwas möchten?

Der Therapeut versucht immer noch; ein klares Bild davon zu erhalten, wie die Klientin und ihre beiden Zimmernachbarn einander mitteilen, was sie möchten und brauchen. Er fragt sie speziell danach, ob sie sie darum bittet, wenn sie etwas möchte.

(51) B: *(Pause)... (Legt Hände in den Schoß und ihr Gesicht in ihre Hände) Mui... kann ich nicht (murmelnd).*	Die Klientin erlebt starke Gefühle.
(52) T: *(Leise, aber direkt) Beth, fragen Sie, wenn Sie etwas möchten.*	Der Therapeut fährt in seinem Versuch fort, ein klares Bild von dem Prozeß zu erhalten, durch den die Klientin ihre Bedürfnisse und Wünsche äußert. Er wiederholt die Frage.
(53) B: *Ich kann nicht.*	Die Klientin verwendet einen Modaloperator der (Un-)Möglichkeit und läßt den Rest des Satzes fort.
(54) T: *Was hindert Sie daran?*	Der Therapeut hat jetzt einen wichtigen Teil des Modells der Klientin identifiziert. Die Klientin erlebt, hier keine Wahlmöglichkeit zu haben (53), und erfährt sehr viel Schmerz (51). Der Therapeut beginnt, den einschränkenden Teil des Modells der Klientin zu hinterfragen, indem er nachfragt, was speziell ihr diese Unmöglichkeit unmöglich macht.
(55) B: *Ich kann einfach nicht... Ich kann einfach nicht.*	Die Klientin wiederholt einfach, daß es ihr nicht möglich sei zu fragen — sie deutet wiederum an, daß sie in diesem Bereich ihres Modells starke Gefühle empfindet, indem sich ihre Stimmqualität und -lautstärke ändert.
(56) T: *Beth, was würde passieren, wenn Sie darum bitten würden, wenn Sie etwas möchten?*	Der Therapeut fährt fort, den verarmenden Teil des Modells der Klientin zu hinterfragen. Er wechselt auf eine andere Technik des Meta-Modells über, die im Abschnitt über Modaloperatoren beschrieben wird, und fragt nach einem Ergebnis.
(57) B: *Ich kann nicht, weil sich Leute herumgeschubst*	Die Klientin ist bereit, das Ergebnis zu liefern. Es tauchen mehrere Verletzungen der Kriterien der therapiebezogenen Wohlgeformtheit in ih-

fühlen werden, wenn ich sie um Dinge bitte.	rer Oberflächenstruktur auf, die hinterfragt werden können: (a) der Modaloperator *kann nicht;* (b) die Ursache-Wirkung-Beziehung *X weil Y*, an dem Wort *weil* zu erkennen; (c) Substantivargumente ohne Bezugsindices *Leute* und *Dinge;* (d) eine Regelverletzung durch Gedankenlesen mit Kristallkugel... *Leute werden sich geschubst fühlen;* (e) die Tilgung eines Substantivarguments in Verbindung mit dem Verb *herumgeschubst — durch wen herumgeschubst?*
(58) T: *Bitten Leute Sie um Dinge?*	Der Therapeut will die Notwendigkeit der Ursache-Wirkung-Beziehung bzw. der Generalisierung hinterfragen, die die Klientin in ihrem Modell aufweist. Er fängt damit an, Bezugsindices zu verschieben: ↓ *ich (die Klientin)* → *Leute* ↓ *Leute* → *ich (die Klientin).* Somit verschiebt sich die Generalisierung, auf die der Therapeut sein Augenmerk lenkt: *Ich bitte Leute um Dinge* *Leute bitten mich um Dinge.* Nach dieser Verschiebung liefert er der Klientin das Ergebnis zur Bestätigung oder Ablehnung.
(59) B: *Ja.*	Die Klientin bestätigt, daß sie diese Erfahrung gemacht hat.
(60) T: *Fühlen Sie sich immer herumgeschubst?*	Die Verschiebung des Bezugsindex, die der Therapeut in (58) begann, wird unter Verwendung der gleichen Verschiebung fortgeführt: ↓ *Ich (die Klientin)* → *Leute* ↓ *Leute* → *ich (die Klientin)* Somit wird aus dem anderen Teil der ursprünglichen Generalisierung der Klientin *Leute fühlen sich herumgeschubst...* *Ich fühle mich herumgeschubst...*

Der Therapeut präsentiert nun diesen Abschnitt der transformierten, ursprünglichen Oberflächenstruktur und hinterfragt ihn dadurch, daß er die Universalität der Aussage betont, indem er mit seiner Stimmqualität den Universalquantor *immer* hervorhebt.

(61) B: *Nein, nicht immer, aber manchmal schon.*

Die Klientin verneint, daß die Ursache-Wirkung-Beziehung notwendig ist (Möglichkeit (b) bei (57)). Ihre neue Oberflächenstruktur kann hinterfragt werden auf Grund von (a) einem fehlenden Bezugsindex bei *manchmal;* (b) unter Annahme, daß sich das *schon* zurück auf das Verb *herumgeschubst* bezieht: einem fehlenden Substantivargument, *herumgeschubst durch wen,* und einem relativ unspezifizierten Verb *herumgeschubst;* (c) dem Schlüsselwort *aber.*

(62) T: *Beth, sind Sie sich dessen bewußt, daß Sie vor 30 Minuten zu mir gekommen sind und mich gefragt haben, ob ich bereit wäre, mit Ihnen zu arbeiten? Sie um etwas für sich selbst gebeten haben?*

Anstatt irgendeine der Verletzungen der Kriterien der therapiebezogenen Wohlgeformtheit in der letzten Oberflächenstruktur der Klientin zu verfolgen, fährt der Therapeut fort, die Ursache-Wirkung-Generalisierung zu hinterfragen (Möglichkeit (b) in (57)). Der Therapeut verschiebt die Bezugsindices der ursprünglichen Generalisierung.

Sie (die Klientin)	*Leute*
Sie (die Klientin)	*ich (der Therapeut).*

Das Ergebnis ist:

Sie (die Klientin) haben Leute um etwas gebeten.

Sie haben mich (den Therapeuten) um etwas gebeten.

Der Therapeut hat die Generalisierung der Klientin auf das aktuelle Geschehen in der Therapie bezogen. Er lenkt hierauf ihre Aufmerksamkeit, auf eine Erfahrung, die der Generalisierung der Klientin widerspricht. Der Therapeut bittet sie, diese Erfahrung zu bestätigen oder abzulehnen.

(63) B: (Pause) Jaaa.	Die Klientin bejaht die Erfahrung.
(64) T: *Habe ich mich herumgeschubst gefühlt?*	Der Therapeut lädt die Klientin mit einer Übung im Gedankenlesen beim Therapeuten dazu ein, den Rest ihrer ursprünglichen Ursache-Wirkung-Beziehung zu überprüfen (Möglichkeit (b) in (57)).
(65) B: *Ich glaube nicht.*	Die Klientin vermeidet das Gedankenlesen und überprüft den Rest ihrer Generalisierung.
(66) T: *Könnten Sie sich dann vorstellen, daß Sie eine ihrer Zimmernachbarn um etwas für sich selbst bitten und sie sich nicht herumgeschubst fühlen?*	Der Therapeut hat es geschafft, die Klientin dazu zu bringen, die Generalisierung in ihrem Modell, die ihr Unzufriedenheit und Schmerz bereitet, abzulehnen, (a) indem er Bezugsindices so verschoben hat, daß sie sich an eigene Erfahrungen erinnern kann, bei denen sie sich nicht herumgeschubst gefühlt hat, als andere Menschen sie um Dinge baten, und (b) indem er ihre Generalisierung mit ihrer unmittelbaren Erfahrung innerhalb der Therapie verbunden hat. Er verschiebt jetzt wieder Bezugsindices, diesmal zurück zur ursprünglichen Schwierigkeit, die die Klientin mit ihren Zimmernachbarn hat. Er fragt sie zuerst, ob sie eine Ausnahme zu ihrer ursprünglichen Generalisierung speziell bei ihren Zimmernachbarn phantasieren kann.
(67) B: *Ja, vielleicht.*	Die Klientin gibt diese Möglichkeit zu.
(68) T: *Möchten Sie es versuchen?*	Der Therapeut will darauf hinaus, eine Verpflichtung der Klientin zu einer Ausnahme ihrer ursprünglichen Generalisierung, sowohl im eigentlichen Erfahrungsbereich als auch in der Phantasie, zu erhalten.
(69) B: *Ja, ich möchte schon.*	Die Klientin gibt an, daß sie bereit ist, einen tatsächlichen Versuch mit ihren Zimmernachbarn zu wagen.

(70) T: *Und wie werden Sie wissen, ob sich ihre Zimmernachbarn herumgeschubst fühlen?*

Nachdem der Therapeut die Verpflichtung der Klientin erhalten hat, kehrt er zum zentralen Teil seines Bildes vom Modell der Klientin zurück, das er für sich noch nicht hat klären können: zu dem Prozeß, durch den die Klientin und ihre Zimmernachbarn einander wissen lassen, was sie möchten und brauchen — denselben Prozeß, den er bereits in (8), (18), (22), (30), (34), (36), (40) und (42) zu klären versucht hatte.

(71) B: *Beide würden es mir wahrscheinlich sagen.*

Die Klientin liefert die Information, die das Bild des Therapeuten von ihrem Modell erhellt, wie ihre Zimmernachbarn ihr mitteilen, wie sie sich fühlen.

(72) T: *Beth, sagen Sie es Leuten, wenn Sie sich herumgeschubst fühlen?*

Der Therapeut verfolgt nun die andere Hälfte des Kommunikationsprozesses: wie sie sie wissen läßt, wie sie sich fühlt und was sie möchte.

(73) B: *Das nicht gerade, aber ich lasse es sie schon wissen.*

Die Oberflächenstruktur der Klientin beinhaltet (a) eine sehr schwach spezifizierte Verbphrase *wissen lassen*; (b) das Schlüsselwort *aber.*

(74) T: *Wie lassen Sie es sie wissen?*

Der Therapeut, der immer noch versucht, ein klares Bild davon zu erlangen, wie die Klientin ihre Gefühle ihren Zimmernachbarn mitteilt, hinterfragt die schwach spezifizierte Verbphrase.

(75) B: *Ich nehm' an, einfach durch die Art, wie ich wirke; sie sollten es schon merken.*

Die neue Oberflächenstruktur enthält folgende Verletzungen der Kriterien der therapiebezogenen Wohlgeformtheit: (a) einen fehlenden Bezugsindex bei *die Art*; (b) ein sehr unvollständig spezifiziertes Verb *wirken*; (c) eine sehr unvollständig spezifizierte Verbphrase *sollten es schon merken*; (d) das Schlüsselwort *sollten.*

(76) T: *Wie denn? Sollen sie wieder Ihre Gedanken lesen können?*	Der Therapeut bleibt dabei, Genaueres über die Mitteilungen der Klientin an ihre Zimmernachbarn zu verlangen.
(77) B: *Das nicht.*	Die Klientin verneint, daß ihre Zimmernachbarn ihre Gedanken lesen können sollten.
(78) T: *Was hindert Sie daran, ihnen direkt zu sagen, daß Sie etwas nicht tun möchten, oder daß Sie sich herumgeschubst fühlen?*	Der Therapeut beschließt, den verarmten Teil des Modells der Klientin nochmals zu hinterfragen (Möglichkeit (b) in (57)).
(79) B: *Ich könnte ihre Gefühle nicht verletzen.*	Die Klientin antwortet mit einer Oberflächenstruktur, die Folgendes umfaßt: (a) einen Modaloperator der Unmöglichkeit; (b) ein sehr spezifiziertes Verb *verletzen;* (c) eine semantisch fehlgeformte Ursache-Wirkung-Beziehung, *ich bewirke, daß sie sich verletzt fühlen;* (d) einen fehlenden Bezugsindex bei *Gefühle.*
(80) T: *Verletzt es immer die Gefühle von jemandem, wenn Sie ihm etwas abschlagen oder ihm sagen, daß Sie sich herumbeschubst fühlen?*	Der Therapeut entscheidet, die semantische Fehlgeformtheit der Ursache-Wirkung-Beziehung anzugehen (Möglichkeit (c) in (79)), und betont den Absolutheitswert, indem er den Universalquantor *immer* einfügt.
(81) B: *Ja, niemand hört gerne schlechte Dinge.*	Die Klientin bestätigt, daß die Generalisierung zu ihrem Modell gehört. Darüberhinaus weist ihre Oberflächenstruktur Regelverletzungen auf: (a) einen fehlenden Bezugsindex bei *niemand;* (b) einen fehlenden Bezugsindex bei *Dinge;* (c) eine Regelverletzung durch Gedankenlesen, *niemand hört gerne;* (d) einen Universalquantor, der eine angreifbare Generalisierung identifiziert: *niemand = alle Menschen nicht;* (e) eine Tilgung in Verbindung mit dem Tiefenstrukturprädikat *schlecht: schlecht für wen?*

(82) T: *Beth, können Sie sich vorstellen, daß Sie wissen möchten, ob sich ihre Zimmernachbarn durch Sie herumgeschubst fühlen, so daß Sie ihnen gegenüber sensibler sein könnten?*	Der Therapeut beschließt, weiterhin die verarmende Generalisierung im Modell der Klientin zu hinterfragen. Er bittet die Klientin, sich eine Erfahrung vorzustellen, die der Generalisierung widerspricht, die sie in ihrem Modell aufweist, bzw. sie zu bestätigen oder abzulehnen.
(83) B: *Ja.*	Die Klientin bestätigt es.
(84) T: *Könnten Sie sich dann auch vorstellen, daß Ihre Zimmernachbarn wissen möchten, wann Sie sich herumgeschubst fühlen, so daß sie Ihnen gegenüber sensibler werden könnten?*	Der Therapeut gebraucht jetzt dieselbe Situation, die die Klientin gerade bestätigt hat; diesmal gebraucht er sie mit der Verschiebung des Bezugsindex *Zimmernachbarn* ↓ *Ich (die Klientin* *Ich (die Klientin)* ↓ *Zimmernachbarn*
(85) B: *Hmmmmm (Pause), ich glaub', Sie haben recht.*	Die Klientin zögert und bestätigt dann die phantasierte Situation. Die Oberflächenstruktur ihrer Antwort beinhaltet die Tilgung eines mit *recht* verbundenen Substantivarguments, d. h. *Sie haben recht worüber?*
(86) T: *Worüber?*	Der Therapeut bittet um das getilgte Substantivargument.
(87) B: *Wenn ich sie wissen lassen würde, wann ich mich herumgeschubst fühle oder etwas möchte, dann wären sie vielleicht sensibler.*	Die Klientin liefert den fehlenden Teil und bestätigt ihr Verständnis darüber, wie ein Durchbrechen ihrer eigenen Generalisierung eine gute Erfahrung für sie und für Ihre Zimmernachbarn sein könnte.

Der Therapeut ging an dieser Stelle zu einigen Techniken über, die nicht dem Meta-Modell entsprechen, um Beth die Chance zu geben, das neu Erlernte zu integrieren und ihre neuen Repräsentationen mit ihrer Erfahrung zu verbinden. Dies ermöglichte auch dem Therapeuten festzustellen, ob noch irgendetwas anderes Beth daran hinderte, ihren Zimmernachbarn ihre Bedürfnisse zu kommunizieren.

In diesem Kapitel haben wir zwei Transkripte dargestellt, die die Verwendung von Techniken des Meta-Modells, und nur dieser Techniken, innerhalb der therapeutischen Begegnung zeigen. Selbst mit diesen künstlichen Einschränkungen ist die Stärke der Techniken des Meta-Modells offensichtlich. Das Meta-Modell bietet dem Therapeuten an jeder Stelle des therapeutischen Austauschs reichhaltige Möglichkeiten. Der übergreifende Effekt dabei ergibt eine explizite Richtung oder Strategie für die Therapie: die Bereicherung und Erweiterung der einschränkenden Teile des Modells des Klienten. Das Meta-Modell ist nicht zum Gebrauch für sich allein bestimmt, sondern vielmehr als Hilfsmittel, die in die potenten Techniken verbaler und nonverbaler Art, die in den anderen Formen der Psychotherapie verfügbar sind, integriert werden soll.

Anmerkungen

1. Es handelt sich hierbei um dieselbe Aussage, die wir bereits hervorgehoben haben. Modelle, einschließlich des von uns hier dargestellten Meta-Modells, sind nicht Behauptungen über tatsächlich ablaufende Ereignisse innerhalb der Person, in Menschen und Prozessen, die modelliert werden, sondern vielmehr eine explizite Darstellung des Verhaltens jener Dinge, die uns die regelgeleitete Natur der Person, der Menschen und Prozesse, die modelliert werden, erkennen läßt. Solche Modelle repräsentieren die Teile des Prozesses, welche systematischer Art sind. Zum Beispiel gibt es im Meta-Modell keine Repräsentation des Abstandes zwischen Klienten und dem Tower of London zu verschiedenen Zeitpunkten innerhalb der Therapiesitzung — wir bezweifeln, daß das Verhalten des Klienten hierin systematisch sei. Der Zweck einiger Modelle kann teilweise in der Repräsentation von abgeleiteten inneren Ereignissen innerhalb der Person, in Menschen und Prozessen, die modelliert werden, liegen: diese werden als Simulationsmodelle bezeichnet.

2. Das Wort *sie,* das in diesem Satz ohne Bezugsindices ist, könnte sich unter Umständen auf das Substantivargument *Frauen* der vorhergehenden Oberflächenstruktur zurückbeziehen. Allerdings weist das Substantivargument *Frauen* selbst keinen Bezugsindex auf.

3. Erfahrene Therapeuten werden Muster in der Art erkennen, wie ein Klient oder eine Klientin auf seinen oder ihren Kontext reagiert bzw. nicht reagiert — in diesem speziellen Fall auf den Therapeuten. Die Klientin hat beständig unterlassen, auf die Fragen des Therapeuten einzugehen. Wir arbeiten zur Zeit an einem expliziten Modell therapeutischer Techniken, um diese Art von Mustern anzugehen (vgl. *Die Struktur der Magie II*).

4. Das Wort *das* der Oberflächenstruktur der Klientin weist keinen Bezugsindex auf — es bezieht sich möglicherweise auf den ersten Satzteil *Ich bin auch ein Mensch.*

5. Linguisten bezeichnen das Verb *tun* als Proverb. Es steht anstelle von Verben, ähnlich wie das Wort *es* anstelle von Substantiven, ihm mangelt es genauso an spezifischer Bedeutung wie dem Pronomen *es*.

6. Die Verwendung der Verschiebung des Bezugsindex hat sich nach unserer Erfahrung als besonders angebracht bewährt, wenn der Klient sich sehr stark in Gedankenlesen ergeht; die angemessene Anwendung dieser mehr fortgeschrittenen, auf dem sprachlichen Austausch beruhenden Techniken wird Gegenstand von *Die Struktur der Magie II* sein.

Kapitel 6

Wie man ein Zauberlehrling wird

Die verschiedenen Formen der Psychotherapie sind alle bis zu einem gewissen Grade effektiv, obwohl sie für die meisten Betrachter sehr unterschiedlich aussehen. Die Tatsache, daß diese scheinbar unterschiedlichen Ansätze zur therapeutischen Begegnung alle in gewissem Maß effektiv sind, ist Jahre lang ein Rätsel gewesen. Während dieser Jahre haben Praktiker und Theoretiker viel Energie und Kreativität darauf verwendet, die notwendige Überlegenheit einer Therapieform über die anderen zu verfechten. In den letzten Jahren ist glücklicherweise diese Form der Auseinandersetzung zurückgegangen, und Psychotherapeuten verschiedenster Schulen zeigen ein immer regeres Interesse an den Methoden und Techniken anderer, wie *Haley* bemerkte (1967, S. 530-535):

„Im letzten Jahrzehnt ist der Gedanke, neue Methoden zu untersuchen, von vielen Psychiatern aufgegriffen worden und hat zu solchen Neuerungen wie Verhaltenstherapie, Behandlung durch Konditionierung und Ehe- und Familientherapie geführt. Wir haben den Niedergang einer Betonung des Rituals und eine Hinwendung zur Beurteilung therapeutischer Prozeduren anhand der Resultate statt der Befolgung einer bestimmten Richtung gesehen. Es ist heute sogar vertretbar geworden, mit verschiedenen Arten von Patienten auf verschiedene Weise zu arbeiten ... (*Haley* zitiert *Erickson*) ... „Eines der wichtigsten Dinge, an das bei der Technik zu denken ist ... ist Ihre Bereitschaft, diese Technik und jene Technik zu erlernen und dann zu erkennen, daß Sie als individuelle Persönlichkeit sich vollständig von irgendeinem Lehrer, der Ihnen eine bestimmte Technik beibrachte, unterscheiden. Sie müssen aus den verschiedenen Techniken die speziellen Elemente extrahieren können, die es Ihnen ermöglichen, sich als Persönlichkeit auszudrücken. Das Zweitwichtigste an einer Technik ist Ihre Vergegenwärtigung der Tatsache, daß jeder Patient, der Sie aufsucht, eine andere Persönlichkeit, eine andere Einstellung, einen anderen Erfahrungshintergrund darstellt. Ihr Umgang mit ihm muß sich auf ihn als Person mit einem bestimmten Bezugsrahmen für diesen Tag und für die gegenwärtige Situation beziehen."

Menschen, die zu uns in die Therapie kommen, erleiden in ihrem Leben typischerweise Schmerz und erfahren in Angelegenheiten, die sie für wichtig erachten, wenige oder keine Möglichkeiten der Wahl. Alle Therapien stehen dem Problem gegenüber, adäquat auf solche Leute einzugehen. Adäquat eingehen heißt für uns in diesem Zusammenhang, zu helfen, die Erfahrung des Klienten in irgendeiner Weise zu ändern, die sie bereichert. Selten erreichen Therapien dies, indem sie die Welt verändern. Ihr Vorgehen besteht also typischerweise darin, die Erfahrung des Klienten von der Welt zu ändern. Menschen wirken nicht direkt auf die Welt ein, sondern wirken zwangsläufig mittels ihrer Wahrnehmung oder ihres Modells von der Welt auf die Welt ein. Therapien wirken also charakteristischerweise darauf hin, das Modell der Welt des Klienten und folglich das Verhalten und das Erleben des Klienten zu verändern.

Bestimmte Therapeuten, die von völlig unterschiedlich erscheinenden Formen der Psychotherapie herkommen, sind als besonders gewandt bei der Unterstützung von Klienten bei der Änderung ihrer Erfahrung anerkannt worden. Ihr psychotherapeutisches Verhalten erscheint uns außerordentlich systematisch zu sein, insofern sie eine Reihe wirksamer Techniken besitzen, das Modell der Welt des Klienten direkt zu hinterfragen und zu erweitern. Diese Techniken sind von anderen Therapeuten vermehrt angewandt worden, leider ohne die für die erste Gruppe typischen Resultate. Der Unterschied scheint uns hier darin zu liegen, daß die erste Therapeutengruppe sehr klare Vorstellungen darüber hat, wie diese Techniken anzuwenden sind, um das Modell des Klienten zu hinterfragen und zu erweitern. Mit anderen Worten, diese Therapeuten sind in der Lage zu erkennen, wann die Anwendung irgendeiner bestimmten Technik angemessen ist. Der Gebrauch dieser Techniken durch andere führt oft zu sehr unterschiedlichen Resultaten; manchmal werden sie einen dramatischen Erfolg erzielen, zu anderen Zeiten scheinen sie vollkommen fehlzuschlagen; zeitweilig scheint der Gebrauch dieser Techniken angemessen, zu anderen Zeiten nicht.

Wir haben in diesem Buch bisher ein Meta-Modell für den Gebrauch von Therapeuten im Sprachaustausch der therapeutischen Begegnung dargestellt. Das Meta-Modell ist ein Werkzeug, das Therapeuten jeder psychotherapeutischen Schule zur Verfügung steht. Seine Vorzüge sind zweierlei: erstens bietet es explizite Anweisungen (d. h. schrittweise und daher erlernbar), was zu irgendeinem Zeitpunkt in der therapeutischen Begegnung als nächstes zu tun ist, und zweitens hat jeder in seiner Muttersprache bereits die notwendigen Intuitionen, um das Meta-Modell anzuwenden, und er muß sich lediglich dieser Intuitionen bewußt werden.

Wie wir bereits mehrfach angegeben haben, erschöpft unser Meta-Modell keineswegs alle Entscheidungen oder Möglichkeiten der Handlung des Therapeuten in der therapeutischen Begegnung. Vielmehr ist es dazu bestimmt, zusammen mit anderen Techniken und Methoden in bereits etablierte Psychotherapieformen integriert zu werden. Die Integration des expliziten Meta-Modells in die therapeutischen Techniken und Methoden, in denen Sie bereits erfahren sind, wird nicht nur die Möglichkeiten, die Sie als Therapeut haben, erweitern, sondern die Wirksamkeit Ihres Therapiestils vergrößern, indem es die Interventionen, die Sie anwenden, explizit auf die Erweiterung des Modells der Welt Ihres Klienten ausrichtet. Somit liefert das Meta-Modell dem Therapeuten eine explizite Strategie für die Therapie.

Wir haben in diesem letzten Kapitel zwei Hauptziele:

1. Wir werden eine Anzahl dieser Techniken aus verschiedenen Formen der Psychotherapie auswählen und darstellen; in jedem einzelnen Fall werden wir aufzeigen, wie diese Techniken implizit das Modell des Klienten hinterfragen und erweitern. Somit teilen sie mit dem von uns hier dargestellten expliziten Meta-Modell das Ziel, direkt auf die Repräsentation des Klienten von der Welt einzuwirken.
2. Wir werden zeigen, wie diese Techniken an die expliziten Schritte in unserem Meta-Modell anknüpfen, und zwar in einer Weise, die angibt, wann ihre Anwendung angezeigt ist.

Die zweite Zutat: Bezugsstrukturen (*reference structures*)

Eines der Merkmale unserer Erfahrung, das es uns ermöglichte, ein explizites Meta-Modell für die Sprache der Therapie zu entwickeln, war, daß jeder von uns in seiner Muttersprache durchgängige Intuitionen darüber hat, was die vollständigen sprachlichen Repräsentationen — die Tiefenstrukturen — jedes Satzes oder jeder Oberflächenstruktur, die wir hören, sind. Als Therapeuten können wir zu einem genauen Wissen über das, was in der Oberflächenstruktur des Klienten fehlt, gelangen, indem wir sie mit der Tiefenstruktur vergleichen, von der wir wissen, daß sie abgeleitet ist. Indem wir also nach dem Fehlenden fragen, eröffnen wir den Prozeß der Wiedergewinnung und Erweiterung des Modells des Klienten — den Prozeß der Änderung.

Wir werden die Tiefenstruktur als Bezugsstruktur für den Satz bzw. Oberflächenstruktur, die wir von unseren Klienten hören, bezeichnen.

Es ist in dem Sinn die Bezugsstruktur, als die Tiefenstruktur die Quelle ist, aus der der Satz der Oberflächenstruktur abgeleitet ist. Die Tiefenstruktur ist die vollständigste sprachliche Repräsentation der Welt, ist aber nicht die Welt selbst. Die Tiefenstruktur selbst ist von einer vollständigeren und reicheren Quelle abgeleitet. Die Bezugsstruktur für die Tiefenstruktur ist die Gesamtheit aller Erfahrungen des Klienten von der Welt. Die Prozesse, die bestimmen, was sich zwischen der Tiefenstruktur und der Oberflächenstruktur ereignet, sind die drei universalen Prozesse menschlicher Modellbildung, die eigentlichen Regeln der Repräsentation: Generalisierung, Tilgung und Verzerrung. Diese allgemeinen Prozesse haben innerhalb des Meta-Modells spezielle Namen und Formen, die wir anhand der vom Transformations-Modell der Sprache vorgeschlagenen Begriffe und Wirkungsweisen geschaffen haben; z. B. Bezugsindices, Tilgungstransformationen und Kriterien der semantischen Wohlgeformtheit. Dieselben drei allgemeinen Prozesse der Modellbildung bestimmen die Art, in der Tiefenstrukturen von ihrem Ursprung — der Erfahrung des Klienten von der Welt — abgeleitet werden. Wir schlagen vor, uns bei der Wiedergewinnung der Bezugsstruktur für die Tiefenstruktur weiterhin von denselben spezifischen Begriffen und Wirkungsweisen leiten zu lassen.[1)]

Das therapeutische Meta-Modell, das wir hier entwickelt und dargestellt haben, ist, wie bereits mehrfach ausgeführt, ein formales Modell. Es ist, genauer gesagt, in zwei Bedeutungen des Wortes formal:

1. Es stellt ein Modell dar, das explizit ist — d. h. es beschreibt schrittweise das, was die Struktur des Therapieprozesses darstellt.
2. Es stellt ein Modell dar, das Form, nicht Inhalt behandelt. Mit anderen Worten, das Meta-Modell ist neutral in Bezug auf den Inhalt der therapeutischen Begegnung.

Der erste Aspekt, in dem unser Meta-Modell formal ist, garantiert, daß es jedem zur Verfügung steht, der bereit ist, es zu erlernen, — d. h. da es eine explizite Beschreibung eines Prozesses darstellt, kann es gelernt werden. Der zweite Aspekt garantiert seine universelle Anwendbarkeit[2)]: unabhängig vom Gegenstand oder Inhalt der jeweiligen therapeutischen Sitzung wird der Austausch zwischen Therapeuten und Klienten Oberflächenstrukturen beinhalten; diese Oberflächenstrukturen stellen das Material dar, auf das das Meta-Modell einwirken soll.

Da das Meta-Modell unabhängig vom Inhalt ist, ist zu beachten, daß es nichts enthält, das die Oberflächenstrukturen eines Klienten, der über seine letzte Reise nach Arizona spricht, von denen eines anderen Klienten unterscheiden würde, der über eine sehr freudige oder schmerzliche Erfahrung spricht, die er vor kurzem mit einem engen Freund gemacht hat. An dieser Stelle wird sich die spezielle Psychotherapieform des Therapeuten auf den Inhalt der therapeutischen Sitzung beziehen. Wenn ein Mensch zu uns in Therapie kommt, dann kommt er mit Leid und Unzufriedenheit mit seiner gegenwärtigen Situation, und wir fangen im allgemeinen damit an, ihn zu fragen, was er zu erreichen hofft, indem er zu uns gekommen ist: d. h. was er will. Die Antwort, wie sie auch ausfällt (selbst *Ich weiß nicht*), erfolgt in Form einer Oberflächenstruktur, und wir begeben uns dann in den Therapieprozeß, indem wir die Techniken des Meta-Modells anwenden. Die erste Frage, die wir stellen, ist keine Frage, wie wir sie als vom Meta-Modell gefordert gezeigt haben. Vielmehr ist es eine Frage, die wir aus unserer therapeutischen Erfahrung heraus entwickelt haben — d. h. unsere therapeutischen Erfahrungen haben uns zu dem Verständnis geführt, daß einer der notwendigen Bestandteile des therapeutischen Erlebnisses darin besteht, zu erfahren, was den Klienten in die Therapie geführt hat.

Die Bezugsstruktur für die vollständige sprachliche Repräsentation der Tiefenstruktur ist die volle Bandbreite menschlicher Erfahrung. Als menschliche Wesen können wir sicher sein, daß jede Erfahrung, die wir machen, bestimmte Elemente oder Komponenten beinhalten wird. Zum Zwecke des Verständnisses dieser Komponenten der Bezugsstruktur für die Tiefenstruktur können wir sie in zwei Kategorien einteilen: die Empfindungen, die ihren Ursprung in der Welt haben, und den Beitrag, den wir mit unserem Nervensystem zu diesen Empfindungen liefern, während wir sie empfangen und verarbeiten und sie so in der Bezugsstruktur zu den Tiefenstrukturen in unserer Sprache organisieren. Das genaue Wesen der Empfindungen, die in der Welt entstehen, ist nicht direkt erfahrbar, da unsere Nervensysteme uns dazu dienen, ein Abbild bzw. ein Modell der Welt zu schaffen, wobei wir mit unseren Rezeptorsystemen danach greifen und diese entsprechend den Erwartungen, die wir unserem gegenwärtigen Modell der Welt entnehmen, einstellen und kalibrieren (das Konzept des „forward feedback" — *Pribram* 1967). Das Modell, das wir schaffen, ist natürlich bestimmten, durch die Welt auferlegten Einschränkungen unterworfen: wenn mein Modell zu sehr von der Welt abweicht, wird es mir nicht als angemessene Richtlinie für mein Verhalten in der Welt dienen können. Wiederum liegt der Unterschied zwischen dem Modell, das jeder von uns entwickelt, und der Welt in den Entscheidungen (normalerweise unbewußt), die wir bei der Verwendung der drei Prinzipien der Modellbildung treffen. Dies ermöglicht jedem von uns, ein anderes Modell der

Welt zu unterhalten und doch in derselben realen Welt zu leben. Wie die Tiefenstrukturen bestimmte notwendige Komponenten enthalten, so auch die Bezugsstruktur der Tiefenstrukturen. Zum Beispiel empfangen wir durch (mindestens) fünf Sinne (Sehen, Hören, Tasten, Schmecken und Riechen) Empfindungen. Somit besteht eine Komponente der Bezugsstruktur, nach der wir als Therapeuten Ausschau halten können, darin, ob die Tiefenstrukturen Beschreibungen von Empfindungen enthalten, die durch jeden dieser fünf Sinne ankommen — d. h. ob die vollständige sprachliche Repräsentation Beschreibungen enthält, die die Fähigkeit des Klienten, zu sehen, zu hören, zu tasten, zu schmecken und zu riechen, darstellen. Wenn einer dieser Sinne nicht vertreten ist, können wir die Repräsentation hinterfragen und den Klienten auffordern, die Tiefenstruktur wieder mit ihrer Bezugsstruktur zu verbinden und die getilgten Empfindungen wiederzugewinnen, und können somit das Modell des Klienten erweitern und bereichern.

Obwohl wir noch keine explizite Struktur für den Umfang menschlicher Erfahrung entwickelt haben, haben wir einige Vorschläge darüber, was einige notwendige Komponenten der Bezugsstruktur sein werden. Zusätzlich zur Prüfung nach den fünf Sinnen hat es sich als brauchbar erwiesen, eine Reihe von Kategorien zu verwenden, die von *Virginia Satir* bei ihrer dynamischen Arbeit mit Familiensystemen und Körperhaltungen bei Kommunikation entwickelt wurden. *Satir* gliedert die Bezugsstruktur in drei Hauptkomponenten:

1. *Der Kontext* — was geschieht in der Welt (d. i. in der Repräsentation der Welt durch den Klienten);
2. *Die Gefühle des Klienten* über das, was in der Welt geschieht (so, wie es repräsentiert ist);
3. *Die Wahrnehmungen des Klienten* darüber, was andere über das, was in der Welt geschieht, empfinden (so, wie es repräsentiert ist).

Zwar werden die Berichte des Klienten von Gefühlen über das, was geschieht, in Form von Oberflächenstrukturen auftreten,die den Techniken des Meta-Modells unterliegen, aber wir sind uns dessen wohl bewußt, daß wir dies nicht als notwendige Komponente einer wohlgeformten Tiefenstruktur hervorgehoben haben. Die Gefühle des Klienten über das, was in der Welt geschieht, sind aber eine notwendige Komponente jeder wohlgeformten Bezugsstruktur. Mit anderen Worten, der Therapeut kann sicher sein, daß die Bezugsstruktur unvollständig bzw., in den von uns in diesem Buch entwickelten Begriffen ausgedrückt, nicht wohlgeformt ist, wenn die Gefühle des Klienten in der Bezugsstruktur nicht repräsentiert sind. Dies ist gleichbedeutend mit der Aussage, daß Gefühle ein notwendiger Bestandteil menschlicher Erfahrung sind.

Der Zweck, diese ziemlich offensichtliche Tatsache zu erwähnen, liegt nicht darin zu unterstellen, daß Sie sich als Therapeut nicht dessen bewußt wären, daß Menschen Gefühle haben, sondern geschieht in der Hoffnung, daß sie bei Fragen wie: „Wie geht es Ihnen dabei?" (was auch immer *dabei* bedeuten mag), erkennen werden, daß Sie Ihren Klienten eigentlich um eine vollständigere Repräsentation (als selbst die Tiefenstruktur ist) seiner Erfahrung der Welt bitten. Und während Sie diese spezielle Frage stellen, fragen Sie nach etwas, von dem Sie wissen, daß es ein notwendiger Bestandteil der Bezugsstruktur des Klienten ist. Diesen speziellen Bestandteil der Bezugsstruktur haben die meisten Therapieformen gemeinsam, und er bietet uns bei der Arbeit als Therapeuten wichtige Informationen. Was die meisten Therapien nicht gemeinsam haben und diese Frage noch wichtiger machen kann, ist, daß die Antwort des Klienten eine den Kriterien der therapiebezogenen Wohlgeformtheit unterliegende Oberflächenstruktur sein wird. Dies ermöglicht Ihnen, mehr über das Modell Ihres Klienten zu wissen, indem Sie einen notwendigen Bestandteil der Bezugsstruktur wiedergewinnen und gleichzeitig das Modell des Klienten hinterfragen und erweitern. Wird diese allgemeine Frage vom Standpunkt des Meta-Modells gesehen, bietet sich eine zusätzliche und sehr wirksame Frage an. Diese neue Frage, die für die Arbeit *Satirs* charakteristisch ist, lautet: „Was fühlen Sie zu Ihren Gefühlen bei dem, was gerade geschieht?" Betrachten Sie diese Frage im Hinblick auf das Meta-Modell. Es ist im wesentlichen eine Aufforderung des Therapeuten an den Klienten, anzugeben, was dieser zu seiner Bezugsstruktur — seinem Modell der Welt — empfindet, indem das Augenmerk speziell auf seine Empfindungen zu dem Bild, das er von sich in seinem Modell hat, gelenkt wird. Dies stellt also eine explizite Form dar, das, was in vielen Therapien als Selbstachtung des Klienten bezeichnet wird, direkt anzugehen — ein sehr bedeutender Bereich der Bezugsstruktur des Klienten, der eng mit Änderungsmöglichkeiten für diese Person verknüpft ist.

Die Gesprächsfolge zwischen Therapeut und Klient zeigt die Art, wie der Therapeut an diesen Aspekt der Bezugsstruktur des Klienten herankommt:

(1) K: *Paul ist das Aufräumen im Haus völlig egal.*	Die Oberflächenstruktur der Klientin stellt die Behauptung auf, daß sie um den inneren Zustand eines anderen weiß, ohne anzugeben, wie sie zu diesem Wissen gelangt ist (Gedan-

	kenlesen), und verletzt somit die Kriterien der semantischen Wohlgeformtheit in der Therapie.
(2) T: *Woher wissen Sie, daß es ihm egal ist?*	Der Therapeut beschließt, diese semantische Verletzung zu hinterfragen, indem er die Klientin bittet, den Prozeß vollständiger zu spezifizieren.
(3) K: *Er hat es mir gesagt.*	Die Klientin liefert die erbetene Information. Ihre Oberflächenstruktur enthält aber ein Substantiv ohne Bezugsindex: *es.*
(4) T: *Was hat er Ihnen genau gesagt?*	Der Therapeut fragt nach dem fehlenden Material.
(5) K: *Er hat gesagt: „Es ist mir egal, ob das Haus sauber ist oder nicht."*	Die Klientin liefert das Material.
(6) T: *Was empfinden Sie darüber, daß er Ihnen gesagt hat, daß es ihm egal sei, ob das Haus sauber ist oder nicht?*	Indem er sein Wissen darüber anwendet, daß die Bezugsstruktur der Klientin ihre Gefühle über Pauls Verhalten als notwenige Voraussetzung einer therapiebezogen wohlgeformten Bezugsstruktur enthalten muß, bittet der Therapeut um diesen Bestandteil.
(7) K: *Ich ärgere mich — ich bin sogar sehr wütend ... darüber streiten wir uns die ganze Zeit.*	Die Klientin liefert ihre Gefühle über Pauls Verhalten. Ihre neue Oberflächenstruktur enthält einen Universalquantor (*ganze*), der eine Generalisierung identifiziert, die der Therapeut hinterfragen kann.
(8) T: *Wie empfinden Sie darüber, daß Sie sich wütend fühlen?*	Der Therapeut ignoriert die Verletzung der Kriterien der therapiebezogenen Wohlgeformtheit in Bezug auf Generalisierungen und beschließt stattdessen, die Ebene zu wechseln, indem er die Klientin über ihre Empfindungen über das Bild ihrerselbst in ihrem Weltmodell (ihrer Bezugsstruktur) fragt.

(9) K: *Wie ich darüber empfinde, daß ich mich wütend fühle?*	Die Klientin scheint zuerst durch die Frage des Therapeuten, die verlangt, daß sie die Ebene wechselt, verwirrt zu sein. Nach unserer Erfahrung ist dies eine verbreitete Reaktion auf einen solchen Wechsel der Ebenen; Klienten besitzen aber die Fähigkeiten, mit einem solchen Manöver umzugehen.
(10) T: *Ja, wie empfinden Sie darüber, sich gegenüber Paul wütend zu fühlen?*	Der Therapeut wiederholt die Frage.
(11) K: *Also, ich fühl' mich nicht so wohl dabei.*	Die Klientin liefert ihre Gefühle über ihre Gefühle — ihre Selbstachtung.

Der Therapeut beginnt, das Modell der Klientin auf dieser neuen Ebene zu explorieren, indem er sie bittet, ihr Verb genauer zu spezifizieren. Änderungen auf dieser Ebene — der Ebene der Selbstachtung — sind sehr wichtig, da das Selbstbild eines Menschen die Art beeinflußt, wie dieser Mensch seine ganze Erfahrung oder Bezugsstruktur organisiert. Dementsprechend durchdringen Änderungen auf dieser Strukturebene das gesamte Weltmodell des Klienten.

Diese einzelnen Kategorien und Techniken *Satirs* bieten einen Anfang, um ein Minimum an Bestandteilen, die für die Vollständigkeit der therapiebezogen wohlgeformten Bezugsstrukturen erforderlich sind, zu bestimmen. Bei der Beobachtung besonders effektiver Therapeuten wie *Satir* haben wir weitere Kategorien erkannt, von denen wir meinen, daß sie zu dem Minimum an Bestandteilen gehören, die vorhanden sein müssen, damit eine Bezugsstruktur hinsichtlich der Vollständigkeit wohlgeformt ist: eine weitere Form, die Bezugsstruktur des Klienten auf Vollständigkeit zu überprüfen. Dazu gehören:

(a) die Art, wie der Klient vergangene Erfahrungen in der Gegenwart darstellt — diese haben oft die Form von Verhaltensregeln;

(b) die Art, wie der Klient gegenwärtige Erfahrungen in der Gegenwart darstellt — das heißt, was dem Klienten jetzt bewußt ist;

(c) die Art, wie der Klient mögliche zukünftige Erfahrungen in der Gegenwart darstellt — d. h. seine Vorstellungen von dem, was er als Ergebnis seines Verhaltens erwartet.

Man sollte beachten, daß die ersten vier von *Satir* dargestellten Bestandteile (Gefühle des Klienten, Gefühle anderer, Kontext, Gefühle des Klienten über seine Gefühle) als Teil einer jeden dieser drei Repräsentationen — Vergangenheit, Gegenwart und Zukunft — in der jetzigen Repräsentation des Klienten auftreten werden. Wir haben diese Kategorien für die Organisation unseres Modells und Therapieverhaltens bei dem Versuch, Klienten bei der Entwicklung vollständiger Bezugsstrukturen zu unterstützen, als sehr brauchbar befunden. Wie Sie den expliziten Techniken des Meta-Modells, dargestellt in den Kapiteln 3, 4 und 5, entnommen haben werden, beinhaltet das Meta-Modell Techniken zur Wiedergewinnung und Hinterfragung der hier umschriebenen Kategorien der Bezugsstruktur. Regeln, die auf Erfahrungen des Klienten beruhen, wie sie in der Gegenwart repräsentiert werden, sind ein anderer Name für Generalisierungen, die auf Erfahrungen des Klienten beruhen, ebenso wie die Erwartungen des Klienten. Auf jeden Fall wird der Klient das Material, das der Therapeut beim Hinterfragen und Bereichern des Modells des Klienten erbittet, in Form von Oberflächenstrukturen äußern, die den Kriterien der therapiebezogenen Wohlgeformtheit, die das Meta-Modell beschreibt, unterliegen. Die Absicht bei der Darstellung dieser Kategorien besteht darin, einige klare Vorschläge zu bieten, was die notwendigen Bestandteile einer vollständigen, wohlgeformten Bezugsstruktur für die sprachliche Tiefenstruktur sein könnten. Weitere Vorschläge, was die notwendigen Bestandteile einer vollständigen Bezugsstruktur sein könnten, sind von verschiedenen Philosophen (alle bekannten westlichen Philosophen, die sich explizit der Epistemologie widmeten — etwa in der empirischen Tradition *Locke, Berkeley, Hume* und in der idealistischen Tradition *Kant, Hegel, Vaihinger* usw.) und von Semantikern, Logikern, Linguisten (z. B. *Korzybski, Humboldt, Carnap, Tarski, Chomsky, Katz* usw.) angeboten worden.

Im weiteren Verlauf dieses Kapitels werden wir einige Techniken aus verschiedenen Psychotherapieformen auswählen und diskutieren. Es ist nicht unsere Absicht, diese Techniken hier zu lehren. Vielmehr werden wir in jedem einzelnen Fall zeigen, wie diese Techniken in der heute gebräuchlichen Anwendung implizit die Repräsentation der Welt durch den Klienten hinterfragen und wie alle diese Techniken in das Meta-Modell integriert werden können. Wir haben diese speziellen Techniken einfach deshalb ausgewählt, weil wir mit ihnen vertraut sind und aus eigener Erfahrung wissen, daß sie starke therapeutische Mittel sind. Wir möchten auch klarstellen, daß wir keinesfalls behaupten, daß sie stärker als irgendwelche anderen Techniken seien oder daß sie sich zur Integration in das Meta-Modell eher eignen würden, vielmehr möchten wir einen Querschnitt von Techniken liefern und wählen aus den uns bekannten aus.

Darstellung: Die Wiederholung der Erfahrung

Mit *Darstellung* bezeichnen wir jene Techniken, die den Klienten eine echte oder phantasierte Erfahrung dramatisieren lassen. Die Darstellung kann entweder nur den Klienten einbeziehen oder zusätzlich andere Teilnehmer.

> „Indem man das Wort als absolut betrachtet und seine Bedeutung für den einzelnen ignoriert, nimmt das Wort ein Eigenleben an; durch seine Reifizierung verliert es seine praktische Funktion als mehr oder weniger genaue Bezeichnung für einen Prozeß, der lebendig bleibt und in stets wechselnder Beziehung zu anderen Prozessen steht. Darstellen ist eine Methode, die Worte, die ein Mensch verwendet, um sich oder andere zu charakterisieren, lebendig zu erhalten. Indem er die Verbindung zwischen Sprache und Handeln aufrechterhält, läßt er Veränderung und Wachstum zu."
>
> (*Polster, I. und M.*, Gestalttherapie, 1975, S. 229)

Die Lösung der Frage, welche Bestandteile für eine vollständige Bezugsstruktur erforderlich sind, ist komplex. Zum Glück ist diese Lösung für den Fortschritt der Therapie nicht erforderlich. Eine Möglichkeit, diese Schwierigkeit zu vermeiden und gleichzeitig einen Zugang zu etwas, das der Bezugsstruktur des Klienten näher ist, zu bekommen, besteht darin, den Klienten die Erfahrungen, von denen die vollständige sprachliche Repräsentation abgeleitet worden ist, darstellen zu lassen.[3] Zum Beispiel hat die Klientin Schwierigkeiten, ihrem Mann gegenüber Wut auszudrücken. Wir wissen dies, weil sie damit begann, eine Reihe von Oberflächenstrukturen zu liefern, die wir anschließend den Kriterien der therapiebezogenen Wohlgeformtheit unterwarfen, um schließlich zur vollständigen sprachlichen Repräsentation zu gelangen. An dieser Stelle können wir, um die Bezugsstruktur zu bestimmen, von der diese vollständige sprachliche Repräsentation abgeleitet ist, die Klientin bitten, eine spezielle Gelegenheit darzustellen, bei der sie unfähig war, ihre Wut ihrem Mann gegenüber auszudrücken. Über die Wiederverbindung der Tiefenstruktur der Klientin mit einer besseren Annäherung an ihre Bezugsstruktur hinaus erreichen die Techniken der Darstellung typischerweise zwei weitere Dinge:

1. Bei der Darstellung seiner Erfahrung wird sich der Klient Teilen der Bezugsstruktur oder Erfahrung bewußt, die in der Tiefenstruktur nicht repräsentiert waren;

2. Die Darstellung bietet dem Therapeuten Zugang zu zwei wichtigen Dingen:
   (a) eine enge Annäherung an die Bezugsstruktur selbst — die Erfahrung des Klienten —, und das liefert daher dem Therapeuten eine Fülle genauen Materials, die in der therapeutischen Begegnung verwendbar ist;
   (b) die Gelegenheit, ein Beispiel der Modellbildung beim Klienten direkt zu sehen; mit anderen Worten, der Therapeut hat durch die Darstellung eine ungefähre Bezugsstruktur zur Verfügung; indem er sie mit den verbalen Beschreibungen des Klienten vergleicht, hat der Therapeut ein Beispiel der Generalisierungen, Tilgungen und Verzerrungen, die für den Klienten typisch sind.

Wenn der Klient seine Erfahrung darstellt, geschieht mehreres: Erstens, durch die gegenwärtige Erfahrung selbst gelangt der Klient dazu, sein Modell der Welt zu hinterfragen und zu erweitern; durch die Erfahrung in seiner Darstellung werden vordem getilgte Möglichkeiten und einige der fehlenden Repräsentationsanteile wiedergewonnen. Zweitens, die Anteile des Modells des Klienten, die ungenau und verschwommen waren, werden geklärt, da die Darstellung eine spezielle Erfahrung ist — sie entspricht den Bezugsindices, die der Klient, in diesem Fall erfahrungsgemäß statt sprachlich, liefert. Die Darstellung ist im wesentlichen eine Dramatisierung von dem, was der Klient als Ereignis repräsentiert hat — die Darstellung selbst denominalisiert die Repräsentation; d. h. sie verwandelt das Ereignis zurück in einen Prozeß und stellt in diesem Prozeß ein viel vollständiger spezifiziertes Bild des Prozesses dar (entsprechend einer vollständigeren Spezifizierung des Verbs durch Techniken des Meta-Modells). Zusammengenommen ergeben diese vier Aspekte einer typischen Darstellung eine Erfahrung, die teilweise außerhalb der Grenzen der ursprünglichen sprachlichen Repräsentation des Klienten liegen. Da die Technik der Darstellung das Modell des Klienten durch diese vier Aspekte implizit hinterfragt, ist das Ergebnis einer Integration der Darstellungstechnik mit Techniken des Meta-Modells, daß die Darstellungstechnik selbst kraftvoller und direkter wird, indem sie die sprachliche Repräsentation des Klienten explizit hinterfragt.

In jeder therapeutischen Situation, in der die Technik der Darstellung völlig mit dem Meta-Modell integriert ist, besitzt der Therapeut eine große Vielfalt von Möglichkeiten. Allen diesen gemeinsam ist der Vorschlag, daß der Therapeut den Klienten fortlaufend seine Erfahrung während der Dramatisierung beschreiben läßt. Diese fortlaufende

Beschreibung, wie auch alle anderen verbalen Mitteilungen des Klienten an andere Teilnehmer der Darstellung, wird natürlich in einer Reihe von Oberflächenstrukturen bestehen. Der Therapeut unterwirft diese Oberflächenstrukturen den Kriterien der therapiebezogenen Wohlgeformtheit, indem er die Fragen des Meta-Modells anwendet. Dies stellt sicher, daß das Material, das die Darstellungstechnik *implizit* verfügbar macht, in einer vollständig *expliziten* Weise wiedergewonnen wird. Die Darstellungstechnik hat den Zweck, eine enge Annäherung an die Bezugsstruktur, von der der eingeschränkte Anteil der sprachlichen Repräsentation des Klienten abgeleitet wurde, zu ermöglichen. Die reichhaltigere Annäherung an die Bezugsstruktur, die durch Darstellung erreicht wird, beinhaltet sowohl verbale als auch analoge Kommunikationsformen. Außer der Anwendung der Kriterien der therapiebezogenen Wohlgeformtheit auf die Berichte des Klienten über die fortlaufende Erfahrung und auf seine Mitteilungen an andere Teilnehmer steht dem Therapeuten diese vollständigere Repräsentation zur Verfügung: die Darstellungserfahrung selbst, die der Therapeut als ungefähre Bezugsstruktur verwenden kann, um sie direkt mit der verbalen Beschreibung des Klienten zu vergleichen.

Der Therapeut möchte vielleicht einige der notwendigen Bestandteile einer vollständigen Bezugsstruktur, wie oben vorgeschlagen, anwenden. Der Therapeut kann z. B. durch Befragen sicherstellen, daß der Klient seine Gefühle über die Darstellungserfahrung explizit repräsentiert, indem er direkt nach diesen Gefühlen fragt. Oder der Therapeut kann z. B. besondere Aufmerksamkeit darauf lenken, ob der Klient Empfindungen, die er durch alle fünf Sinne gewinnt, explizit repräsentiert — d. h. der Therapeut kann überprüfen, ob der Klient die Handlungen der anderen Teilnehmer der Dramatisierung anschaut und klar erkennt, oder er kann prüfen, ob der Klient zuhört und seine eigenen Aussagen und die der anderen Teilnehmer der Dramatisierung klar hört.

Gelenkte Phantasie — Eine Reise ins Unbekannte

Mit *gelenkter Phantasie* beziehen wir uns auf einen Prozeß, in dem Klienten ihr Vorstellungsvermögen gebrauchen, um sich neue Erfahrungen zu schaffen.

> „Phantasie ist eine expansive Kraft im menschlichen Leben — sie reicht über die Menschen, die Umgebung und die Ereignisse hinaus, die einen sonst umgeben. ... Bisweilen kann dies solche Kraft und Schärfe annehmen, daß die Phantasie zwingender ist als eine reale Lebenssituation. ... Wenn diese Phantasien innerhalb der therapeu-

tischen Erfahrungen auftreten können, dann kann die erneuerte Energie sehr groß sein, manchmal an das Unassimilierbare grenzend und häufig einen neuen Kurs im Selbstgefühl des Betreffenden markierend." (*Polster, E. und M.*, Gestalttherapie, 1975, S. 238)

Der Zweck der gelenkten Phantasie besteht darin, dem Klienten eine Erfahrung zu verschaffen, die, wenn auch nicht in ihrer Gesamtheit, so doch zumindest teilweise in seinem Modell vorher nicht repräsentiert war. Somit sind gelenkte Phantasien dann am angemessensten, wenn die Repräsentation des Klienten zu verarmt ist, als daß sie eine ausreichende Anzahl von Bewältigungsmöglichkeiten in diesem Bereich bieten würde. Am typischsten sind dies Fälle, in denen sich der Klient entweder in einer Situation befindet oder meint, daß er sich in einer Situation befinden wird, in der er keine ausreichende Repräsentation in seinem Modell hat, um in einer Weise reagieren zu können, die er für angemessen hält. Oft erfährt der Klient viel Unsicherheit und Angst im Hinblick auf die Auflösung dieser Situationen. Zum Beispiel fühlt sich ein Klient blockiert, seine sanften und zärtlichen Gefühle gegenüber seinem Sohn auszudrücken. Er hat diese Gefühle nie ausgedrückt und ist sehr über das besorgt, was geschehen wird, wenn er dies tun sollte, obwohl er keine klare Vorstellung darüber hat, was dieses Geschehen sein könnte. Hier können wir uns für eine Technik der gelenkten Phantasie entscheiden: den Klienten in seiner Phantasie die Erfahrung, die er gleichzeitig anstrebt und befürchtet, schaffen zu lassen. Diese Erfahrung wird dem Klienten als Bezugsstruktur dienen, ihn bei der Überwindung seiner Angst unterstützen und ihm schließlich in diesem Lebensbereich eine größere Wahlmöglichkeit bieten. Gelenkte Phantasie dient somit dem Therapeuten als Mittel, um zwei Dinge zu erreichen:

1. sie vermittelt dem Klienten eine Erfahrung, die die Grundlage für eine Repräsentation in seinem Modell ist, wo vorher entweder keine oder nur eine unzulängliche Repräsentation vorhanden war; dies bietet ihm eine Richtlinie für zukünftiges Verhalten und für Bewältigungsmöglichkeiten in diesem Bereich;
2. sie vermittelt dem Therapeuten eine Erfahrung, die er verwenden kann, um das gegenwärtige verarmte Modell des Klienten zu hinterfragen.

Außer dieser Bereicherung für Therapeut und Klient bietet die gelenkte Phantasie dem Therapeuten die Möglichkeit, den Klienten nicht nur bei der Schaffung einer neuen Erfahrung, sondern auch bei der Repräsentation dieser Erfahrung zu beobachten. Der Therapeut sieht hier bei der Schaffung dieser neuen Erfahrung in der Phantasie die allgemeinen Modellbildungsprozesse der Generalisierung, Tilgung und Verzerrung in ihrer typischen Anwendung durch den Klienten. Das Schaffen von Erfahrung durch gelenkte Phantasie entspricht der Technik des Meta-Modells, ausgedehnte Tilgungen in der Kategorie von Modaloperatoren wiederzugewinnen. Diese Technik unterscheidet sich darin vom Prozeß der Darstellung, daß die Darstellung etwas, das einer Bezugsstruktur aus der *Vergangenheit* des Klienten recht nahe liegt, aufdeckt und in die gegenwärtige Erfahrung des Klienten hineinbringt, während gelenkte Phantasie dem Klienten eine Bezugsstruktur in der *Gegenwart* schafft.

Da gelenkte Phantasie die Schaffung einer Bezugsstruktur beinhaltet, kann der Therapeut die oben vorgeschlagenen notwendigen Bestandteile einer vollständigen Bezugsstruktur bei der Lenkung der Phantasie des Klienten anwenden wollen. Speziell kann der Therapeut z. B. den Klienten durch Befragen dazu anleiten, über seine Gefühle zu verschiedenen Zeitpunkten der Phantasie zu berichten oder die Aufmerksamkeit des Klienten auf einen oder auf mehrere der fünf Sinne lenken, um sicher zu stellen, daß eine vollständige Bezugsstruktur in der Phantasie des Klienten erscheint.

Nach unserer Erfahrung hat sich herausgestellt, daß gelenkte Phantasien oft die Form einer Metapher annehmen, anstatt der einer direkten Repräsentation des „Problems", das der Klient zuerst angegeben hat. Zum Beispiel begibt sich eine Klientin in eine Therapiesitzung und klagt, daß sie unfähig sei, einem Mitarbeiter gegenüber wütend zu werden. Indem wir die Techniken des Meta-Modells anwenden, entdecken wir, daß sich die Klientin auch unfähig fühlt, gegenüber ihrem Vater und ihrem Ehemann Wut auszudrücken, und daß sie tatsächlich unfähig ist, überhaupt jemanden anzugeben, dem gegenüber sie meint Wut ausdrücken zu können. Es stehen im Meta-Modell eine Anzahl von Techniken zur Verfügung, um diese Generalisierung zu hinterfragen; allerdings ist gelenkte Phantasie in Situationen, in denen der Klient nur wenige oder gar keine Repräsentationen für solche Erfahrungen in seinem Modell hat, besonders angemessen. Wenn der Klient vermittels Techniken der gelenkten Phantasie es schafft, jemandem gegenüber (es ist gleichgültig, wem gegenüber) in seiner Phantasie Wut auszudrücken, wird er eine neue Bezugsstruktur geschaffen haben, die der Generalisierung in seinem Modell widerspricht. Hat der Klient erst erfolgreich Bezugsstrukturen erzeugt, die der Generalisierung in seinem Modell widersprechen, so verschwindet oft die Generalisierung, und Probleme, die aus dieser Generalisierung resultierten, verschwinden auch oder werden reduziert.

Beispielsweise besuchte einmal eine junge Frau ein Seminar, in dem Techniken des Meta-Modells gelehrt wurden. Vor Beginn des Seminars platzte sie in einem erregten Zustand damit heraus, daß sie schreckliche Angst habe, verrückt zu werden. Indem der Dozent Techniken des Meta-Modells anwendete, konnte er feststellen, daß sie das Gefühl hatte, die Kontrolle zu verlieren, und nicht wußte, was mit ihr geschah; ihr Leben war in Aufruhr, ihre Zukunft ein beängstigendes und trostloses Unbekanntes. Der Dozent des Seminars bat sie, ihre Augen zu schließen und ihm mitzuteilen, was sie sehe. Nach einigen anfänglichen Schwierigkeiten begann sie zu beschreiben, wie sie am Rande eines tiefen Abgrundes stehe, der steil und unheilträchtig sei. Der Dozent leitete sie dazu an, sich langsam in den Abgrund hinein zu begeben und ihn zu explorieren, und bat sie, ständig darüber zu berichten, was sie erlebe, mit Einzelheiten über Sehen, Hören, Fühlen, Riechen, unter ständiger Versicherung, daß sie jedes Hindernis bewältigen könne. Schließlich begab sie sich hinunter und wieder herauf und bemerkte, als sie wieder oben angelangt war, daß es immer noch ein düsterer Tag sei, daß sie sich aber irgendwie besser fühle. Als sie ihre Augen öffnete, war ihre Furcht gewichen, und sie hatte das Gefühl, alles, was ihr bevorstand, überleben zu können. Diese Erfahrung hat eine neue Bezugsstruktur geliefert, in der diese junge Frau fähig war, einer unbekannten Erfahrung zu begegnen; diese neue Bezugsstruktur erweiterte auch ihr Modell derart, daß sie glauben konnte, das, was in ihrem Leben auch immer mit ihr geschehe, überleben zu können.

Bei der Lösung oder Auflösung eines „Problems" durch eine Metapher in der gelenkten Phantasie beziehen wir uns auf eine Situation, in der der Klient seine gelenkte Phantasie gebraucht, um eine neue Bezugsstruktur oder Erfahrung zu schaffen, in der er das erreicht, was zuvor unmöglich war. Nachdem die neue Situation (die in der Phantasie geschaffen wurde) erfolgreich aufgelöst worden ist, verschwindet das „Problem", das der Klient ursprünglich hatte, oder wird zumindest weniger bedrohlich, und typischerweise hat der Klient das Gefühl, es bewältigen zu können. Das geschaffene „Problem" und das ursprüngliche „Problem" müssen eine Strukturähnlichkeit aufweisen: es müssen beides „Probleme" sein, die sich auf dieselbe einschränkende Generalisierung im Weltmodell des Klienten beziehen.[4)]

Nachdem der Therapeut es geschafft hat, eine gelenkte Phantasie mit seinem Klienten zu entwickeln, bildet diese Phantasie selbst eine Erfahrung, die dem Darstellungsprozeß zur Verfügung steht.

Therapeutische Beziehungsfallen (Double Binds)

Mit *therapeutischen Beziehungsfallen* meinen wir Situationen, die dem Klienten durch den Therapeuten auferlegt werden, in denen jede

Antwort des Klienten eine Erfahrung oder Bezugsstruktur, die außerhalb des Modells der Welt des Klienten liegt, beinhalten wird. Somit werden therapeutische Beziehungsfallen das Modell des Klienten implizit hinterfragen, indem sie ihn in eine Erfahrung hineinzwingen, die den verarmenden Einschränkungen seines Modells widerspricht. Nach dem Meta-Modell wird der Therapeut, wenn er eine einschränkende Generalisierung im Modell des Klienten aufdeckt, besonders wenn sie sich auf Ursache-Wirkung, Verletzung durch semantische Fehlgeformtheit und/oder durch Modaloperatoren bezieht, diese Generalisierung dadurch hinterfragen können, daß er den Klienten fragt, ob diese Generalisierung notwendigerweise immer zutrifft (vgl. die Techniken, Generalisierungen zu hinterfragen, Kapitel 4), ihn bittet, eine Erfahrung, die dieser Generalisierung widerspricht, zu dramatisieren (Darstellung); in den Fällen, in denen der Klient eine solche Erfahrung nicht zur Verfügung hat, kann der Therapeut den Klienten auch darum bitten, eine Erfahrung, die seiner Generalisierung widerspricht, zu schaffen (mit Techniken der gelenkten Phantasie). Liefern diese drei Techniken die widersprüchliche Erfahrung nicht oder ist der Therapeut entsprechend geneigt, kann er entscheiden, eine Beziehungsfalle herzustellen, in der die Antwort des Klienten eine Erfahrung darstellt, die seiner einschränkenden Generalisierung widerspricht.

Während einer therapeutischen Sitzung bei der Verwendung der Techniken des Meta-Modells mit der Gruppe half der Therapeut der Klientin, an die in ihrem Modell zutreffende Generalisierung heranzukommen; nämlich, „ich kann niemandem NEIN sagen, weil ich niemanden verletzen kann." In diesem speziellen Fall beschloß der Therapeut, die Technik des Meta-Modells anzuwenden, bei der gefragt wird, was genau passieren würde, wenn die Klientin jemandem NEIN sagen würde. Ihre Antwort war, daß sie sehr verletzt sein würden, daß sie sogar sterben könnten. Da er das Fehlen eines Bezugsindex beim Substantivargument *niemand* bemerkte, entschloß sich der Therapeut, danach zu fragen, wer genau verletzt werden und sterben könnte. Die Klientin, nunmehr sehr erregt, beschrieb eine traumatische Erfahrung aus ihrer Kindheit, als sie auf die Bitte ihres Vaters, zu Hause bei ihm zu bleiben, mit NEIN geantwortet habe. Als sie später am selben Tag heimkehrte, hatte die Klientin entdeckt, daß ihr Vater gestorben war, und sie hatte die Verantwortung für seinen Tod übernommen, indem sie es ihrem NEIN ihm gegenüber zuschrieb.

Der Therapeut ging nun zu einer Darstellungstechnik über und bat die Klientin, die beschriebene Situation mit ihrem Vater wiederherzustellen. Sogar nachdem die Darstellungstechnik aufgezeigt hatte, daß sie in der ursprünglichen Erfahrung, aus der die Klientin die Generalisierung abgeleitet hatte, keine Wahl gehabt hatte, ob sie bei ihrem Vater bleiben sollte oder nicht, weigerte sie sich strikt, ihre Generalisierung aufzugeben. Obwohl hier die Darstellungstechnik sich bei der Wiedergewinnung des traumatischen Erlebnisses als brauchbar erwies und Material lieferte, das gewisse andere Generalisierungen im Modell der Klientin hinterfragte, stand sie nicht schon an sich im Widerspruch zu der Generalisierung der Klientin in Bezug auf die Konsequenzen, jemandem NEIN zu sagen. Bei diesem Fall ist zu beachten, daß die Wiedergewinnung und Darstellung des ursprünglichen Erlebnisses, aus dem die Klientin ihre Generalisierung abgeleitet hatte, nicht der Generalisierung widersprach; es wurde lediglich die Quelle der Generalisierung identifiziert. Somit war nach der Darstellung das Modell der Klientin in diesem Bereich immer noch eingeschränkt: sie konnte sich immer noch nicht vorstellen, jemandem NEIN zu sagen, ohne daß sich unannehmbare Konsequenzen ergäben. Der Therapeut beschloß in diesem Fall, als nächstes die Technik einer therapeutischen Beziehungsfalle anzuwenden. Die Handlung des Therapeuten bestand darin, der Klientin aufzutragen, durch das Zimmer zu gehen und jedem der Gruppenteilnehmer wegen irgendetwas NEIN zu sagen. Die Klientin zeigte eine starke Reaktion, weigerte sich, die Aufgabe durchzuführen und machte weitere Äußerungen wie

NEIN! Es ist mir unmöglich, Leuten NEIN zu sagen! Sie können nicht von mir erwarten, das zu tun, bloß weil Sie mich dazu auffordern.

Die Klientin fuhr einige Minuten lang in dieser Weise fort und weigerte sich, die ihr vom Therapeuten auferlegte Aufgabe auszuführen, bis der Therapeut darauf hinwies, daß sie ihm während dieser Zeit ständig NEIN gesagt habe! Der Therapeut wies dann darauf hin, daß er nicht verletzt worden und sicherlich nicht gestorben sei, entgegen ihrer Generalisierung. Diese Erfahrung war für die Klientin so überwältigend, daß sie sofort in der Lage war, durch das Zimmer zu gehen und den anderen Gruppenmitgliedern NEIN zu sagen.

Betrachten wir die Lage, in die der Therapeut die Klientin versetzt hat, indem er verlangte, daß sie den anderen Gruppenmitgliedern NEIN sage:

1. Die Klientin hatte ihre Generalisierung angegeben

   Ich kann niemandem NEIN sagen ...

2. Der Therapeut strukturierte eine therapeutische Beziehungsfalle durch die Aufforderung an die Klientin

   Sage jedem der Personen in dieser Gruppe NEIN.

3. Beachten Sie die Möglichkeiten, die der Klientin zur Verfügung stehen; sie kann
   (a) jedem der Gruppenmitglieder *NEIN* sagen
   oder
   (b) dem Therapeuten *NEIN* sagen.
4. Wie auch immer sich die Klientin entscheidet, schafft sie eine Erfahrung, die ihrer ursprünglichen Generalisierung widerspricht. Diese Erfahrung dient der Klientin als Bezugsstruktur, um sie zu einer reichhaltigeren Repräsentation ihrer Welt zu führen.

Der Therapeut macht die widersprüchliche Eigenschaft der neuen Erfahrung dadurch explizit, daß er darauf hinweist (unter Verwendung der Techniken des Meta-Modells), daß die Ursache-Wirkung-Beziehung, die die Generalisierung des Klienten als notwendigerweise wahr behauptete, bei dieser Erfahrung nicht zutreffend gewesen ist.

Ein Bereich, in dem sich uns therapeutische Beziehungsfallen als besonders hilfreich dargestellt haben, ist das Gebiet, das in vielen Therapien als Hausaufgaben bezeichnet wird. Mit Hausaufgaben bezeichnen wir Verträge, die wir mit den Klienten schließen und in denen sie versichern, bestimmte Tätigkeiten zwischen den therapeutischen Sitzungen auszuführen. Im Bereich der therapeutischen Beziehungsfallen bei Hausaufgaben enthüllte eine Klientin während einer Therapiesitzung die Generalisierung:

Ich kann nichts Neues versuchen, weil ich versagen könnte.

Als der Therapeut aufgrund der Techniken des Meta-Modells fragte, was passieren würde, wenn sie doch etwas Neues versuchen und versagen würde, antwortete sie, daß sie nicht sicher sei, daß es aber sehr schlimm sein würde. Sie drückte große Angst vor den Konsequenzen eines Versagens bei etwas Neuem aus und behauptete wieder, daß es ihr deshalb unmöglich sei, etwas Neues auszuprobieren. An dieser Stelle beschloß der Therapeut, eine therapeutische Beziehungsfalle zu stellen und die Zeit zwischen den Sitzungen zu deren Durchführung zu verwenden. Er schloß mit ihr den Vertrag, daß sie an jedem Tag zwischen der jetzigen Sitzung und der nächsten etwas Neues ausprobieren und dabei versagen solle. Wiederum ist die Struktur der durch diese Aufforderung geschaffenen Situation zu beachten:

1. Die Klientin hat in ihrem Modell die Generalisierung
   Ich darf bei etwas Neuem nicht versagen.
2. Der Therapeut strukturiert eine Beziehungsfalle durch den Vertrag
   Jeden Tag zwischen dieser Sitzung und der nächsten werden Sie etwas Neues ausprobieren und dabei versagen.

3. Beachten Sie die Möglichkeiten, die der Klientin zur Verfügung stehen:
   (a) sie kann jeden Tag zwischen dieser Sitzung und der nächsten etwas Neues ausprobieren, dabei versagen und somit den Vertrag erfüllen

   oder

   (b) sie kann bei der Erfüllung des Vertrages versagen, was in sich eine neue Erfahrung darstellt.
4. Welche Situation sich auch ergibt, die Klientin wird eine Erfahrung machen, die ihrer Generalisierung widerspricht und ihr eine Bezugsstruktur geben wird, die die Anzahl der Möglichkeiten vergrößert, die ihr in der Welt — wie sie in ihrem Modell repräsentiert ist — zur Verfügung stehen.

Wir unterstellen nicht, daß Beziehungsfallen die einzige Form von Hausaufgaben darstellen, sondern vielmehr, daß Hausaufgaben aus einer Beziehungsfalle bestehen können, und ferner, daß Generalisierungen durch Erfahrungen hinterfragt werden können, die über das Interview oder über die Sitzung selbst hinausreichen. Es ist lediglich notwendig, daß diese Erfahrungen irgendeine neue Bezugsstruktur schaffen, die zu den einschränkenden Teilen des Modells des Klienten im Widerspruch steht.

Wir möchten an dieser Stelle auch betonen, daß die Zuteilung von Hausaufgaben auch dabei nützlich ist, den Klienten eine direkte Möglichkeit zu bieten, irgendwelche neuen Dimensionen auszuprobieren, die im Verlauf einer therapeutischen Sitzung in ihren Modellen geschaffen worden sind.

Verschiedene Landkarten für dasselbe Gebiet

Menschen repräsentieren ihre Erfahrungen auch mit anderen Systemen als dem der Sprache. Die elementarste Unterscheidung, die als Möglichkeit angeboten worden ist, die verschiedenen Landkarten zu verstehen, die wir als Menschen entwickeln, um uns in der Welt zurechtzufinden, ist die zwischen digitalen und analogen Repräsentationssystemen (vgl. z. B. *Bateson* 1972; *Wilden* 1973). Das bekannteste digitale Repräsentaitonssystem ist das, auf welches sich unser Meta-Modell bezieht: das System natürlicher Sprache. Ein Beispiel für analoge Repräsentationssysteme, auf das man sich am häufigsten bezieht, ist der körperliche Ausdruck. Es bestehen eine Reihe von Therapien, die sich hauptsächlich mit diesen körperlichen bzw. analogen Repräsentationssystemen auseinandersetzen. Zum Beispiel hinterfragen und erweitern solche Therapieformen wie Rolfing, Bioenergetik usw. das Modell des Klienten, indem sie direkt auf die analoge Repräsentation der Erfahrungswelt des Klienten einwirken. Eine Stelle, an der diese zwei Typen von Repräsentationssystemen zusammenkommen, ist die Stimmqualität — ein analoges System —, die als Träger und zum Ausdrücken des primären Digitalsystems Natürliche Sprache verwendet wird. Ein oft zitiertes Beispiel gemischter Systeme ist der Traum, in dem sowohl digitale als auch analoge Repräsentationen vorhanden sind.

Für die Zwecke der Therapie ist es sehr wichtig, daß der Therapeut versteht, daß die vollständige sprachliche Repräsentation (die Tiefenstrukturen) selbst ein abgeleitetes Modell bzw. eine Repräsentation der Welt darstellt. Jenseits der vollständigen sprachlichen Repräsentation liegt das, was wir als Bezugsstruktur bezeichneten: das vollständigste Repräsentationssystem dieser Person, die gespeicherten Erfahrungen, die die Lebensgeschichte dieses Menschen ausmachen. Dieses vollständige Modell — die Lebenserfahrungen der Person — stellt nicht nur für die Tiefenstrukturen, die Grundlage des primären, digitalen Repräsentationssystems sind, die Bezugsstruktur dar, sondern auch für jene Erfahrungen, die als Bezugsstrukturen für die anderen menschlichen Repräsentationssysteme, analoge ebenso wie digitale, dienen.

Eine der wirkungsvollsten Fertigkeiten, die wir als Kommunikatoren und Therapeuten anwenden, ist unsere Fähigkeit, unsere Erfahrungen in jedem der Repräsentationssysteme, die uns als Menschen zur Verfügung stehen, zu repräsentieren und zu kommunizieren. Darüber hinaus werden erfahrene Therapeuten die Bedeutung einer Anleitung von Klienten beim Wechsel ihrer Repräsentationssysteme erkennen. Zum Beispiel behauptet eine Klientin, daß sie schwere Kopfschmerzen habe. Dies ist gleichbedeutend mit der Aussage der Klientin dem Therapeuten gegenüber, daß sie irgendeine spezifische Erfahrung kinästhetisch repräsentiert hat in einer Form, die ihr Schmerzen verursacht. Eine sehr wirksame Möglichkeit, die dem Therapeuten zur Verfügung steht, besteht darin, sie ihre Repräsentationssysteme wechseln zu lassen. Angenommen, daß der Therapeut bereits speziell festgestellt hat, daß die Klientin eine hochentwickelte Fähigkeit besitzt, ihre Erfahrungen visuell darzustellen, so wird der Therapeut der Klientin auftragen, ihre Augen zu schließen und die Einzelheiten ihrer Kopfschmerzen zu beschreiben und gleichzeitig ein scharf eingestelltes Bild der Kopfschmerzen zu entwickeln. Es gibt hiervon Variationen, die der Therapeut benützen kann, um der Klientin beim Erreichen einer visuellen Repräsentation behilflich zu sein. Er kann z. B. die Klientin tief atmen lassen und, nachdem sich ein Atemrhythmus eingestellt hat, die Klientin ihre Kopfschmerzen kraftvoll auf einen ihr gegenüber stehenden Stuhl auspusten und dort ein optisches Bild schaffen lassen. Das Ergebnis dieses Wechsels des Repräsentationssystems liegt darin, die Klientin bei der Repräsentation ihrer Erfahrung in einem Repräsentationssystem, in dem sie sich keine Schmerzen verursacht, zu unterstützen. Die Wirksamkeit der Technik, die Erfahrungen des Klienten von einem Repräsentationssystem in ein anderes hinüberzuwechseln, kann kaum überschätzt werden. In Band II von *Die Struktur der Magie* stellen wir ein explizites Modell für die Identifikation und Verwendung des vom Klienten am häufigsten gebrauchten Repräsentationssystems vor.

Kongruenz

Verschiedene Teile der Bezugsstruktur eines Menschen können durch verschiedene Repräsentationssysteme ausgedrückt werden. Diese können gleichzeitig erscheinen. Es bestehen zwei logische Möglichkeiten, wenn zwei getrennte Repräsentationssysteme gleichzeitig verschiedene Teile der Bezugsstruktur der Person ausdrücken.

Erstens kann der Teil der Bezugsstruktur der Person, den ein Repräsentationssystem gerade ausdrückt, zu dem Teil der Bezugsstruktur der Person passen, den ein anderes Repräsentationssystem gerade ausdrückt. Wir bezeichnen diese Situation als konsistente Doppelbotschaft oder Kongruenz bzw. kongruente Kommunikation durch die beteiligte Person.

Zweitens kann der Teil der Bezugsstruktur, den ein Repräsentationssystem gerade ausdrückt, nicht zu dem Teil der Bezugsstruktur passen, den ein anderes Repräsentationssystem gerade ausdrückt. Wir bezeichnen diese Situation als inkonsistente Doppelbotschaft, Inkongruenz oder inkongruente Kommunikation. Wenn z. B. in einer therapeutischen Sitzung der Klient ruhig in einem Stuhl sitzt und mit einer leisen, kontrollierten Stimme sagt:

Ich bin wirklich wütend — verdammt noch mal, ich werde mir das nicht bieten lassen.

haben wir ein klassisches Beispiel einer inkonsistenten Doppelbotschaft bzw. inkongruenter Kommunikation. Das digitale System (Sprache) und ein analoges System (Körper und Stimmqualität) stimmen nicht überein.

Eine der einschränkendsten Situationen, der wir in der Therapie begegnet sind, ist die Situation, in der ein Mensch widersprüchliche Teile seiner Bezugsstruktur aufrechterhält. Typischerweise bestehen diese widersprüchlichen Teile in Form zweier widersprüchlicher Generalisierungen, die sich auf dasselbe Verhaltensgebiet beziehen. Meistens erlebt die Person, deren Bezugsstruktur diese inkonsistenten Generalisierungen beinhaltet, einen Zustand des Sich-nicht-bewegen-Könnens, der tiefsten Verwirrung oder des Schwankens zwischen zwei inkonsistenten Verhaltensweisen. Dies kann vom Therapeuten erkannt werden, wenn er eine inkongruente Kommunikation bzw. inkonsistente Doppelbotschaft sieht.

Beachten Sie, daß bei jeder der von uns soweit in diesem Kapitel dargestellten Techniken die Gesamtstrategie, die der Therapeut übernommen hat, diejenige ist, die explizit vom Meta-Modell spezifiziert wird: die Hinterfragung und Erweiterung der verarmten Teile des Modells des Klienten. Charakteristischerweise nimmt dies entweder die Form der Wiedergewinnung (Darstellung) oder Neuschaffung (gelenkte Phantasie, therapeutische Beziehungsfallen) einer Bezugsstruktur an, die den einschränkenden Generalisierungen im Modell des Klienten widersprechen und sie daher hinterfragen. In diesem Fall ist die inkongruente Kommunikation selbst ein Indikator für die zwei Teile der inkonsistenten Bezugsstruktur eines Menschen, zwei Generalisierungen, die füreinander als widersprüchliche Bezugsstrukturen dienen können. Die Strategie des Therapeuten besteht hier darin, die zwei widersprüchlichen Generalisierungen miteinander zu verbinden. Dies kann am direktesten dadurch erreicht werden, daß diese Generalisierungen in dasselbe Repräsentationssystem hineingebracht werden.

Zum Beispiel unterstützt ein Therapeut, der in einer therapeutischen Sitzung die Techniken des Meta-Modells anwendet, einen Klienten bei der Identifizierung einer Generalisierung in seinem Modell:

Ich sollte meiner Mutter immer für alle Dinge, die sie für mich getan hat, dankbar sein.

Es ist zu beachten, daß allein von den Meta-Modell-Techniken her gesehen diese Oberflächenstruktur dem Therapeuten eine Anzahl von Möglichkeiten bietet (der Modaloperator *sollte*; die Universalquantoren *immer, alle;* das Fehlen eines Bezugsindex beim Substantivargument *Dinge*). Als aber der Klient diese Oberflächenstruktur äußerte, beobachtete der Therapeut, daß er seine rechte Faust geballt hatte und sanft auf die Armlehne seines Sessels schlug. Das gibt eine inkongruente Botschaft zu erkennen. Unter vorläufiger Vernachlässigung der Verletzungen von Kriterien der therapiebezogenen Wohlgeformtheit in der Oberflächenstruktur des Klienten beschließt der Therapeut, die inkongruenten Teile des Klientenverhaltens in dasselbe Repräsentationssystem hineinzubringen. Er macht dies, indem er den Klienten bittet, den analogen Anteil der inkongruenten Kommunikation im digitalen System auszudrücken:

Ich sollte meiner Mutter immer für alle Dinge, die sie für mich getan hat, dankbar sein, aber sie hat sich immer mit meinem Vater verbündet, und das hat mir gestunken.

Mit Techniken des Meta-Modells wurden diese beiden widersprüchlichen Generalisierungen solange im selben Repräsentationssystem zueinander in Beziehung gehalten, bis die Generalisierungen hinterfragt wurden und der Klient zu einem neuen Modell größeren Umfangs und größerer Differenziertheit gelangen konnte: daß er seiner Mutter für manche Handlungen dankbar und wegen anderer wütend gegen sie war.

Ein Anzeichen dafür, daß das Modell des Klienten bereichert worden ist, besteht darin, daß dort *kongruente* Kommunikation erscheint, wo vorher *inkongruente* Kommunikation vorhanden war. Diese Angleichung der getrennten Repräsentationssysteme eines Menschen, die vorher inkongruent gewesen sind, stellt für den Klienten ein starkes Erlebnis dar[5)] und ist erfahrenen Therapeuten meistens sehr deutlich.

Familientherapie

Mit dem Begriff *Familientherapie* beziehen wir uns auf jene Therapien, die die therapeutische Begegnung mit einer gesamten Familie statt mit einem identifizierten Patienten oder Klienten durchführt.

> „Alle oben genannten Ansätze beruhen auf der Notwendigkeit, die Symptome eines (oder mehrerer) identifizierten Patienten innerhalb der gesamten Familieninteraktion zu betrachten, unter der expliziten theoretischen Annahme, daß eine Beziehung zwischen dem Symptom des identifizierten Patienten und der gesamten Familieninteraktion besteht. Das Ausmaß, mit dem der Therapeut an die Familientherapie „glaubt", wird seine Betonung von Techniken, die dem Patienten diese Ausrichtung vermitteln, bestimmen."
>
> (*D. D. Jackson* 1968 b, S. 250)

In den Formen der Familientherapie, mit denen wir am vertrautesten sind, wird häufig der Begriff „Kongruenz" verwendet (*Satir, Bateson* etc.). Hierbei kann kongruente Kommunikation ein nützliches Instrument sein, um einzelne Familienmitglieder oder um die Familie als Einheit zu betrachten. Tatsächlich werden häufig wiederkehrende Muster inkongruenter Kommunikation als wichtige Ursachen der Schizophrenie angegeben (vgl. *Jackson* 1968).

Bisher haben wir unser Augenmerk ausschließlich auf das Meta-Modell der Therapie als Möglichkeit, eine explizite Strategie für die Individualtherapie aufzuzeigen, gerichtet. Wir möchten jetzt kurz die Frage der Beziehung zwischen unserem Meta-Modell und der Familientherapie anreißen. Einfach ausgedrückt besteht die allgemeine Strategie des Meta-Modells darin, verarmte und einschränkende Teile des Weltmodells eines Individuums zu erkennen, zu hinterfragen und zu erweitern. Einer der besten Indikatoren eines verarmten und eingeschränkten Teils des Modells eines Menschen liegt darin, daß die Person in einem Erlebnisbereich Schmerzen oder Unzufriedenheit verspürt. In ähnlicher Weise dient in Familien Leid als deutliches Anzeichen verarmter und eingeschränkter Erfahrungsmodelle. Im Kontext der Familientherapie kommen die gleichen formalen Prinzipien des Meta-Modells zur Anwendung. Es besteht allerdings mindestens eine schwerwiegende Komplikation: ein Familiensystem ist mehr als nur eine Sammlung der Modelle der einzelnen Mitglieder dieser Familie. Genauer gesagt besteht über das Modell jedes einzelnen Mitgliedes hinaus ein gemeinsames Modell der Familie über sich selbst und über ihre Interaktionsformen. Innerhalb ihres eigenen Modells hat jedes Familienmitglied ein Modell des gemeinsamen Modells über sich als Teil der Familieneinheit. Um einen Einblick in die Komplexität schon einer 3-Personen-Familie zu erhalten, wäre folgendes zu überlegen:

Angenommen die Familienmitglieder werden von uns mit den Buchstaben *a, b* und *c* bezeichnet. In diesem Familiensystem gibt es (mindestens) folgende Wahrnehmungen oder Modelle:

a's Modell seiner selbst;
b's Modell ihrer selbst;
c's Modell seiner selbst;
a's Modell von sich und b zusammen;
a's Modell von sich und c zusammen;
a's Modell von b und c zusammen;
a's Modell von sich mit b und c zusammen;
b's Modell von sich und a zusammen;
b's Modell von sich und c zusammen;
b's Modell von a und c zusammen;
b's Modell von sich und a und c zusammen;
c's Modell von sich und a zusammen;
c's Modell von sich und b zusammen;
c's Modell von a und b zusammen;
c's Modell von sich und a und b zusammen.

Fragen zur therapeutischen Strategie — wessen Modell am besten zuerst hinterfragt und erweitert wird und wieweit, das Ausmaß der Kongruenz der Modelle des Familiensystems, von denen jedes Familienmitglied annimmt, daß es sie mit den anderen Mitgliedern teilt — bringen Schwierigkeiten mit sich, die im Kontext der Individualtherapie nicht auftauchen. Wir arbeiten zur Zeit an einem expliziten erweiterten Meta-Modell für Familiensysteme, das diese Schwierigkeiten in Betracht zieht.

Zusammenfassung

In diesem Kapitel haben wir verschiedene Techniken aus unterschiedlichen Psychotherapieformen dargestellt. Menschen haben mehrere Repräsentationssysteme, von denen eines die Sprache ist. Jedes dieser Systeme leitet sich aus der Gesamtheit der vom Individuum gemachten Erfahrungen — der Bezugsstruktur — ab. Indem alte Bezugsstrukturen wiedergewonnen oder neue geschaffen werden, werden alle diese Techniken das Weltmodell des Klienten implizit hinterfragen und es somit bereichern und erweitern. Darüber hinaus haben wir aufgezeigt, wie jedes dieser Instrumente mit den Techniken des Meta-Modells verbunden werden kann, um eine explizite Therapiestrategie zu liefern. Eine unserer Absichten war zu zeigen, wie die Integration der spezifischen Techniken dieser verschiedenen Psychotherapien mit den Techniken des Meta-Modells jene direkter und damit wirksamer macht. Wir schlagen Ihnen vor, sich vorzustellen, wie die Instrumente des Meta-Modells Ihnen bei der Verbesserung, Erweiterung und Bereicherung der von Ihnen als Menschenhelfer gebotenen Fähigkeiten behilflich sein können, um Sie so auf den Weg eines Zauberlehrlings zu bringen und Sie dabei zu unterstützen.

Anmerkungen

1. Wir beabsichtigen, eine vollständigere und detailliertere Darstellung von Bezugsstrukturen und der spezifischen Mechanismen, durch die sie in die verschiedenen Repräsentationssysteme, die Menschen gebrauchen (d. h. die Tiefenstrukturen der Sprache), aufgenommen werden, in *Struktur der Magie II* vorzustellen.

2. Das von uns dargestellte Meta-Modell ist für eine in englischer Sprache durchgeführte Therapie umfassend. Wir sind davon überzeugt, daß es leicht anderen Sprachen angepaßt werden kann, da sie nach denselben formalen Prinzipien konstruiert sind.

3. Die Darstellungstechnik liefert notwendigerweise eine Repräsentation, die der Bezugsquelle — der ursprünglichen Erfahrung — näher ist als eine lediglich sprachliche Repräsentation, denn die Darstellung umfaßt sprachliche Repräsentation und andere Repräsentationssysteme (z. B. das semantisch/physische Repräsentationssystem). Hierbei ist die Fähigkeit des Therapeuten, dem Klienten beim Abrufen und bei der Darstellung der ursprünglichen Erfahrung zu helfen, sehr wichtig.

4. *M. Erickson* bietet eine klare Darstellung dieses Prinzips der Lösung durch Metapher in *Advanced Techniques of Hypnosis and Therapy* (S. 299-311).

5. Diese Erfahrung der Angleichung der Kongruenz gehört zu der Sicherungsgrundlage für die Integrität des Klienten. Wie in Kapitel II erwähnt wurde, hat der Therapeut mehrere Möglichkeiten, wenn der Klient einem Teil seiner Oberflächenstrukturen keinen Bezugsindex zuschreibt. Der Therapeut kann eine gute Vorstellung über den getilgten Teil der Oberflächenstruktur oder über die Identität des fehlenden Bezugsindex haben. Der Therapeut kann beschließen, dieser Vorstellung nachzugehen, anstatt den Klienten nach der fehlenden Information zu fragen. Die Sicherung des Klienten besteht darin, daß der Therapeut ihn eine Oberflächenstruktur, die diese Vorstellung beinhaltet, aussprechen läßt:

K: *Ich habe Angst.*

T: *Ich möchte, daß Sie folgendes sagen und dabei auf ihre Gefühle achten: „Ich habe Angst vor meinem Vater."*

Der Klient spricht dann die vom Therapeuten vorgeschlagene Oberflächenstruktur aus und achtet darauf, ob er eine Erfahrung der Angleichung bzw. eine Erfahrung der Kongruenz erlebt hat. Wenn das Resultat kongruent ist, ist damit die Vorstellung des Therapeuten bestätigt. Wenn nicht, kann der Therapeut die Technik des Meta-Modells anwenden, den Klienten nach dem fehlenden Material zu fragen.

Schlußbetrachtung

Struktur der abschließenden Beschwörung von Band I

Es ist in diesem Buch nicht unsere Absicht, die magischen Qualitäten der therapeutischen Zauberer, die wir erlebt haben, in Abrede zu stellen, sondern vielmehr aufzuzeigen, daß die Magie wie andere komplizierte menschliche Tätigkeiten eine Struktur hat und, sofern die Mittel zur Verfügung stehen, somit erlernbar ist. Dieses Buch stellt ein Mittel für den Zauberlehrling dar. Dieses Buch selbst hat wie die hierin beschriebene Magie eine Struktur.

Menschen leben in einer realen Welt. Wir wirken aber nicht direkt oder unmittelbar auf diese Welt ein, sondern arbeiten vielmehr mit einer Landkarte oder mit mehreren Landkarten, die wir gebrauchen, um unser Verhalten daran zu orientieren. Diese Karten oder Repräsentationssysteme unterscheiden sich notwendigerweise durch die drei universalen Prozesse menschlicher Modellbildung (Generalisierung, Tilgung und Verzerrung) von dem Gelände, das sie abbilden. Wenn Menschen zu uns in die Therapie kommen und Leid und Unzufriedenheit zum Ausdruck bringen, befinden sich die von ihnen erlebten Beschränkungen typischerweise in ihrer *Repräsentation* der Welt, nicht in der Welt selbst.

Das Repräsentationssystem von Landkarten, das am ausgiebigsten untersucht worden ist und am besten verstanden wird, ist die menschliche Sprache. Das expliziteste und vollständigste Modell der natürlichen Sprache ist die Transformationsgrammatik. Die Transformationsgrammatik ist also ein Meta-Modell, eine Repräsentation der Struktur menschlicher Sprache, die ihrerseits eine Repräsentation der Welt der Erfahrung ist.

Menschliche Sprachsysteme sind selbst abgeleitete Repräsentationen eines vollständigen Modells: der Gesamtheit der Erfahrungen, die ein bestimmter Mensch im Laufe seines Lebens gemacht hat. Transformationslinguisten haben eine Anzahl von Konzepten und Mechanismen entwickelt, die beschreiben, wie die Art, in der Menschen eigentlich sprechen (ihre Oberflächenstrukturen), von ihren vollständigen sprachlichen Repräsentationen, den Tiefenstrukturen, abgeleitet ist. Das transformationale Meta-Modell beschreibt diese Konzepte und

Mechanismen explizit; es sind dies Spezialfälle der allgemeinen Modellbildungsprozesse der Generalisierung, Verzerrung und Tilgung.

Indem wir die Konzepte und Mechanismen des Transformationsmodells für das menschliche Repräsentationssystem der Sprache den Belangen der Therapie anpaßten, haben wir ein formales Meta-Modell der Therapie entwickelt. Das Meta-Modell ist formal, weil:

(a) es explizit ist; d. h. es beschreibt den Therapieprozeß schrittweise, was die Erlernbarkeit des Meta-Modells garantiert. Hieraus resultiert eine explizite Therapiestrategie;

(b) es unabhängig vom Inhalt ist, von der Form des Prozesses handelt und daher universal anwendbar ist.

Das Meta-Modell beruht lediglich auf den Intuitionen, die jeder in seiner Muttersprache hat. Die übergreifende Annahme des therapeutischen Meta-Modells liegt im Begriff der *therapiebezogenen Wohlgeformtheit.* Dies sind Kriterien, denen die Oberflächenstrukturen, die der Klient in der Therapie gebraucht, genügen müssen, damit diese Strukturen annehmbar sind. Indem wir diese für die Therapie geeignete Grammatik anwenden, können wir als Therapeuten unsere Klienten bei der Erweiterung der Teile ihrer Repräsentationen unterstützen, die sie schwächen und einschränken. Hieraus resultiert eine Bereicherung ihres Lebens dergestalt, daß sie mehr Verhaltensmöglichkeiten und mehr Gelegenheiten entdecken, die Freuden und den Reichtum, die das Leben zu bieten hat, zu erfahren. Durch die Verbindung mit den Fähigkeiten als Menschenhelfer, die Ihnen als Therapeut bereits zur Verfügung stehen, wird dieser Prozeß des Wachstums und der Veränderung tiefgreifend verstärkt. Diese Sprache des Wachstums ist also wahrlich DIE STRUKTUR DER MAGIE!

Wir freuen uns sehr, darauf aufmerksam machen zu können, daß die abschließende Beschwörung für Wachstum und Potentiale nicht nur darin besteht, daß sie selbst diese Sprache des Wachstums dazu verwenden können, Ihre Fähigkeiten als Menschenhelfer zu bereichern, sondern auch darin, daß Sie diese Sprache des Wachstums verwenden können, um ihr *eigenes* Leben und Ihre *eigenen* Fähigkeiten als Mensch zu bereichern.

Wird in *Struktur der Magie II* fortgesetzt.

Glossar

Analog: Ein Adjektiv, das jeden Prozeß kontinuierlicher Art beschreibt. Zwei der bekanntesten Formen analoger Kommunikation sind Körperausdruck, Stimmklang.

Bereicherung: Der Prozeß der Vermehrung der Anzahl von Unterscheidungsmöglichkeiten innerhalb eines Modells. Innerhalb der Therapie der Prozeß, durch den ein Mensch mehr Verhaltensalternativen erhält.

Bezugsstruktur (reference structure): Die Gesamtheit der Erfahrungen aus der Lebensgeschichte eines Menschen, auch die umfassendste Repräsentation, von der andere Repräsentationen innerhalb eines Systems abgeleitet werden; z. B. dient die Tiefenstruktur der Oberflächenstruktur als Bezugsstruktur.

Digital: Ein Adjektiv, das jeden Prozeß diskreter Art beschreibt. Das bekannteste digitale Repräsentationssystem ist die Sprache.

Explizit: Schrittweise dargestellt; nicht auf Interpretation beruhend.

Extensional: Definition durch eine Auflistung jedes spezifischen Gliedes der zu definierenden Kategorie.

Formal: In diesem Buch in zwei Bedeutungen gebraucht: 1. Explizit; 2. Inhaltsunabhängig.

Generalisierung: Eine der drei Universalien menschlicher Modellbildung; der Prozeß, durch den eine spezifische Erfahrung zur Repräsentation der gesamten Kategorie, von der sie ein Glied ist, gelangt.

Intentional: Definition durch eine/mehrere Eigenschaft(en) der Glieder der zu definierenden Kategorie, statt durch eine Auflistung der spezifischen Glieder.

Intuition: Beständige Urteile von Menschen (typischerweise ohne Erläuterung darüber, wie diese Urteile gefällt werden). Innerhalb von Sprachsystemen die Fähigkeit, beständige Urteile über die Sätze ihrer Sprache zu fällen; z. B. ihre Fähigkeit, zu entscheiden, welche Wortfolgen in ihrer Sprache wohlgeformte Sätze darstellen. Ein klassisches Beispiel für regelgeleitetes, menschliches Verhalten.

Mehrdeutigkeit: Bezeichnung für die Erfahrung, die Menschen bei Sätzen mit mehr als einer Bedeutung machen, z. B. das *Töten der Bauern kann gefährlich sein.* Dieser Satz kann auf zwei Weisen verstanden werden: (1) Die erwähnten Bauern führen das Töten durch; und (2) Die erwähnten Bauern werden getötet. Im Transformationsmodell der Sprache wird eine Oberflächenstruktur als mehrdeutig angesehen, wenn sie von mehr als einer Tiefenstruktur abgeleitet werden kann.

Meta-Modell: Die Repräsentation einer Repräsentation. Z. B. ist die Sprache eine Repräsentation der Erfahrungswelt; die Transformationsgrammatik ist eine Repräsentation der Sprache und daher ein Meta-Modell.

Modell/Modellbildung bzw. Abbildung (model/modeling): Eine Repräsentation/der Prozeß der Repräsentation, z. B. einer Landkarte. Ein Prozeß, der die drei Prozesse der Generalisierung, Verzerrung und Tilgung beinhaltet.

Nominalisierung: Die sprachliche Repräsentation eines Prozesses durch ein Ereignis.

Oberflächenstruktur: Die von der Tiefenstruktur abgeleiteten Sätze, die wir sprechen und schreiben.

Präsupposition: Eine maßgebende Vorannahme, die notwendig ist, damit eine Repräsentation einen Sinn ergibt. Innerhalb von Sprachsystemen ein Satz, der zutreffen muß, damit irgendein anderer Satz sinnvoll ist.

Repräsentation: Die Abbildung einer Sache, die sich von der Sache selbst unterscheidet; eine Landkarte, ein Modell.

Regelgeleitetes Verhalten: Verhalten, das systematisch ist und durch bestimmte Regeln explizit dargestellt werden kann. Bei regelgeleitetem menschlichem Verhalten müssen die Regeln nicht bewußt sein.

Semantik: Die Lehre von der Bedeutung.

Synonym: Eigenschaft von Sätzen unterschiedlicher Form, aber gleicher Bedeutung; z. B. *Die Katze jagte die Ratte* und *Die Ratte wurde von der Katze gejagt.* Im Transformationsmodell der Sprache werden zwei oder mehr Sätze als synonym bezeichnet, wenn sie von derselben Tiefenstruktur abgeleitet sind.

Syntax: Die Lehre von der Reihenfolge und dem Muster der Elemente eines Systems. Innerhalb der Sprache die Lehre von der Reihenfolge und dem Muster von Worten und Satzteilen.

Tiefenstruktur: Die vollständige sprachliche Repräsentation, von der die Oberflächenstrukturen einer Sprache abgeleitet sind.

Tilgung (deletion): Eine der drei Universalien menschlicher Modellbildung; der Prozeß, durch den bestimmte Teile der Welt von der durch die jeweilige Person geschaffenen Repräsentation ausgeschlossen werden. Innerhalb von Sprachsystemen stellt die Tilgung einen Transformationsprozeß dar, in dem Teile der Tiefenstruktur entfernt werden und somit in der Repräsentation der Oberflächenstruktur nicht erscheinen.

Verarmung: Der Prozeß der Einschränkung der Anzahl von Unterscheidungsmöglichkeiten innerhalb eines Modells. Innerhalb der Therapie der Prozeß, durch den ein Mensch dazu kommt, wenige oder keine Verhaltensalternativen zu haben.

Verzerrung (distortion): Eine der drei Universalien menschlicher Modellbildung; der Prozeß, durch den Relationen, die für Teile des Modells gelten, anders repräsentiert werden als die Relationen, die sie repräsentieren sollen. Eines der häufigsten Beispiele für Verzerrung ist die Repräsentation eines Prozesses durch ein Ereignis. Innerhalb von Sprachsystemen wird dies mit *Nominalisierung* bezeichnet.

Wohlgeformt: Bestimmten Kriterien zur Form genügend; z. B. wohlgeformt im Englischen, therapiebezogen wohlgeformt.

Bibliographie

Mit dieser Bibliographie verfolgen wir die Absicht, Ihnen Quellen anzugeben, die es Ihnen ermöglichen werden, Interessen, die Ihnen beim Lesen unseres Buches bewußt geworden sind, zu verfolgen. Wir haben die Quellenangaben in drei Abschnitte untergliedert:

Abschnitt I: Transformationsgrammatik,
Abschnitt II: Therapie,
Abschnitt III: Modellbildung/Formale Systeme/Epistemologie.

In jedem dieser Abschnitte geben wir eine kleine Anzahl von Arbeiten an, die sich bei der Entwicklung unserer eigenen Modelle als besonders nützlich erwiesen haben. Die Quellenangaben sind nicht umfassend und beziehen sich nicht auf die einzigen Stellen, an denen die enthaltenen Gedanken aufgefunden werden können. Wir hoffen, daß Sie das Lesen genießen werden. Wenn Ihnen andere Quellen bekannt sind, die Sie besonders klar und nützlich für Ihre Erfahrungen in diesen Bereichen finden, würden wir gerne von Ihnen hören. Schließlich können Sie uns schreiben, falls Sie einige Ideen oder Gedankengänge unseres Buches näher verfolgen möchten und die Bibliographie für Ihre Zwecke unzureichend ist; wir werden versuchen, Ihnen Quellen vorzuschlagen.

META-MODELS
c/o Science and Behavior Books, Inc.
P. O. Box 11457
Palo Alto, CA 94306
USA

I. Transformationsgrammatik

A. Primärquellen

Bach, E., Syntactic Theory, New York: Rinehart and Winston 1974. Eine sorgfältig dargebotene Übersicht der Syntax aus transformationalistischer Sicht.

Chomsky, N., Syntactic Structures, Den Haag: Mouton 1957; dt.: Strukturen der Syntax, Den Haag 1973. Das Buch, welches das

Transformationsmodell in der Linguistik etablierte; der von Chomsky verwendete Stil ist für viele Leser schwierig. Die Teile des Buches, die zum Meta-Modell in Beziehung stehen, sind: Vorwort, Kapitel 2, 3, 5, 6, 8 und die Zusammenfassung.

Chomsky, N., Aspects of the Theory of Syntax, Cambridge, Mass.: MIT Press, 1965; dt.: Aspekte der Syntax-Theorie, Suhrkamp, Frankfurt 1973. Dies ist eines der zugänglichsten Beschreibungen des linguistischen Modells, von dem wir vieles übernommen haben. Wiederum finden manche Leser den Stil des Autors schwierig. Wir schlagen besonders Kapitel 1 und 2 vor.

Chomsky, N. Language and Mind, New York: Harcourt Brace Jananovich 1968; dt.: Sprache und Geist, Suhrkamp, Frankfurt 1973. Vier Vorlesungen, die Chomsky als Gastprofessor in Berkeley gehalten hat; weniger technisch angelegt als seine beiden anderen Arbeiten, die wir hier anführen.

Grinder, J. und *Elgin, S.*, A Guide to Transformational Grammar, New York: Holt, Rinehart and Winston 1973. Eine sehr umfassende Übersicht des gesamten Gebietes der Transformationsgrammatik. Enthält Zusammenfassungen und Kommentare zu *Chomskys* „Syntactic Strutures" und zu „Aspects". Vergleiche besonders Kapitel 1, 2, 4, 5, 6, 7, 8, 10 und 13.

Jacobs, R. und *Rosenbaum, P.*, English Transformational Grammar, Waltham, Mass.: Ginn Blaisdell 1968. Eine durchaus lesenswerte Arbeit zur Einführung in das Gebiet. Nicht sehr umfassend.

Langacker, R., Language and Its Structure, New York: Harcourt Brace Jovanovich, 1967. Eine lesenswerte Einführung, die Sprache sowohl nach dem Transformationsmodell als auch allgemein behandelt.

Lyons, J., Introduction to Theoretical Linguistics, Cambridge, England: Cambridge University Press. Eine wissenschaftliche Arbeit, die einen Überblick über Sprache im allgemeinen bietet. Enthält einen Abschnitt zum Transformationsmodell.

B. Weitere nützliche Arbeiten zur Transformationsgrammatik

Bever, T. G., The Cognitive Basis of Linguistic Structure, in: *J. Hayes* (Hg.), Cognition and the Developments of Language, New York: John Wiley & Sons 1970. Eine hervorragende Beschreibung, wie die Sprache als Repräsentationssystem mit allgemeinen Fähigkeiten zur Modellbildung verknüpft sein könnte — insbesondere, wie Kinder diese Fähigkeiten entwickeln.

Fillmore, C., The Case for Case, in: *E. Bach & R. Harms* (Hgg.), Universals in Linguistic Theory, New York: Holt, Rinehart & Winston,

1968. Eine lesenswerte Beschreibung einer etwas abweichenden Form des Transformationsmodells — nützliche Anregungen darüber, wie eine vollständige Repräsentation der Bezugsstruktur sein könnte.

Greene, G., How to Get People to Do Things With Words, in: *Papers from the 8th Regional Meeting of the Chicago Linguistic Society*, Chicago, Ill.: University of Chicago 1970. Ein hervorragendes Beispiel für den Ansatz der Generativen Semantik, von dem wir meinen, daß er viel zu einem erweiterten Meta-Modell der Therapie beitragen wird.

Grinder, J., On Deletion Phenomena in English, Den Haag: Mouton, 1974. Sehr technisch; brauchbar für die Diskussion verschiedener Tilgungsarten. Vergleiche Kapitel 1, 2 und 3.

Gruber, J., Studies in Lexical Relations, Unveröffentlichte Dissertation, MIT, 1965. Hervorragende Anregung für eine vollständige Repräsentation der Bezugsstrukturen.

Horn, L., A Presuppositional Analysis of *Only* and *Even*, in: *Papers from the 5th Regional Meeting of the Chicago Linguistic Society*, Chicago, Ill.: University of Chicago 1969. Ein weiteres ausgezeichnetes Beispiel für den Forschungsansatz der Generativen Semantik, von dem wir meinen, daß er zu einem erweiterten Meta-Modell der Therapie beitragen wird.

Kartunnen, L., Remarks on Presuppositions, At the Texas Conference on Performances, Conversational Implicature and Presuppositions, Vervielfältigung, März 1973. *Kartunnen* hat eine Reihe wichtiger Referate über Präsuppositonsphänomene im Englischen gehalten. Wir schlagen vor, ihm wegen Kopien direkt an die University of Texas zu schreiben.

Katz, J., Semantic Theory, New York: Harper & Row 1972. Eine sehr aktuelle Beschreibung derjenigen semantischen Theorie, die am meisten mit der Transformationsgrammatik nicht-generativer Semantik in Einklang steht.

Lakoff, G., Linguistics and Natural Logic, Ann Arbor, Mich.: University of Michigan 1970. Ein wertvolles Kompendium einiger der neuesten Arbeiten der Generativen Semantik von einem ihrer produktivsten Vertreter. *G. Lakoff* ist zur Zeit an der University of California Berkeley.

McCawley, J., Lexical Insertion in a Transformational Grammar, in: *Papers from the 4th Regional Meeting of the Chicago Linguistic Society*, Chicago, Ill.: University of Chicago, 1968. Einer der ersten

Artikel, die die Generative Semantik etablierten. Brauchbare Vorschläge zur Repräsentation von Bezugsstrukturen.

Postal, P., On the Derivation of Pseudo-Adjectives, Vortrag, 44th Annual Meeting of the LSA, 1969.

Postal, P., On the Surface Verb *Remind*, in: *Linguistic Enquiry, 1;* 1: 37-120. Die Arbeit von *Postal* ist hochtheoretisch gehalten. Die erste Quelle hat hervorragende Beispiele der Ableitungsmuster bei der Darstellung von Prädikaten der Tiefenstruktur als Adjektive der Oberflächenstruktur. Die zweite Quelle ist wegen der Vorschläge zur Repräsentation von Bezugsstrukturen sehr nützlich.

Ross, J. R., On Declaritive Sentences, in: *R. Jacobs & P. Rosenbaum*, Readings in English Transformational Grammar, Waltham, Mass.: Ginn/Blaisdell 1970. Dies ist die linguistische Grundlage des in Kapitel 4 mit *Das verlorene Performativ* überschriebenen Absatzes und ein hervorragendes Beispiel linguistischer Analyse.

Sapir, E., The Selective Writings of Edward Sapir, *D. Mandelbaum* (Hg.), University of California Press, Berkeley 1963. Einer der klassischen Linguisten, der ein feines Gespür für Modellbildungsprozesse hatte.

Searle, J., Speech Acts, Cambridge, England: Cambridge University Press, 1969. Eine moderne Arbeit zur Pragmatik auf der Grundlage des Transformationsmodells. Lesenswert.

Whorf, B., Grammatical Categories, in: *J. E. Carroll, (Hg.)*, Language Thought and Reality, New York: John Wiley & Sons 1956; dt.: Sprache, Denken, Wirklichkeit, Rowohlt, Reinbek 1963. Ein anderer klassischer Linguist, der das Problem, wie Sprache die Wahrnehmung formt, angegangen ist.

II. Therapie

Jackson, D. D., Communication, Family and Marriage, Palo Alto: Science and Behavior Books, 1968a. Eine hervorragende Anthologie mit Artikeln aus der MRI/Bateson-Forschungsgruppe.

Jackson, D. D., Therapy, Communication and Change, Palo Alto: Science and Behavior Books, 1968b. Eine hervorragende Anthologie mit Artikeln aus der MRI/Bateson-Forschungsgruppe.

Haley, J., Advanced Techniques of Hyposis and Therapy: Selected Papers of Milton H. Erickson, M. D., New York: Grune & Stratton, 1967. Eine unglaubliche Sammlung von Artikeln, die die Techniken von *Milton Erickson* beschreiben.

Haley, J., Uncommon Therapy, New York: Grune & Stratton, 1968; dt.: Die Psychotherapie Milton H. Ericksons, Pfeiffer, München 1978. Eine wertvolle Darstellung der effektiven Arbeit *Ericksons* mit einem interessanten Kommentar von *J. Haley.*

Perls, F., The Gestalt Approach: Eye Witness to Therapy, Palo Alto: Science and Behavior Books, 1973; dt.: Grundlagen der Gestalttherapie, Pfeiffer, München 1976. Eine klare Darstellung der theoretischen Grundlagen der Gestalttherapie.

Polster, E. & M., Gestalt Therapy Integrated, New York: Bruner/Mazel, 1973; dt.: Gestalttherapie, Kindler, München 1975. Eine brauchbare Darstellung einiger der Techniken der Gestalttherapie.

Satir, V., Conjoint Family Therapy, Palo Alto: Science and Behavior Books, 1964; dt.: Familienbehandlung. Kommunikation und Beziehung in Theorie, Erleben und Therapie, Freiburg 1973. Ein grundlegender und sehr nützlicher Text zur Familientherapie.

Satir, V., Peoplemaking, Palo Alto: Science and Behavior Books, 1972; dt.: Selbstwert und Kommunikation, Pfeiffer, München 1975. Eine hervorragende und sehr lesenswerte Einführung in Kommunikation und Therapie.

Watzlawick, P.; Beaven, J. & Jackson, D., Pragmatics of Human Communications, New York: W. Norton, 1967; dt.: Menschliche Kommunikation, Huber, Bern 1969. Eine höchst lesenswerte Darstellung der Gedanken von Bateson (z. B. der Meta-Kommunikation).

Watzlawick, P., Weakland, J. und Fish, R., Change, New York: W. Norton, 1974; dt.: Lösungen. Zur Theorie und Praxis menschlichen Wandels, Huber, Bern 1974. Ein interessanter Versuch, mathematische Modelle und Muster menschlicher Veränderbarkeit zu integrieren.

III. Modellbildung/Formale Systeme/Epistemologie

Ashby, W. R., An Introduction to Cybernetics, Chapman and Hall and University Paperbacks, 1956. Eine hervorragende Einführung in Modellbildung und Repräsentationssysteme. Verlangt einige mathematische Grundlagenkenntnisse; ist ein gründliches Durcharbeiten wert.

Bateson, G., Steps to an Ecology of Mind, New York: Ballantine Books, 1972; dt.: Ökologie des Geistes, Suhrkamp, Frankfurt 1981. Wir möchten dieses Buch besonders empfehlen; es ist eine Sammlung von Arbeiten *Batesons.* Sehr unterhaltsam; oberflächlich und tiefgreifend zugleich.

Boyd, D., Introduction to Systems Analysis, 1975. Eine sehr lesenswerte, klare Darstellung der Modellbildung. Betont das Prozeßhafte.

Carnap, R., The Logical Syntax of Language, Totowa, New Jersey: Littlefield, Adams & Co. 1959. Ein formaler, detaillierter Ansatz zur linguistischen Analyse. Eine sehr technisch angelegte Arbeit; schwer zu lesen.

Copi, I., Introduction to Logic, New York: Macmillan 1961. Ein hervorragender Einführungstext in logische Systeme.

Herzberger, H., The Logical Consistency of Language, *Harvard Educational Review, 35:* 469 — 480; 1965. Ein Beispiel für eine verständliche philosophische Analyse einer formalen Eigenschaft des menschlichen Repräsentationssystems Sprache.

Hume, D., Enquiry Concerning Human Understanding, Oxford, England: Oxford University Press (o. J.). Ein klassischer Aufsatz zur Epistemologie, dem Prozeß menschlicher Modellbildung.

Korzybski, A., Science and Sanity, Lakeville, Connecticut: The International Non-Aristotelian Library Publishing Company, 4th Edition, 1933. Die grundlegende Primärquelle zur allgemeinen Semantik. *Korzybski* hat die Unterscheidung von Landkarte/Gebiet, Intentional/Extensional usw. in der menschlichen Modellbildung erkannt und klar dargelegt. Lesen sie die Vorworte, Teil I und Teil II.

Miller, G. A., Galanter, E., Pribram, K., Plans and the Structure of Behavior, New York: Holt, Rinehart & Winston 1960. Eine der verständlichsten Darstellungen einer theoretischen Grundlage menschlichen Verhaltens. Anregungen zu einem Repräsentationssystem der Bezugsstrukturen. Leicht und angenehm zu lesen.

Newell, A., Simmon, H. A., Human Problem Solving, Englewood Cliffs, New Jersey: Prentice Hall 1971. Ein erregender Exkurs in die neurologischen Grundlagen menschlicher Wahrnehmung und Modellbildung. Eine verständliche Darstellung.

Russell, B., Introduction to Mathematical Philosophy, Landon, England: George Allen and Unwinn, 2nd Edition, 1921; dt.: Einführung in die mathematische Philosophie, Vollmer, Wiesbaden 1975. Eine lesenswerte, verständliche Darstellung einiger der wichtigeren Konzepte moderner Logik, einschließlich der Theorie logischer Typen.

Schank, R., Colby, K., Computer Modells of Thought and Language, San Francisco: W. H. Freeman & Co. 1973. Eine gute, repräsentative Sammlung zur Modellbildung innerhalb von Computer Simulationen.

Tarski, A., Introduction to Logic, New York: Oxford University Press 1941. Eine hervorragende Einführung in logische Systeme, ein gut zu lesender Stil, setzt kein Vorwissen voraus.

Vaihinger, H., The Philosophy of „As If", London; Routledge, Kegan & Paul 1924; dt.: Philosophie des Als Ob, Rentner & Reinhard, Berlin 1911. Eine ausgezeichnete Quelle für Beschreibungen menschlicher Wahrnehmung und Modellbildung. *F. Perls* behauptete, *Vaihinger* habe die philosophischen Grundlagen seiner Gestalttherapie geliefert.

Watzlawick, P., Beavin, J., Jackson, D., Pragmatics of Human Communication, New York: W. Norton & Co., 1967; dt.: Menschliche Kommunikation, Huber, Bern 1969. Eine sehr lesenswerte, verständliche Darstellung einiger der Grundgedanken zur Kommunikation mit Verbindung zur Systemanalyse.

Aus- und Weiterbildungsmöglichkeit im
„Neurolinguistischen Programmieren":

Reihe

Innovative Psychotherapie und Humanwissenschaften

Herausgegeben von
HILARION PETZOLD

Band 1: H. Petzold, Psychotherapie und Körperdynamik
Band 2: H. Petzold, Angewandtes Psychodrama
Band 3: H. Petzold, Die neuen Körpertherapien
Band 4: D. Rahm, Gestaltberatung
Band 5: M. Argyle, Körpersprache und Kommunikation
Band 6: G. Mandler, Denken und Fühlen
Band 7: C. Brooks, Erleben durch die Sinne
Band 8: F.S. Perls, Gestalt, Wachstum, Integration
Band 9: A. Mente/H.-D. Spittler, Erlebnisorientierte Gruppenpsychotherapie (Bd. I)
Band 10: A. Mente/H.-D. Spittler, Erlebnisorientierte Gruppenpsychotherapie (Bd. II)
Band 11: R. Bandler, J. Grinder, Die Struktur der Magie I
Band 12: J. Grinder, R. Bandler, Die Struktur der Magie II
Band 13: C. Steiner, Wie man Lebenspläne verändert
Band 14: J. Zinker, Gestalttherapie als kreativer Prozeß
Band 15: R. Assagioli, Die Schulung des Willens
Band 16: H. Petzold, Psychotherapie, Meditation, Gestalt
Band 17: J. Hall, Arbeit mit Träumen in Klinik und Praxis
Band 18: R. Bandler, J. Grinder, Neue Wege der Kurzzeit-Therapie – Neurolinguistische Programme
Band 19: D. Anzieu, Psychoanalyse und Sprache
Band 20: L.J. Bischof, Persönlichkeitstheorien – Darstellungen und Interpretationen (Bd. I)
Band 21: L.J. Bischof, Persönlichkeitstheorien – Darstellungen und Interpretationen (Bd. II)
Band 22: L. Cameron-Bandler, Wieder zusammenfinden, NLP – Neue Wege der Paartherapie
Band 23: H. Petzold/H. Heinl, Psychotherapie und Arbeitswelt
Band 24: J.L. Singer/K.S. Pope, Imaginative Verfahren in der Psychotherapie
Band 25: H. Petzold, Leiblichkeit
Band 26: R. Dilts u.a., Strukturen subjektiver Erfahrung, ihre Erforschung und Veränderung durch NLP
Band 27: R. Frühmann, Frauen und Therapie
Band 28: R. Bandler/J. Grinder, Reframing – Ein ökologischer Ansatz in der Psychotherapie (NLP)
Band 29: D. Gordon, Therapeutische Metaphern
Band 30: C.M. Steiner, Macht ohne Ausbeutung
Band 31: D.A. Bakal, Psychologie und Medizin
Band 32: H. Petzold, Psychotherapie und Friedensarbeit
Band 33: G.A. Kelly, Die Psychologie der persönlichen Konstrukte
Band 34: G. Fatzer, Ganzheitliches Lernen – Humanistische Pädagogik und Organisationsentwicklung
Band 35: R. Bandler, Veränderung des subjektiven Erlebens Fortgeschrittene Methoden des NLP
Band 36: A. Mindell, Der Leib und die Träume Prozeßorientierte Psychologie in der Praxis